T0294187

Joan Halifax

Al borde del abismo

**Encontrar la libertad
donde se cruzan el miedo y el coraje**

Prólogo de Rebecca Solnit

Traducción del inglés de María José Tobías Cid

editorial Kairós

Título original: STANDING AT THE EDGE

Texto © 2018 by Joan Halifax
Publicado por acuerdo con Flatiron Books en colaboración con International Editor's Co.

Prólogo © 2018 by Rebecca Solnit

Agradecemos el permiso para reproducir lo siguiente:
"Birdfoot's Grampa" de *Entering Onondaga*, copyright © 1975 by Joseph Bruchac.
"Although the wind" de *The Ink Dark Moon: Love Poems by Ono no Komachi and Izumi Shikibu, Women of the Ancient Court of Japan*, traducido por Jane Hirshfield con Mariko Aratani, copyright © 1990 by Jan Hirshfield. Con el permiso de Vintage Books, un sello de Knopf Doubleday Publishing Group, una división de Penguin Random House LLC.

© de la edición en castellano:
    2020 by Editorial Kairós, S.A.
    www.editorialkairos.com

© de la traducción del inglés al castellano: María José Tobías Cid
Revisión: Alicia Conde
Fotocomposición: Florence Carreté
Diseño cubierta: Katrien Van Steen

Primera edición: Febrero 2020
ISBN: 978-84-9988-747-0
Depósito legal: B 2.844-2020
Impresión y encuadernación: Romanyà-Valls. 08786 Capellades

Este libro ha sido impreso con papel certificado FSC, proviene de fuentes
respetuosas con la sociedad y el medio ambiente y cuenta con los
requisitos necesarios para ser considerado un «ibro amigo de los bosques».

Para Eve Marko y Bernie Glassman,
y para Mayumi Oda y Kazuaki Tanahashi
con infinita gratitud

Sumario

Prólogo

He caminado con Roshi Joan Halifax por la ruta de los antiguos mercaderes a través de las llanuras tibetanas, y he trepado las laderas accidentadas de las montañas de Nuevo México hasta las tierras altas de arroyos claros y tormentas de verano. Sé que ella ha circunvalado muchas veces el Kailash, la inmensa montaña de peregrinación, que ha recorrido sola los desiertos del norte de África y del norte de México, que ha caminado por todo Manhattan y ha practicado meditaciones caminando en su propio centro zen y en muchos templos de punta a punta de Norteamérica y a través de Asia. En su trayectoria de antropóloga médica, profesora budista y activista social, ha roto muchos techos de cristal, y ha arrastrado a muchos consigo. Es una viajera lúcida y valiente, y en este libro relata lo que ha aprendido en sus viajes por terrenos que muchos de nosotros apenas empezamos a descubrir, a percibir o a admirar en el horizonte del cambio individual y social.

En las últimas décadas, nuestra comprensión de la naturaleza humana ha sufrido una revolución que ha echado por la borda supuestos establecidos en muchos campos, como por ejemplo que los seres humanos somos esencialmente egoístas y nuestras necesidades esencialmente individuales: bienes materiales, placeres eróticos y relaciones familiares. Sin embargo, la investigación contemporánea en disciplinas tan diversas como la economía, la sociología, la neurociencia y la psicología revela que los seres humanos somos originalmente criaturas compasivas sintonizadas con las necesidades y el sufrimiento de otros. Contrariamente al argumento de la «tragedia de los comunes» de 1960, que pretende que somos demasiado egoístas como para ocuparnos de los sistemas, las tierras y los bienes comunales, las variaciones de ese tipo de sistemas, desde los derechos de uso de pastos comunales en las sociedades ganaderas hasta la Seguridad Social en Estados Unidos, podrían funcionar, y de hecho funcionan muy bien en numerosos lugares (como explica Elinor Ostrom, cuyo trabajo ha estudiado la cooperación económica lograda, y le ha valido el único Premio Nobel de Economía otorgado hasta la fecha a una mujer).

Los sociólogos que se dedican al estudio de las catástrofes también han documentado y demostrado que, en situación de catástrofes repentinas como terremotos y huracanes, los seres humanos normales son valientes, tienen grandes dotes de improvisación, son profundamente altruistas y con gran frecuencia encuentran felicidad y significado en el rescate y las tareas de reconstrucción que llevan a cabo como voluntarios inspirados y organizados espontáneamente. Los datos también indican que es difícil entrenar a los soldados para que sean capaces de matar; muchos de ellos se resisten de forma sutil o evidente, o la experiencia les causa un daño profundo. La biología evolutiva, la sociología, la neurociencia y otros muchos campos aportan evidencia de nuestra necesidad de abandonar las antiguas nociones misántropas (y misóginas) a favor de una visión radicalmente nueva de la naturaleza humana.

Se han ido generando y acumulando argumentos a favor de esa idea tan distinta de quiénes somos en realidad, con implicaciones inmensas y tremendamente alentadoras. A partir de ese conjunto de supuestos diferentes sobre quiénes somos o de qué somos capaces, podemos elaborar planes más generosos para nosotros y para nuestras sociedades y la tierra. Es como si hubiéramos dibujado un nuevo mapa de la naturaleza humana o como si hubiéramos cartografiado partes de ella descubiertas a través de la experiencia vivida y de las enseñanzas espirituales, que luego han venido a borrar esas ideas occidentales que consideran la naturaleza humana insensible, egoísta y poco cooperadora, y la supervivencia como una cuestión fundamentalmente de competición y no de colaboración. Este mapa emergente es extraordinario en sí. Sienta las bases para imaginarnos a nosotros mismos y nuestras posibilidades de formas nuevas y esperanzadoras, y sugiere que gran parte de nuestra corruptibilidad y de nuestra desgracia es inculcada, y no inherente o inevitable. Pero este mapa ha sido, en su mayor parte, un boceto preliminar o una perspectiva general, no una guía de viaje paso a paso.

Es decir, la mayor parte de este trabajo apunta a una tierra prometida de un yo mejor, más idealista, más generoso, más compasivo, más valiente. Sin embargo, la esperanza de que baste con convertirse en ese yo mejor puede resultar ingenua. En nuestra mejor versión, incluso en nuestros mejores días, nos topamos con obstáculos, como el sufrimiento empático, las heridas morales y otros desafíos psíquicos que Joan Halifax analiza muy hábilmente en *Al borde del abismo*. Nos muestra que ser bueno no es un estado beatífico, sino un proyecto complejo. Este proyecto abarca el territorio entero de nuestra vida, incluidas nuestras deficiencias y nuestros fracasos.

Nos ofrece algo de extraordinario valor. Ella se ha adentrado en esas dimensiones, ha destilado un aprendizaje profundo de las experiencias propias y ajenas, incluidas la de quienes sufren y la de quienes se esfuerzan por aliviar el sufrimiento; ha aprendido que el intento de aliviar el sufrimiento puede traer consigo su propio dolor, y ha alcanzado el conocimiento de cómo evitar ese sufrimiento y esa pérdida de energía vital. Ha llegado muy lejos por estos complejos parajes humanos y sabe que son mucho más que tierras virtuosas que brillan a lo lejos. Ha visto de cerca lo que muchos solo atisban a distancia: los peligros, los escollos, las trampas y las ciénagas del desaliento, y también las cumbres y las posibilidades. En este libro, nos ofrece un mapa para viajar con valentía y provecho, para nuestro propio beneficio y para el beneficio de todos los seres.

REBECCA SOLNIT

1. Una vista desde el borde

Hay una pequeña cabaña en las montañas de Nuevo México donde paso algún tiempo siempre que puedo. Se encuentra en un profundo valle en el corazón de la cordillera de Sangre de Cristo. La caminata desde mi cabaña hasta la cima, a más de cuatro mil metros por encima del nivel del mar, es extenuante. Desde allí puedo ver el profundo tajo del río Grande, los bordes del antiguo volcán de Valles Caldera y la distintiva meseta de Pedernal, donde, según los dinés, nacieron el Primer Hombre y la Primera Mujer.

Cada vez que camino por la cresta de la montaña, me descubro pensando en límites y bordes. A lo largo de la cresta hay lugares donde debo poner mucho cuidado en donde piso. Hacia el oeste, un abrupto declive de pedreras conduce a la cuenca exuberante y estrecha del río San Leonardo; al este, un descenso rocoso y empinado hacia el espeso bosque que rodea el río Trampas. Soy consciente de que, por esos riscos, un mal paso podría cambiar mi vida. Desde esta cresta, puedo ver que abajo, en la distancia, hay un paisaje asolado por el fuego o hileras de árboles que mueren por falta de sol. Las lindes entre esos hábitats dañados encajan y las áreas de bosque sanas a veces son tajantes y otras veces difusas. He oído decir que las cosas crecen desde los bordes. Por ejemplo, los ecosistemas se expanden desde sus lindes, donde tienden a albergar mayor diversidad de vida.

Mi cabaña se encuentra en el límite entre un humedal alimentado por la nieve profunda del invierno y un espeso bosque de abetos que no ha visto un fuego en cien años. A lo largo de este límite hay una abundancia de vida, donde conviven el álamo temblón de corteza blanca, la violeta salvaje y la aguileña púrpura, así como el temerario arrendajo de Steller, el búho boreal, la perdiz nival y el pavo salvaje. En verano, los altos juncos y el herbazal de los humedales son refugio de ratones de campo, ratas de pradera y topillos ciegos, a su vez codiciadas presas de rapaces y gatos monteses. Los prados también alimentan a los alces y venados que acuden a apacentarse al amanecer y al atardecer. Las jugosas frambuesas, las diminutas fresas silvestres y los sabrosos arándanos cubren las laderas que enmarcan nuestro valle y, a finales de julio, los osos y yo devoramos sin pudor sus frutos abundantes.

He llegado a pensar que los estados mentales también son ecosistemas. Esos terrenos, a veces amistosos y a veces peligrosos, son entornos naturales incrustados en el sistema más amplio de nuestro carácter. Creo que es importante estudiar nuestra ecología interna para que podamos reconocer cuándo estamos al borde, en peligro de resbalarnos desde la salud hacia la patología. Y cuando caemos en las regiones menos habitables de nuestras mentes, podemos aprender de estos peligrosos territorios. Los bordes son lugares donde se encuentran los opuestos. Donde el miedo se encuentra con el valor y el sufrimiento con la libertad. Donde el terreno sólido termina en un desfiladero. Donde podemos alcanzar una vista que abarca mucho más de nuestro mundo. Y donde necesitamos mantener una gran conciencia, no vaya a ser que tropecemos y caigamos...

Nuestro viaje por la vida es un viaje de peligro y de posibilidad, y a veces ambas cosas al tiempo. ¿Cómo podemos mantenernos en el umbral entre el sufrimiento y la libertad y participar en ambos mundos? Con nuestra propensión a las dualidades, los humanos tendemos a identificarnos o con la terrible verdad del sufrimiento, o con la liberación del sufrimiento. Sin embargo, excluir cualquier porción del paisaje más amplio de nuestras vidas reduce el territorio de nuestra comprensión.

La vida me ha llevado a geografías emocional, social y geográficamente complejas. He militado en los movimientos antibélicos y a favor de los derechos civiles de los años sesenta, he trabajado como médica y antropóloga en un gran hospital público, he fundado y dirigido dos comunidades educativas y de práctica espiritual, me he sentado a la cabecera de la cama de personas moribundas, he sido voluntaria en una cárcel de máxima seguridad, he pasado largos periodos de tiempo meditando, he colaborado con neurocientíficos y psicólogos sociales en proyectos basados en la compasión y he dirigido clínicas en las zonas más remotas del Himalaya: todo eso me ha planteado desafíos complicados, incluso periodos de agobio. La educación adquirida a través de estas experiencias, en especial a través de mis luchas y fracasos, me ha ofrecido una perspectiva que jamás habría podido anticipar. He llegado a ver el valor profundo de asimilar todo el panorama de la vida y de no rechazar o negar lo que se nos da. También he aprendido que nuestros desvíos, dificultades y «crisis» podrían no ser obstáculos terminales. En realidad, pueden ser puertas de acceso a paisajes internos y externos más amplios y más ricos. Si estamos dispuestos a investigar nuestras dificultades, podemos convertirlas en una visión de la realidad más valiente, más inclusiva, más nueva y más sabia, como han hecho tantos otros que se han precipitado al vacío.

Estados límite

Con el paso de los años, he tomado progresivamente consciencia de cinco cualidades internas e interpersonales imprescindibles para una vida compasiva y valiente y sin las cuales no podemos estar al servicio, ni tampoco sobrevivir. Pero si estos valiosos recursos se deterioran, se pueden manifestar como paisajes peligrosos y dañinos. He llamado a estas cualidades bivalentes *estados límite*.

Los estados límite son el altruismo, la empatía, la integridad, el respeto y la implicación, valores de una mente y un corazón que ejemplifican el cuidado, la conexión, la virtud y la fortaleza. No obstante, si perdemos el equilibrio firme en los elevados riscos de cualquiera de esas cualidades, podemos caer en un lodazal de sufrimiento donde nos veremos atrapados en las aguas tóxicas y caóticas de los aspectos nocivos de un estado límite.

El *altruismo* puede convertirse en *altruismo patológico*. Las acciones desinteresadas al servicio de los demás son esenciales para el bienestar de la sociedad y del mundo natural. Pero en ocasiones nuestros actos aparentemente altruistas nos lastiman, lastiman a quienes estamos tratando de servir o dañan a las instituciones donde servimos.

La *empatía* puede resbalar hacia la *angustia empática*. Cuando somos capaces de sentir el sufrimiento de otra persona, la empatía nos acerca más a los demás, nos puede inspirar a servir y a expandir nuestra comprensión del mundo. Pero si asumimos demasiado el sufrimiento de otra persona y nos identificamos muy intensamente con él, podemos acabar dañados e incapaces de actuar.

La *integridad* apunta a tener fuertes principios morales. Pero cuando nos implicamos o presenciamos actos que violan nuestro sentido de integridad, de justicia o de beneficencia, el resultado puede ser *sufrimiento moral*.

El *respeto* es considerar con alta estima a los seres y las cosas. El respeto puede naufragar en las aguas pantanosas de la *falta de respeto* tóxica, cuando vamos en contra de los valores y los principios del civismo o denigramos a los demás o a nosotros mismos.

La *implicación* en nuestro trabajo puede dar propósito y significado a nuestras vidas, sobre todo si nuestro trabajo sirve a los demás. Pero el exceso de trabajo, un lugar de trabajo nocivo o la experiencia de la falta de eficacia pueden conducir al *burnout* o agotamiento, y desembocar en un colapso físico y psicológico.

Como un médico que diagnostica una enfermedad antes de recomendar un tratamiento, me sentí obligada a explorar el aspecto destructivo de estas cinco cualidades humanas virtuosas. Por el camino, me sorprendió aprender que incluso en sus formas degradadas, los estados límite pueden enseñarnos y fortalecernos, igual que los huesos y los músculos se fortalecen cuando se exponen al estrés, y si se rompen o desgarran, si se dan las circunstancias adecuadas se pueden curar y acabar siendo más fuertes que antes de la lesión.

Dicho de otro modo, perder el pie y resbalar por la pendiente del daño no tiene por qué ser necesariamente una catástrofe terminal. Nuestras mayores dificultades nos pueden aportar humildad, perspectiva y sabiduría. En su libro[1] *La soberanía del bien* (1970), Iris Murdoch definió la humildad como «un respeto desinteresado por la realidad». Escribe que «nuestra imagen de nosotros mismos se ha vuelto demasiado grande». Eso lo descubrí al sentarme en la cama de los moribundos y al estar con los cuidadores. Hacer este trabajo íntimo con los que estaban muriendo y con quienes los cuidaban me hizo ver qué gravosos pueden ser los costes del sufrimiento tanto para el paciente como para el que cuida. Desde ese momento, he aprendido de maestros, abogados, directivos, defensores de los derechos humanos y padres que ellos pueden experimentar lo mismo. Entonces recordé algo profundamente importante y al mismo tiempo totalmente obvio: que la salida de la tormenta y del fango del sufrimiento, el camino de vuelta a la libertad en el límite más alto de la fuerza y el coraje, reside en el poder de la compasión. Esta es la razón por la que me zambullí en el intento de comprender qué son los estados límite y cómo pueden moldear nuestras vidas y la vida del mundo.

Sin lodo, no hay loto

Cuando pienso en el lado destructivo de los estados límite, recuerdo el trabajo de Kazimierz Dabrowski, psiquiatra y psicólogo polaco que propuso una teoría del desarrollo de la personalidad denominada *desintegración positiva*. Es un enfoque transformador hacia el crecimiento psicológico basado en la idea de que las crisis son importantes para nuestra maduración personal. El concepto de Dabrowski es similar a un principio de la teoría de sistemas: los sistemas vivos que se descomponen pueden reorganizarse a un nivel más elevado y más robusto si aprenden de la experiencia de descomposición.

En mi trabajo de antropóloga en Malí y México, también observé la desintegración positiva como una dinámica fundamental en los «ritos de paso». Son ceremonias de iniciación que marcan transiciones vitales importantes, y su intención es profundizar y reforzar el proceso. Esta moción de desintegración positiva también estaba reflejada en el trabajo que llevé a cabo como coterapeuta con el psiquiatra Stanislav Grof, haciendo uso del LSD como complemento a la psicoterapia en pacientes terminales de cáncer. En el proceso de este rito de paso contemporáneo, aprendí mucho acerca del valor de afrontar directamente nuestro propio sufrimiento como un medio para la transformación psicológica.

Años más tarde, oiría al maestro vietnamita Thich Nhat Hanh –o Thay, como le llaman sus estudiantes– reflejar esta sabiduría cuando hablaba del sufrimiento que experimentó cuando se encontraba en medio de la guerra de Vietnam y más tarde como refugiado. Decía, con voz calmada, «Sin lodo, no hay loto».

Reflexionando sobre las dificultades que podemos experimentar al servir a otros, desde el altruismo patológico hasta el síndrome del trabajador quemado, el lado tóxico de los estados límite se puede considerar desde la perspectiva de la desintegración positiva. El lodo putrefacto del fondo de un viejo estanque puede ser también alimento para el loto. Dabrowsky, Grof y Thay nos recuerdan que nuestro sufrimiento puede alimentar nuestra comprensión y ser uno de los grandes recursos de nuestra sabiduría y nuestra compasión.

Otra metáfora para la desintegración positiva nos habla de tormentas. Yo crecí en el sur de Florida. Cada año de mi infancia, los huracanes ponían el vecindario patas arriba. Las líneas eléctricas chisporroteaban en las calles mojadas, el viento arrancaba de la tierra las viejas higueras y también las cubiertas de los tejados de tejas de barro de las casas de estuco de estilo español del barrio. A veces mis padres nos llevaban a mi hermana y a mí a la playa para ver llegar los huracanes. Nos plantábamos en la orilla, sintiendo la fuerza del viento, el azote de la lluvia. Luego regresábamos rápidamente a casa, abríamos todas las puertas y ventanas y dejábamos que la tormenta soplara libremente.

En una ocasión leí sobre un geólogo especializado en el estudio de las playas. Lo estaban entrevistando durante un inmenso huracán que azotaba los Bancos Externos de Carolina del Norte. El geólogo le dijo al periodista: «Estoy deseando llegar a la playa cuanto antes». Tras una pausa, el periodista le preguntó: «¿Qué espera ver ahí fuera?».

Al leer esto, mi atención se agudizó. Esperaba que el geólogo describiera una escena de destrucción total. Pero él simplemente dijo: «Probablemente haya una playa nueva».

Una nueva playa, una nueva costa: regalos de la tormenta. Aquí, en el límite, existe la posibilidad de destrucción, de sufrimiento... y de promesa ilimitada.

En los estados límite reside un gran potencial, y si se trabaja hábilmente con ellos, se puede acelerar la comprensión. Pero los estados límite son un territorio voluble, y las cosas pueden ir en cualquier dirección. Caída libre o terreno sólido. Agua o arena. Barro o loto. Cuando un fuerte viento nos atrapa en una playa o en una cordillera, podemos tratar de mantenernos firmes y disfrutar de la vista. Si nos precipitamos fuera del límite de nuestra comprensión, tal vez la caída nos pueda enseñar qué importante es mantener nuestra vida en equilibrio. Si estamos atascados en el barro del sufrimiento, podemos recordar que la materia en descomposición alimenta el loto. Si el mar nos arrastra, quizá podamos aprender a nadar en medio del océano, incluso en plena tormenta. Y cuando estamos allí, quizá aprendamos incluso a dejarnos llevar, subiendo y bajando las olas del nacimiento y la muerte junto con el compasivo *bodhisattva* Avalokitesvara.

Vista panorámica

A veces, me imagino los estados límite como una meseta de piedra rojiza. Vista desde arriba, parece sólida y ofrece un amplio panorama, pero sus bordes son un precipicio total, sin rocas ni árboles que frenen nuestra caída. El borde en sí es un lugar expuesto donde la menor pérdida de concentración puede hacernos perder el equilibrio. Abajo, al fondo, aguarda el terreno duro de la realidad, y la caída nos puede destrozar. Otras veces imagino que hemos caído en un pantano oscuro, donde podemos quedar largo tiempo atrapados. Cada vez que intentamos salir, el barro del sufrimiento nos absorbe más hacia el fondo. Pero tanto si nuestra caída termina en roca dura como en una desagradable cloaca, estamos muy lejos del borde superior de nuestro mejor yo, y la caída y el aterrizaje se cobran su precio.

Cuando estamos en lo alto del acantilado, en el borde elevado del altruismo, la empatía, la integridad, el respeto y la implicación, podemos mantenernos firmes en él, sobre todo si somos conscientes de lo que podría suceder si perdemos el equilibrio. Este reconocimiento puede alimentar nuestra determinación de actuar desde nuestros valores, así como nuestra humildad al saber qué fácil es cometer errores. Y si nos tropezamos y caemos, o si la tierra se desmorona bajo nuestros pies, tenemos que encontrar alguna manera de regresar a la cresta, al lugar donde nuestro equilibrio y nuestro contrapeso nos pueden mantener firmemente arraigados y la vista abarca el paisaje completo. En el mejor de los casos, podemos aprender a evitar la caída al abismo… la mayor parte del tiempo. Pero nuestro camino está expuesto a la realidad y, más tarde o más temprano, la mayoría de nosotros caeremos al vacío. Es importante que no haya juicio en eso. Lo que de verdad importa es lo que hagamos con esa experiencia, cómo usemos el espacio de transformación que encierra la caída.

Creo que tenemos que trabajar el borde, expandir sus límites y descubrir el don del equilibrio entre los diversos ecosistemas de los estados límite, de modo que podamos poner a nuestra disposición una mayor variedad de experiencias humanas. Es en el límite donde podemos descubrir el valor y la libertad. Tanto si afrontamos la angustia y el dolor de los demás como si nos enfrentamos a nuestras propias dificultades, se nos invita a mirar de frente el sufrimiento para que, con suerte, podamos aprender de él y cultivar la perspectiva y la resiliencia, y aprender asimismo a abrir el gran regalo de la compasión. En cierto sentido, los estados límite solo son la opción de cómo ver cosas. Nos brindan una manera nueva de ver e interpretar nuestras experiencias de altruismo, empatía, integridad, respeto e implicación… y sus lados oscuros. Si alimentamos una visión más amplia, más inclusiva e interconectada de estas cualidades humanas ricas y poderosas, podemos aprender a reconocer cuándo estamos al límite, cuándo corremos el riesgo de traspasar la frontera, cuándo nos hemos pasado de la raya y cómo volver a trepar hasta la cima de lo mejor de nosotros mismos.

Desde allí, podemos descubrir cómo cultivar una perspectiva que todo lo abarque, la visión interior que desarrollamos fomentando una profunda conciencia de cómo funcionan nuestros corazones y mentes en medio de las grandes dificultades de la vida. Y también podemos percibir la verdad de la impermanencia, la interconexión, la ausencia de base firme. La perspectiva amplia se puede abrir cuando hablamos con una persona que se está muriendo sobre sus deseos, cuando oímos el ruido de la puerta de la cárcel y cuando escuchamos a nuestros hijos con atención. Se puede abrir cuando en la calle conectamos con una persona sin hogar, cuando visitamos la tienda húmeda de un refugiado sirio atrapado en Grecia y cuando nos sentamos con una víctima de tortura. También se puede abrir a través de nuestra propia experiencia de angustia. La perspectiva se puede abrir casi en cualquier lugar; sin eso no podemos ver el abismo ante nosotros, el pantano bajo nuestros pies y el espacio dentro y fuera de nosotros. El paisaje también nos recuerda que el sufrimiento puede ser nuestro maestro más grande.

Interdependencia

Muchas son las influencias que han conformado mi manera de ver el mundo y han contribuido a mi perspectiva de los estados límite. Durante los años sesenta era joven e idealista; para muchos de nosotros fue una época difícil y apasionante. Estábamos indignados ante la opresión sistémica de nuestra sociedad: racismo, sexismo, clasismo, discriminación por la edad. Veíamos que esa opresión alimentaba la violencia de la guerra, la marginación económica y el consumismo, además de la destrucción del medioambiente.

Queríamos cambiar el mundo. Y queríamos una forma de trabajar con nuestras buenas aspiraciones; no perderlas ni perdernos en ellas. En ese clima de conflicto político y social empecé a leer libros sobre budismo y a aprender a meditar por mi cuenta. A mediados de los sesenta conocí al joven maestro zen vietnamita Thich Nhat Hanh y gracias a su ejemplo me sentí atraída hacia el budismo, porque aborda de manera directa las causas del sufrimiento personal y social y porque su enseñanza principal es que transformar la angustia es el camino hacia la liberación y el bienestar de nuestro mundo. También me gustó que el Buda hiciera hincapié en la indagación, la curiosidad y la investigación como herramientas del camino y que no nos recomendara evitar, negar o exagerar el valor del sufrimiento.

El concepto budista de *surgimiento interdependiente* también me aportó una forma nueva de percibir el mundo: ver las intrincadas conexiones entre cosas aparentemente separadas. El Buda explicaba ese concepto con estas palabras: «Esto es porque eso es. Esto no es porque eso no es. Esto llega a ser porque eso llega a ser. Esto deja de ser porque eso deja de ser». Al mirar un cuenco de arroz, puedo ver la luz del sol y la lluvia y los granjeros y los camiones conduciendo por las carreteras.

En cierto sentido, un cuenco de arroz es un sistema. Poco después de empezar a estudiar budismo, comencé a investigar la teoría de sistemas, una forma de ver el mundo como una colección de sistemas interrelacionados. Cada sistema tiene un propósito; por ejemplo, un cuerpo humano es un sistema cuyo propósito (al nivel más básico) es mantenerse vivo. Todas las partes del sistema deben estar presentes para que el sistema pueda funcionar de forma óptima: sin un corazón o un cerebro o unos pulmones que funcionen, moriríamos. Da igual en qué se dispongan las partes; no puedes confundir el lugar de cada órgano.

Los sistemas van de lo micro a lo macro, de lo sencillo a lo complejo. Hay sistemas biológicos (el sistema circulatorio), sistemas mecánicos (una bicicleta), ecosistemas (un arrecife de coral), sistemas sociales (amistades, familias, sociedades), sistemas institucionales (centros de trabajo, organizaciones religiosas, gobiernos), sistemas astronómicos (nuestro sistema solar), etcétera. Los sistemas complejos suelen estar compuestos por numerosos subsistemas. Los sistemas alcanzan su punto culminante, avanzan hacia el declive y finalmente colapsan, dejando espacio para que surjan sistemas alternativos.

Digo esto porque, en conjunto, los estados límite constituyen un sistema interdependiente y se influyen entre sí, formando nuestro carácter. Y los sistemas son el terreno sobre el cual se desarrollan los estados límite: relaciones interpersonales, el lugar de trabajo, las instituciones, la sociedad, además de nuestros cuerpos y mentes. Cuando los sistemas se deterioran, también nosotros podemos desmoronarnos. Aun así, con frecuencia, desde el colapso puede surgir una perspectiva de la realidad nueva y más fuerte.

Futilidad y valentía

Tengo un amigo que fue un psicólogo dedicado y hábil, pero después de años de práctica, se había hundido en la futilidad. En una conversación me confesó: «Ya no puedo soportar escuchar a mis pacientes». Me explicó que en algún punto de su carrera había empezado a sentir cada emoción que experimentaban sus clientes, y estaba totalmente abrumado por sus experiencias de sufrimiento. La exposición constante acabó por agotarlo. Llegó un momento en que ya no podía dormir y comía demasiado para aliviar el estrés. Se adentró progresivamente en un espacio de impotencia y de cierre emocional. «Sencillamente no me importa –dijo–. Me siento desinflado y gris por dentro.» Y lo peor, había empezado a derivar sus clientes a otros médicos, y sabía que eso significaba que debía dejar su profesión.

Su historia es un ejemplo de los resultados negativos de una combinación presente en todos los estados límite: lo que ocurre cuando el altruismo se vuelve tóxico, la empatía conduce a un malestar empático, el respeto colapsa bajo el peso de la sensibilidad y la inutilidad y se convierte en una falta de respeto con una pérdida de integridad, y cuando la implicación desemboca en el agotamiento. El sufrimiento se había apoderado del psicólogo, y él empezó a morir por dentro. Ya no podía absorber y transformar el dolor para encontrar un significado en su trabajo y su mundo.

Mi amigo dista de estar solo en su sufrimiento. Muchos cuidadores, padres y profesores me han confesado tener sentimientos parecidos. Parte de mi trabajo ha consistido en afrontar la devastadora epidemia de la futilidad, que provoca un déficit de compasión en aquellas personas que se supone que han de cuidar.

Tengo otra amiga, una joven nepalí que desafió las probabilidades y transformó la adversidad en fortaleza. Pasang Lhamu Sherpa Akita, una de las mejores escaladoras del país, se hallaba a una hora de distancia a pie del campamento base del Everest, en abril de 2015, cuando tuvo lugar el terremoto de 7,8. Pudo oír la avalancha atronadora que causó tantas muertes en el campamento base. Inmediatamente se puso en marcha para ayudar, pero se vio obligada a dar media vuelta cuando se produjo una réplica.

El terremoto había destrozado la casa de Pasang en Katmandú, pero ella y su marido, Tora Akita, supieron que tenían que responder a la pérdida de vidas, hogares y medios de subsistencia que tantos estaban viviendo en Nepal. «Yo podría haber muerto en el campamento base del Everest –dijo Pasang–, pero estaba segura. Sobreviví. Tenía que haber algún motivo por el cual sobreviví. Le dije a mi marido: "Tenemos que hacer algo por las personas que lo están pasando mal"».

En Katmandú, Pasang y Tora empezaron a organizar a los jóvenes y contrataron camiones para llevar arroz, lentejas, aceite, sal y lonas a los habitantes de Sindhupal-chowk, la región del epicentro del terremoto. Semana tras semana, volvía a la zona de Gorkha con tejados de zinc, tiendas, medicinas y más lonas para los supervivientes de una serie de pueblos. Contrató a gente del lugar para construir nuevos caminos sobre y a través de los derrumbamientos que habían destruido los senderos existentes. Dio trabajo a cientos de aldeanos para llevar comida y suministros a las personas que habían quedado completamente aisladas por los efectos del terremoto, y que se enfrentaban a la temporada del monzón sin alimento ni abrigo.

Pasang actuó desde el altruismo, un estado límite que puede bascular fácilmente hacia el perjuicio. Pero cuando hablaba con ella durante sus largos meses de servicio intensivo después del terremoto, en su voz nunca detecté nada que no fuera buena voluntad, energía y dedicación ilimitadas. También expresó su tremenda sensación de alivio por la posibilidad de ayudar que tenían ella y su marido.

Mi amigo psicólogo sobrepasó el límite y nunca encontró el camino de regreso. Mi amiga nepalí se mantuvo en la orilla buena de su humanidad. ¿Cómo es posible que, en lugar de ser derrotadas por el mundo, algunas personas saquen fuerzas de su profundo deseo de ponerse al servicio?

Creo que la clave es la compasión. El psicólogo había perdido la conexión con su corazón compasivo; al haberse quemado había sofocado sus sentimientos. El cinismo había echado una raíz profunda. Pasang, sin embargo, fue capaz de mantenerse arraigada en la compasión al dejar que sus sentimientos guiaran sus acciones. He llegado a ver la compasión como la forma de mantenernos arraigados y firmes al borde del precipicio y no despeñarnos al sobrepasar el límite. Y cuando caemos, la compasión puede ser nuestra salida de la ciénaga.

Si aprendemos a reconocer los estados límite en nuestra vida, podemos mantenernos en el umbral del cambio y contemplar un paisaje rico en sabiduría, ternura y amabilidad humana básica. Al mismo tiempo, podemos ver un terreno asolado por la violencia, el fracaso y la inutilidad. Si tenemos la fortaleza de quedarnos en el borde, podemos sacar lecciones de los entornos de sufrimiento –los campamentos de refugiados, las zonas destruidas por los terremotos, las cárceles, los pabellones de enfermos de cáncer, los poblados chabolistas y las zonas de guerra, y al mismo tiempo recuperar nuestros recursos a través de nuestra bondad básica y la bondad básica de los demás–. Esta es la premisa fundamental para conocer íntimamente los estados límite: cómo desarrollamos la fuerza para mantenernos en el borde y conseguir una visión más amplia, una vista que incluya todos los lados de la ecuación de la vida. Cómo encontramos el equilibrio entre fuerzas opuestas que da vida. Cómo encontramos la libertad en el límite. Y cómo descubrimos que la alquimia del sufrimiento y la compasión engendra el oro de nuestro carácter, el oro de nuestros corazones.

Parte I: Altruismo

«Que pueda hacer mucho bien sin saberlo nunca.»[2]

WILBUR WILSON THEBURN

A principios de los años setenta, mi pasión por la biología y el mar me llevó a trabajar como voluntaria en el Laboratorio Marino de Lerner en Bahamas. Estuve colaborando con un biólogo de Brandeis que estaba investigando el brevísimo ciclo de vida del inteligente y asombroso Octopus vulgaris, *al que conocemos con el nombre de pulpo común.*

Mi trabajo me brindó la rara oportunidad de ser testigo de cómo desovaba en cautividad una hembra de pulpo después de ser fertilizada. Cientos de miles de huevos translúcidos, en forma de lágrima, cada uno del tamaño de un grano de arroz, fueron saliendo de su manto en largas hebras de encaje que colgaban en el agua del acuario donde estaba cautiva. Iban pasando las semanas y el pulpo hembra permanecía flotando sobre los huevos como una nube, sin cazar ni comer, simplemente moviendo suavemente el agua alrededor de la maraña de huevos que iban madurando lentamente. Fluctuaba por encima de sus huevos, manteniéndolos aireados, sin apenas moverse, y su cuerpo comenzó a desintegrarse lentamente, convirtiéndose en alimento para sus crías cuando nacieron. La madre pulpo murió para alimentar a su descendencia, su carne fue la comida de salvación para sus crías.

Me sorprendió y me conmovió la extraña visión de esta bella criatura disolviéndose ante mis ojos. Aunque su sacrificio no fue altruismo propiamente dicho, sino parte del ciclo de vida natural de su especie, esta madre pulpo me generó muchas preguntas sobre el comportamiento humano, preguntas sobre el altruismo, el sacrificio personal y el daño. ¿Cuándo es saludable el altruismo humano? ¿Cuándo damos tanto a los demás que con ello nos perjudicamos? ¿Cómo reconocer cuándo nuestro altruismo puede ser egocéntrico y poco saludable? ¿Cómo alimentamos las semillas de un altruismo sano en un mundo donde el apresuramiento y la indiferencia son con tanta frecuencia actitudes habituales? ¿Cómo descarrila el altruismo, sobrepasando el límite?

En mis trabajos posteriores con moribundos y con presos, y cuando escuchaba las historias de padres, maestros, abogados y cuidadores en mi calidad de profesora budista, empecé a comprender el altruismo como un estado límite. Es el filo estrecho de un alto acantilado, que nos permite tener una vista amplia, pero que también puede erosionarse bajo nuestros pies.

Actuar de manera altruista es emprender acciones desinteresadas que mejoren el bienestar de otros, normalmente con cierto coste o riesgo para nuestro propio bienestar. Cuando somos capaces de mantenernos firmes en el altruismo, nos encontramos con los demás sin la sombra de la expectativa y de la necesidad acechando entre nosotros. El receptor de nuestra amabilidad puede descubrir la confianza en la bondad humana, y nosotros mismos nos enriquecemos con la bondad de dar.

Sin embargo, cuando nuestra seguridad física y emocional está en riesgo, mantener los pies bien plantados sobre un terreno firme puede representar un desafío: resulta demasiado fácil perder el equilibrio y caer en picado hacia formas dañinas de servicio. Podríamos ayudar de una manera que socavara nuestras propias necesidades. Podríamos hacer daño inadvertidamente a aquel que estamos intentando ayudar al restarle su poder y arrebatarle su voluntad. Y hasta podríamos «parecer» altruistas aunque nuestra motivación no esté bien fundamentada. Esas son formas de altruismo patológico, como iremos explorando.

Desde el borde del altruismo accedemos a una vista del amplio horizonte de la amabilidad y la sabiduría humanas, siempre y cuando evitemos caer en la ciénaga del egoísmo y de la necesidad. Y si nos vemos atascados en la ciénaga, nuestra lucha no tiene por qué ser en vano. Si podemos trabajar con nuestras dificultades, quizá sintamos el impulso de descubrir cómo hemos llegado ahí y cómo podemos evitar rebasar el borde y caer de nuevo. Quizá también recibamos una buena lección de humildad. Es un trabajo duro, pero es un buen trabajo que fortalece el carácter y nos ayuda a volvernos más sabios, más humildes y más resilientes.

2. Desde el borde elevado del altruismo

La palabra *altruismo* fue acuñada en 1830 por el filósofo francés Auguste Comte, quien la obtuvo de la expresión *vivre pour autrui*, o «vivir para otros». El altruismo, un antídoto contra el egoísmo de vivir para nosotros mismos, se convirtió en una nueva doctrina social basada en el humanismo en lugar de en la religión. El altruismo era un código ético para los no creyentes, uno separado del dogma.

Los que actúan desde la forma más pura de altruismo no buscan aprobación o reconocimiento social, y tampoco sentirse mejor consigo mismos. Una mujer ve a un niño desconocido que camina despistado hacia un coche. No piensa: «Salvar a este niño me haría ser buena persona», simplemente se lanza a la carretera y agarra al niño, arriesgando su propia vida. Y es probable que después no se vanaglorie demasiado. Lo que piensa es que hizo lo que tenía que hacer. «Cualquiera habría hecho lo mismo.» Se siente aliviada porque el niño está sano y salvo. Como ilustra este ejemplo, el altruismo va un paso más allá de la generosidad ordinaria; implica sacrificio personal o riesgo físico.

En 2007, Wesley Autrey (no muy alejado de *autrui*), un obrero de la construcción, saltó a las vías del metro de Manhattan para salvar a Cameron Hollopeter, un estudiante de cine que sufrió una convulsión y cayó del andén a las vías. Autrey vio que se acercaba el tren y saltó para apartar a Hollopeter de su paso. Pero el tren se acercaba demasiado rápido, así que Autrey se arrojó sobre Hollopeter, tumbándolo en la zanja de drenaje entre las vías, de apenas treinta centímetros de profundidad. Mientras aplastaba contra el suelo al hombre que tenía debajo, el tren pasó por encima de ambos, rozando la punta de la gorra de lana de Autrey. Ningún pensamiento hacia sí mismo, solo un impulso inmediato de salvar la vida de un compañero humano.

Posteriormente, Autrey parecía estar desconcertado ante toda la atención y los elogios que recibió. Relató al *New York Times*: «No creo haber hecho nada espectacular; simplemente vi a una persona que necesitaba ayuda. Hice lo que sentí que era correcto».[3]

Para mí, la historia de Autrey es un ejemplo de altruismo puro. Todos tenemos impulsos altruistas, pero no todos nos dejamos llevar por ellos en todo momento. Sin duda en el andén del metro hubo otras personas que vieron convulsionarse a Hollopeter y percibieron su necesidad de ayuda, pero también entendieron que podían perder la vida si lo ayudaban. El altruismo surge cuando nuestro impulso de servir supera nuestro miedo y nuestros instintos de supervivencia. Afortunadamente, Autrey fue lo bastante hábil como para salvar una vida y sobrevivir al mismo tiempo.

En todo el planeta, todos los días, las personas actúan desde un altruismo puro para estar al servicio de los demás. Como el manifestante chino no identificado que se plantó resueltamente delante de los tanques que se dirigían a la plaza de Tiananmen. Como los médicos en África que trataron valientemente a los pacientes de ébola. Como los parisinos que abrieron sus hogares a quienes huían de los ataques terroristas de 2015. Como los tres mil valientes voluntarios sirios que fueron los primeros en intervenir para ayudar a rescatar a los supervivientes del bombardeo de barrios civiles.[4] Como Adel Termos, que abordó a uno de los terroristas suicidas cuando se dirigía hacia una mezquita llena de gente en Beirut la víspera de los atentados de París en 2015. Cuando Termos hizo detonar la bomba lejos de la multitud, perdió su propia vida, pero salvó la de otros muchos.[5] Como Ricky John Best, Taliesin Myrddin Namkai-Meche y Micah David-Cole Fletcher, que intervinieron audazmente en un ataque racial contra dos adolescentes que viajaban en el metro ligero MAX de Portland en mayo de 2017. Ricky y Taliesin perdieron la vida; Micah sobrevivió.[6] Mientras se desangraba, Taliesin ofreció estas palabras: «Dile a todos los que viajan en este tren que los amo». Creo que en este mundo nuestro tan tenso es importante escuchar historias como estas para mantener nuestra fe en la belleza y el poder del corazón humano, y recordar lo natural que es el altruismo.

¿Ego, egoísmo o altruismo?

Volvamos por un momento a la mujer que rescata al niño del tráfico. Si después pensara: «Soy una buena persona por actuar así», ¿este pensamiento de felicitación personal invalidaría el altruismo de su acción? Las definiciones más estrictas de *altruismo* no admiten la participación del ego, ni antes ni después de la acción. El altruismo se caracteriza por ser un acto de desinterés que consiste en beneficiar a los demás, un acto carente de expectativas de recompensa externa (como gratitud o correspondencia), y carente también de recompensas internas como, por ejemplo, una mayor autoestima o incluso una mejor salud emocional. Los altruistas puros no tienen «ninguna idea de ganancia», por citar al maestro zen Shunryu Suzuki Roshi: no ganan nada con sus acciones benéficas. Son básicamente desinteresados.

Los grandes practicantes contemplativos y algunos seres humanos que son compasivos por naturaleza tienen el tipo de corazón ilimitado que está abierto a servir en cualquier circunstancia. No hay yo, ni hay otro; solo una bondad sin sesgo hacia todos. Sin embargo, la mayoría de nosotros somos simplemente humanos, y nos resulta muy humano sentir cierta sensación de satisfacción al servir a los demás.

La mera existencia de un altruismo puro es tema de debate entre psicólogos y filósofos. Según la teoría del egoísmo psicológico, ningún acto de servicio ni de sacrificio es puramente altruista, porque a menudo estamos motivados, como mínimo, por una pequeña sensación de gratificación personal, o sentimos un pequeño fortalecimiento del ego tras ayudar a otros. Esta teoría sostiene que, en el mundo real de la psicología y del comportamiento humano, el altruismo puro simplemente no existe.

El budismo asume una posición más radical; dice que el altruismo y su hermana, la compasión, pueden estar totalmente libres de ego, del pequeño yo. El altruismo puede surgir de manera espontánea e incondicional en respuesta al sufrimiento de los demás, como le sucedió a Autrey. El budismo sugiere asimismo que la preocupación desinteresada por el bienestar de los demás forma parte de nuestra verdadera naturaleza. Mediante la práctica contemplativa y el estilo de vida ético, podemos resistirnos al tirón del egoísmo y regresar a ese lugar dentro de nosotros que ama a todos los seres y los tiene en igual consideración; el lugar que aspira sin miedo a acabar con su sufrimiento y que está libre de sesgos.

Thich Nhat Hahn escribe: «Cuando la mano izquierda está herida, la mano derecha se encarga de ella de inmediato. No se detiene a decir: "Te estoy cuidando. Te estás beneficiando de mi compasión".

La mano derecha sabe muy bien que la mano izquierda es también la derecha. No hay distinción entre ellas».[7] Este es el tipo de altruismo *no referencial*, es decir, que no siente preferencia hacia los familiares, los amigos o los miembros de otros grupos de pertenencia.

Hay un poema de Joseph Bruchac que transmite esta sensibilidad profunda y humilde de cuidar a todos los seres por igual:

El abuelo de Birdfoot
El viejo
ha debido parar el coche
al menos dos docenas de veces
para salir y recoger en sus manos
a los pequeños sapos cegados
por nuestras luces, saltando,
como gotas de lluvia vivas.

       ****

La llovizna desprendía
una niebla sobre su pelo cano
y yo le decía una y otra vez
no puedes salvarlos a todos,
acéptalo, vuelve a entrar,
tenemos lugares a los que ir.
Pero con sus manos curtidas llenas
de vida húmeda marrón
de rodillas en la hierba de verano
de la carretera,
él solo sonrió y dijo:
ellos también tienen lugares
a los que ir.[8]

En este caso, el abuelo es un buen ejemplo de un *bodhisattva* vivo: para el budismo, alguien que salva a todos los seres del sufrimiento sin reservas. El abuelo sigue deteniéndose para rescatar a esos sapos, aunque eso implique caminar de rodillas por la carretera oscura y lluviosa. Sonriendo, parece estar experimentando lo que los budistas definen como «alegría altruista», una alegría por la buena fortuna de otros.

La alegría altruista se considera una cualidad de la mente verdaderamente nutritiva. En este sentido, el budismo concuerda con la psicología occidental cuando dice que sentir alegría por la buena fortuna de otros es bueno para nosotros. Yo sé que me siento mejor mental y físicamente cuando hago algo bueno por los demás, aunque sentirme mejor no sea lo que me motive. Estudios de psicología recientes sugieren que estar menos centrado en uno mismo y ser más generoso es una fuente de felicidad y de satisfacción para el que da.

Un estudio demostró que los niños de muy corta edad, incluso menores de dos años, tienden a experimentar una sensación mayor de bienestar cuando dan regalos que cuando los reciben.[9] Otro estudio mostró que los participantes adultos que gastaban su dinero en otras personas experimentaban mayor satisfacción que aquellos que gastaban dinero en sí mismos.[10] Y la neurocientífica Tania Singer ha descubierto que la compasión (una compañera muy cercana del altruismo) activa los centros de recompensa y las redes del placer en el cerebro. Ella defiende que los seres humanos están diseñados para ser amables.[11] Cuando actuamos desde la amabilidad, nos sentimos en armonía con nuestros valores humanos más profundos. Nos regocijamos en nuestras acciones, y le encontramos más sentido a la vida.

Por el contrario, cuando nuestras acciones dañan a otros no nos sentimos bien; a menudo perdemos el sueño, nos volvemos irritables y peores. Cada vez abundan más las investigaciones que documentan los resultados positivos para la salud en las personas que ayudan a los demás (por ejemplo, una mejora de la respuesta inmune y una mayor longevidad),[12] de modo que tal vez pronto nos enfrentaremos a una ola de pseudoaltruistas que ayudarán a los demás únicamente con el objetivo de vivir más tiempo y tener una vida más sana. En cualquier caso, tampoco sería un problema tan grave.

Olvidarse de uno mismo

Para mí, uno de los ejemplos más conmovedores de altruismo es la historia del difunto inglés Nicholas Winton. En 1938, cuando los nazis invadían Checoslovaquia, Winton organizó el transporte de 669 niños, la mayoría de ellos judíos, de Checoslovaquia a Gran Bretaña. Se aseguró de que viajaran de forma segura en tren a través de Europa y encontró un hogar en Gran Bretaña para todos y cada uno de los refugiados. Fue un acto increíblemente arriesgado y desinteresado. Durante cincuenta años ni siquiera se lo contó a su mujer. No le interesaba la fama, aunque al final se hiciera famoso en 1998, cuando su mujer encontró sus álbumes de recortes al limpiar en el desván e informó a la BBC sobre ese proyecto extraordinario.

Ese año la BBC invitó a Winton a la emisión de un programa titulado *That's Life*. Sin que él lo supiera, también habían invitado a personas a las que había salvado, que por entonces ya tenían cincuenta o sesenta años. El presentador preguntó: «¿Hay alguien en nuestro público esta noche que deba su vida a Nicholas Winton? Si es así, ¿serías tan amable de ponerte de pie?». Todo el público en el estudio se puso de pie. Winton abrazó a la mujer que tenía a su lado, mientras se enjugaba las lágrimas.[13]

Podríamos preguntarnos si conocemos realmente las motivaciones precisas de Winton, y si sus acciones pudieron haber reificado su sentido del yo de alguna forma. En 2001, cuando un periodista del *New York Times* le preguntó a Winton por qué hizo lo que hizo, él respondió con modestia: «Uno se daba cuenta de que había un problema ahí, que muchos de estos niños estaban en peligro y que había que llevarlos a lo que se consideraba un refugio seguro, y no había organización que hiciera eso. ¿Por qué lo hice? ¿Por qué la gente hace cosas diferentes? Hay personas que disfrutan asumiendo riesgos, y otras pasan por la vida sin correr ningún riesgo».[14] Un interesante análisis personal de su gran valor.

Winton vio la necesidad, vio que él podía hacer algo y tenía predisposición hacia el riesgo positivo. Si hubiera sentido algo de «satisfacción» por sus acciones, ¿cambiaría eso nuestra forma de verlo? Yo creo que no. Salvar la vida de 669 niños merece nuestra profunda apreciación. Sus acciones tuvieron un efecto de largo alcance tan poderoso, a lo largo de generaciones, que solo podemos maravillarnos de que haya ocurrido algo así y haya beneficiado a tantas personas. Winton vivió una larga vida y falleció en 2015, a la edad de 106 años.

En palabras del psiquiatra y superviviente de Auschwitz Viktor Frankl: «El ser humano siempre apunta y se dirige hacia algo o alguien más allá de sí mismo […]. Cuanto más se olvida de sí mismo, al entregarse a una causa para ayudar o al amar a otra persona, más humano se vuelve».[15]

3. Caer por el borde del altruismo: altruismo patológico

A veces resulta difícil mantener un altruismo sano; cuando estamos al borde de este acantilado, nos hallamos expuestos a sufrir daños. Cuando ayudamos excesivamente e ignoramos nuestras propias necesidades, podemos comenzar a sentirnos molestos con la persona a la que estamos ayudando y con la situación en general. Conocí a una mujer que cuidaba de su madre enferma de cáncer las veinticuatro horas. Agotada, frustrada por no poder hacer más para aliviar el dolor de su madre y sintiéndose culpable por estar tan frustrada, terminó por proyectar su ira contra su madre y luego contra sí misma. Estaba desanimada y sentía que había fallado a su madre y a sí misma.

Cuando nuestro altruismo pasa de ser bondad desinteresada a convertirse en obligación, deber o miedo…, o cuando simplemente nos sentimos exhaustos de tanto dar, nos pueden invadir las emociones negativas. Recuerdo haber escuchado a un maestro de escuela que estaba enojado consigo mismo por haber dedicado «demasiado tiempo» a ayudar a un estudiante necesitado. Y a una enfermera que empezó a sentirse irritada con sus pacientes, y después se sintió avergonzada por sentir rechazo hacia aquellos a quienes en su momento había ayudado con alegría.

Quizá lleguemos a creer también que ayudar a un paciente, a un estudiante o a un familiar nos da permiso para ofrecer un consejo no solicitado o para controlar sus acciones. En una ocasión estuve ingresada en el hospital, gravemente enferma de septicemia y me convertí en la receptora de tanta amabilidad que casi acaba conmigo. Al final, uno de los asesores de Upaya me aconsejó sabiamente que pusiera un cartel en la puerta: «No se aceptan visitas». Mientras luchaba con la fiebre y los escalofríos, no paraba de recibir una cantidad abrumadora de visitas que me brindaban abundantes consejos sobre cómo recuperar mi salud. Estas personas tan amables habían sacado tiempo de su día para venir a verme e intentaban ser útiles, pero obviamente yo necesitaba mi propia energía para sanar, y no la suya. Ni siquiera podía registrar mentalmente lo que me estaban diciendo, debido a la fiebre tan alta que tenía. Su necesidad de ayudar parecía haber ahogado su capacidad de sentir cuál era mi situación y de darse cuenta de que yo no podía estar receptiva. En situaciones así, el borde del altruismo puede desmoronarse fácilmente, cuando nuestra ansiedad o nuestra necesidad de arreglar se hacen con el mando.

Si podemos aprender a ver el altruismo como un risco, seremos más conscientes del riesgo y del peligro de su geografía, y podremos percibir lo que está en juego: lastimar a otros, a nosotros mismos e incluso a las instituciones a las que servimos. Si nos hemos adentrado en un terreno inestable, podemos aprender a sentir cuándo es probable que nuestras acciones nos lleven a despeñarnos por el borde. En el mejor de los casos, podremos salir de las situaciones precarias y regresar a terreno firme.

La ayuda que perjudica

Cuando el altruismo supera el límite y se precipita hacia el abismo, se convierte en *altruismo patológico*, término utilizado en psicología social. El altruismo que se origina en el miedo, en la necesidad inconsciente de aprobación social, en la compulsión de arreglar a otras personas o en una dinámica de poder poco saludable traspasa fácilmente la frontera del daño. Y puede provocar consecuencias muy duras, desde el agotamiento personal hasta la falta de autonomía de países enteros. Es importante desenmascarar las situaciones en las que vemos el altruismo patológico en acción, ya sea en la vida de los padres, cónyuges, médicos, educadores, políticos, trabajadores humanitarios o en la propia. Reconocer y nombrar este fenómeno ha abierto los ojos a muchos que sin darse cuenta estaban resbalando por la pendiente inestable de las buenas intenciones que no han salido bien.

En su libro *Pathological Altruism*, la doctora Barbara Oakley y sus colegas analizan la ayuda que perjudica. Definen el *altruismo patológico* como «el comportamiento en el que los intentos de fomentar el bienestar de otro y otros ocasiona por el contrario un daño que un observador externo podría considerar razonablemente previsible».[16]

Un ejemplo conocido de altruismo patológico es la codependencia, en la cual nos centramos en las necesidades de otros en detrimento de las propias, en muchos casos posibilitando comportamientos adictivos con ello. Conocí a un matrimonio que permitió que su hijo de veinticinco años, desempleado y alcohólico, viviera durante un tiempo en el sótano de su casa. No querían echarle a la calle sin trabajo ni un lugar donde vivir, pero su presencia hizo estragos en sus finanzas y, a medida que aumentaba su resentimiento, incluso puso a prueba su matrimonio. Intentaron que fuera a Alcohólicos Anónimos y a una clínica de rehabilitación, e incluso le encontraron algunos trabajos temporales, pero sus intentos de controlar su comportamiento y de regular su adicción siempre resultaban contraproducentes. Para su hijo, tampoco era bueno disponer de un techo gratis, porque le privaba de incentivos para cambiar su situación.

Además de la codependencia, la doctora Oakley cita otras manifestaciones del altruismo patológico, como la acumulación de animales y el estilo «helicóptero» de crianza de los hijos. Todos conocemos a la mujer de los gatos que no puede decir que no a la hora de rescatar a un gato callejero más, y al padre cuya forma de «ayudar» a su hijo es arrastrar a los directores del colegio a los tribunales para reclamar ese sobresaliente en química que tanto se merecía su hijo.

En mi propio trabajo, he visto a muchas personas atrapadas en las garras del altruismo patológico: una enfermera que trabajaba demasiadas horas sin comer ni dormir a fin de cuidar de su paciente moribundo; una activista social que acampaba en su oficina para poder estar de guardia veinticuatro horas cada día; el director general de una organización de ayuda social afectado crónicamente por el desfase horario de tanto volar de punta a punta del mundo; un voluntario que ayudaba a los refugiados en Grecia y padecía una angustia empática a causa de todo el sufrimiento que estaba presenciando.

Al estar tan expuestos al sufrimiento ajeno, los padres, los profesores, el personal sanitario o de justicia y los activistas que trabajan en situaciones de crisis corren especial peligro de caer en el altruismo patológico. Las consecuencias pueden manifestarse en forma de resentimiento, vergüenza y culpa, y también en los aspectos tóxicos de los otros estados límite: sufrimiento empático, sufrimiento moral, falta de respeto y síndrome del trabajador quemado.

Además, vernos a nosotros mismos «salvando», «arreglando» y «ayudando» a los demás puede alimentar nuestras tendencias latentes hacia el poder, la importancia personal y el narcisismo, e incluso llegar a engañarnos a nosotros mismos y a los demás. Una historia de altruismo patológico especialmente problemática es la de una organización que afirmaba estar llevando a cabo trabajo de ayuda humanitaria y sanitaria en Asia y en África. La organización no solo informó incorrectamente a sus donantes sobre el alcance de su trabajo, sino que incluso dejó de pagar a sus trabajadores locales en varios países. Las violaciones éticas de ese estilo surgen del autoengaño. Mi corazonada es que al comienzo de su trabajo probablemente querían ser útiles, pero con el tiempo se vieron atrapados en su necesidad de presentarse como una organización benefactora para poder recaudar dinero. Por supuesto, el financiador se dio cuenta de lo que estaba sucediendo y cortó el flujo de fondos, pero hasta ese momento se causó daño y perjuicio por todas partes.

El altruismo patológico a nivel sistémico se produce cuando al final, la ayuda perjudica a las organizaciones o personas que supuestamente deben recibir servicios; por ejemplo, situaciones en que la ayuda internacional no ha salido bien. Se dan muchísimos casos: según mi experiencia, estos ejemplos incluirían a los médicos que prestan servicios sanitarios en campamentos de refugiados donde no se ofrecen incentivos ni capacitación a las personas locales para que estas puedan hacer un seguimiento médico posterior, lo cual provoca que los refugiados acaben dependiendo de fuentes externas para recibir ayuda médica; ONG que llevan productos o servicios occidentales en lugar de ofrecer subvenciones y capacitación a empresarios locales que podrían satisfacer la demanda, y «organizaciones benéficas tóxicas» que dan dinero sin proporcionar oportunidades de desarrollo de habilidades, lo que crea más dependencia de las fuentes externas para obtener apoyo.

Cuando nosotros, los occidentales, nos creemos que podemos salvar el mundo, quizá no lo hagamos solo desde la buena voluntad sino también desde la arrogancia. La escritora Courtney Martin señala que de lejos los problemas de otras personas pueden parecer exóticos y de fácil solución. Dice que si bien esta tendencia no suele ser malintencionada, «puede ser imprudente. Cuando las personas bien intencionadas intentan solucionar problemas sin reconocer la complejidad subyacente, provocan efectos colaterales reales».

Martin nos insta, en cambio, a «enamorarnos de la perspectiva a más largo plazo de quedarnos en casa y atacar de frente la complejidad sistémica. O ve si tienes que hacerlo, pero quédate el tiempo suficiente, escucha con la atención suficiente para que "los otros" se conviertan en personas reales. Pero ten cuidado, quizá no resulten tan fáciles de "salvar"».[17] Ser testigo de los problemas de otra cultura y escuchar de verdad puede ser la única manera de mantenerse del lado sano del altruismo.

Hay personas que se obsesionan tanto con ayudar a los demás, que su propio bienestar se ve comprometido. En su libro *Strangers Drowning*, Larissa MacFarquhar describe el perfil de los «buenistas» norteamericanos que se arrogan la misión de ayudar a los desconocidos. Los sujetos que describe en su libro renuncian a lujos cotidianos como comer en un restaurante o comprar entradas para un concierto para enviar ese dinero a familias en países en vías de desarrollo, mientras calculan cuántas vidas están salvando gracias a su frugalidad. MacFarquhar analiza este fenómeno sin juzgarlo; documenta momentos edificantes de generosidad y momentos perturbadores de orgullo y culpa.[18] Algunos de los sujetos de su libro forman parte del movimiento de altruismo eficaz (EA por sus siglas en inglés), que utiliza el análisis de datos para predecir el lugar donde las donaciones producirán un mayor impacto para las personas necesitadas. EA insta a sus seguidores a separar el proceso de dar de sus propias emociones, y argumenta que el «sentimentalismo» constituye un obstáculo en el camino de la eficiencia financiera.[19]

En *Pathological Altruism*, la doctora Oakley también nos advierte contra el peligro de mezclar nuestras emociones con la acción de dar. «La conclusión es que la base emocional y sentida de nuestras buenas intenciones puede conducirnos a error sobre lo que de verdad es útil para los demás», escribe. Oakley deja entrever que los planteamientos del «amor con firmeza», como esos padres que expulsan a su hijo del sótano, pueden ser más altruistas.

Creo que todo depende de la situación. Desde una perspectiva budista, el cuidado, el amor, la amabilidad, la compasión y la alegría altruista son cualidades sumamente valoradas. Y, sin embargo, a veces la ayuda perjudica. Y aquí la sabiduría es esencial. Los budistas no separan la sabiduría de la compasión. Estas cualidades son dos caras de la misma moneda de nuestra humanidad básica.

¿Sano o malsano?

En el budismo, el relato jataka de la tigresa hambrienta se considera un ejemplo cultural de la entrega desinteresada como expresión de generosidad, altruismo y compasión. No obstante, si la interpretación fuera otra, estaríamos ante una historia de altruismo patológico.

En una espesa selva, un *bodhisattva* (que un día será la encarnación de Gautama Buda) y sus dos hermanos se encuentran con una tigresa hambrienta que se dispone a alimentarse de sus propios cachorros. Los hermanos parten en busca de alimento para la tigresa, pero el *bodhisattva*, en un acto de altruismo puro e incondicional, se tumba ante la madre felina debilitada. Después se atraviesa el cuello con una astilla de bambú para que la madre y sus cachorros puedan alimentarse más fácilmente de su cuerpo.

Podemos valorar esta historia como una inspiración que nos lleve a involucrarnos en actos radicales de bondad; como leyenda, no se ha de tomar literalmente. Pero visto de otra manera, también podría servir de justificación de acciones que infringen el primer precepto del budismo, que dice que no debemos hacer daño a los seres vivos, incluidos nosotros. La leyenda también podría fomentar el martirio. Si se toma esta historia al pie de la letra, el *bodhisattva* da su vida y parece cruzar una línea peligrosa.

El canon budista contiene muchas historias de martirio. Existen relatos antiguos, de los siglos v y vi de nuestra era, que dan constancia de cómo monjas y monjes chinos respetados se inmolaron como protesta y como ofrenda. Incluso hoy, mientras escribo estas líneas, hay jóvenes tibetanos inmolándose en su país como forma de resistencia a la opresión china. En una ocasión asistí a una gran ceremonia dirigida por Su Santidad el Dalai Lama. Con los ojos llenos de lágrimas, Su Santidad celebraba la ceremonia por quienes se habían convertido en mártires. Su joven compañero, Su Santidad Gyalwang Karmapa, ha instado al Tíbet a detener esta práctica extrema y mortal. Me he preguntado una y otra vez qué tiene que ver la inmolación con el budismo, que es un ejemplo de no violencia y de no dañar. Pero entonces me acuerdo de Thich Quang Duc.

El loto de fuego

En 1963, cuando la guerra de Vietnam duraba ya varios años, vi en un periódico una fotografía que se me quedó grabada en la mente.

Era una imagen del monje vietnamita Thich Quang Duc, quien, en señal de protesta contra la persecución de monjes budistas por el gobierno de Vietnam del sur, se convirtió en una antorcha humana en un cruce muy concurrido de Saigón. Sentado en un cojín en medio de la calle, en posición de loto y totalmente quieto, con una lata de gasolina detrás de él, el estoico monje, inmóvil y en silencio, dejaba que las intensas llamas consumieran su cuerpo.

Me quedé atónita y horrorizada. Me pregunté qué había motivado a este monje a prenderse fuego. ¿Cómo había desarrollado la cualidad de carácter y de mente que le permitía mantenerse erguido mientras las llamas devoraban su cuerpo? Recuerdo que pensé: «Esta guerra tiene que terminar». Fue esta imagen la que me llevó a manifestarme en contra de la guerra, y desde entonces ha sido un detonante psíquico para mí en mi defensa continua de la no violencia como único camino hacia la paz. La ironía es que el desencadenante –o, mejor dicho, la inspiración– que me llevó a trabajar como mediadora y pacifista fue un acto de extrema violencia hacia sí mismo.

La fotografía de Thich Quang Duc en llamas, que deparó un Pulitzer al reportero gráfico de la Associated Press Malcom Browne, se convirtió en una de las imágenes más icónicas de la guerra de Vietnam. Es una imagen que representa el sufrimiento y la trascendencia; para muchos, también encarna un acto culminante de altruismo. En los meses y años posteriores, otros monjes y monjas budistas siguieron el ejemplo de Quang Duc, entre ellos la hermana Nhat Chi Mai, alumna de mi maestro Thich Nhat Hahn. Thich Nhat Hahn habló de la hermana Nhat Chi Mai con frecuencia, repitiendo sus palabras: «Ofrezco mi cuerpo como antorcha para disipar la oscuridad».

Varios años después de la inmolación de Thich Quang Duc conocí al joven periodista David Halberstam, uno de los pocos informadores presentes cuando Thich Quang Duc se prendió fuego. Mientras Halberstam nos relataba los detalles de lo que había presenciado, me di cuenta de que estaba profundamente afectado por casi cada detalle del acontecimiento. No recuerdo sus palabras precisas durante esa tarde, pero sí que recuerdo sus ojos demacrados, cansados. Parecía apagado y aturdido por todo lo que había visto. Más adelante, escribió:

> Iba a mirar la escena de nuevo, pero una vez fue suficiente. Las llamas procedían de un ser humano; su cuerpo se marchitaba y se secaba lentamente, su cabeza se ennegrecía y carbonizaba. Sentía en el aire el olor de la carne humana quemándose; los seres humanos se queman sorprendentemente rápido. Detrás de mí oía los sollozos de los vietnamitas que se reunían alrededor. Estaba demasiado horrorizado para llorar, demasiado confundido para tomar notas o hacer preguntas, demasiado desconcertado incluso para pensar... Mientras se quemaba no movió ni un músculo, no pronunció ni un sonido, su compostura contrastaba con los lamentos de las personas que lo rodeaban.[20]

La autoinmolación de Thich Quang Duc suscitó mucha controversia entre budistas y no budistas sobre la ética de quitarse la vida en beneficio de otros. El martirio de la hermana Mai planteó las mismas preguntas, es decir: ¿dónde está la línea que separa el beneficio del daño? ¿Quién traza esa línea?

¿El inmenso daño que ocasionaron a sus cuerpos invalida el bien que hicieron al atraer la atención internacional a la guerra? ¿Qué motivó sus acciones? ¿Fue la convicción de que en última instancia, este acto salvaría vidas ajenas? ¿O fue una intolerancia extrema a la experiencia del sufrimiento ajeno? ¿El martirio es valioso para la transformación social, o es engañoso y perjudicial?

El budismo explora la conexión entre el yo y el otro. Tengo la sensación de que Thich Quang Duc y la hermana Mai actuaron desde el espacio donde no había yo y no había otro. Percibieron la injusticia y el sufrimiento, sintieron que tenían el poder de cambiarlo y tomaron medidas, medidas de sacrificio personal. En ese espacio, no hay fronteras entre lo que hacemos por los demás y lo que hacemos por nosotros mismos.

En mi opinión, las acciones de la hermana Mai y de Thich Quang Duc en cierto sentido trascienden las categorías de ayuda y daño. Impulsaron las protestas contra una guerra injusta y probablemente salvaron muchas vidas; aun así, dos personas murieron de una forma impactante y atroz. Después de casi cincuenta años de profunda reflexión sobre sus inmolaciones, ahora siento que al considerar su sacrificio extremo debemos reconocer el heroísmo y el perjuicio, el beneficio y los costes. He llegado a entender el valor profundo del altruismo como un acto de generosidad, y también he adquirido cierta perspectiva sobre su sombra. Mantener ambas perspectivas me ha impulsado a ver el altruismo como un estado límite. Y se me ocurre que, a la hora de juzgar una acción como patológica o no, influye no solo la intención, sino también el resultado. Si Wesley Autrey hubiera muerto al intentar salvar a Cameron Hollopeter del vagón del metro, tal vez hubiéramos tildado su acción de patológica o insensata.

El verdadero trabajo que hemos de hacer es mantener ambas perspectivas, de modo que podamos tener una verdadera profundidad de campo, porque a menudo no podemos distinguir la imagen completa en un momento determinado. Nuestro punto de vista realmente depende de dónde estemos. Esta es la razón por la cual encarar cualquier acto de aparente altruismo implica una práctica de profunda indagación y apertura. En la situación ideal, el altruismo y la forma en que lo percibimos se basan en la capacidad de elevarnos por encima del propio interés, de ser sensibles al contexto y de sentirnos cómodos con la ambigüedad y la incertidumbre radical.

El sesgo altruista

Como muestran las acciones de Thich Quang Duc y de la hermana Mai, se podría considerar el martirio como una forma extrema de altruismo, que algunos llamarían patológica. Las formas más comunes de altruismo patológico, las que conocemos en nuestra vida cotidiana, son menos complicadas, pero también pueden ser traicioneras.

Cuando hacemos algo bueno por los demás, debemos tener cuidado de no estar persiguiendo nuestra propia ganancia emocional. Las religiones nos advierten sobre esta motivación. En el Sermón de la Montaña, que fue una fuente de inspiración en mi juventud, Jesús censura las buenas obras si nuestro propósito al hacerlas es el reconocimiento. En términos budistas, si servimos a otros para obtener aprobación social, eso puede reificar nuestro sentido del yo y potenciar el apego a una identidad de «buena persona».

Recuerdo cuando mi primer maestro zen, Seung Sahn, me preguntó de manera informal a qué había dedicado mi tiempo. Yo enumeré todas mis «buenas» acciones recientes. Después de mi recital, hizo una pausa y gruñó: «¡Eres una mala *bodhisattva*!». Me sentí como si me hubiera golpeado un rayo. Con no poca vergüenza, vi que al trabajar hasta el agotamiento por causas relacionadas con la justicia social estaba quemándome y debilitando a otros, al arrebatarles su propia capacidad. Es más, seguramente estaba intentado obtener la aprobación de mi maestro y de los demás. Me sentí disgustada, pero también agradecida por la dura lección que me había dado.

Por otro lado, ¿tan malo es sentirse bien por ayudar a las personas? Quizá sea importante sentir alegría al servir a los demás. Depende mucho de nuestros valores, nuestras motivaciones y nuestras intenciones. Si nuestra motivación es sentirnos bien con nosotros mismos o lograr la admiración y el respeto de los demás, nuestras acciones se verán comprometidas por las necesidades del ego. En lugar de preguntarnos: «¿Demostrará esta acción que soy buena persona?» o «¿Esto me hará sentir bien?», tenemos que preguntar «¿Cómo puede servir?».

El difunto maestro budista tibetano Chögyam Trungpa Rinpoche acuñó el término de *materialismo espiritual*, cuando los buscadores intentan acumular credenciales «espirituales» a través de diversos medios, incluida la apariencia «altruista», a fin de realzar su identidad espiritual. Aspirar a beneficiar al prójimo es un aspecto importante de la vida espiritual: ayuda a alinear las prioridades y puede hacer que nuestra práctica sea más profunda. Pero si empezamos a usar el altruismo como una forma de potenciar nuestro sentido del yo, se convierte en una trampa. Un poco de humildad basada en la realidad puede ser útil para rebajar la necesidad de aprobación y apreciación.

Algunos aspectos del altruismo patológico están correlacionados con el género. Cuando yo era pequeña, mi madre era una de las Damas Grises y trabajaba como voluntaria en la Cruz Roja en un hospital militar en Miami. El día de su muerte, era una de las Damas

Rosas que llevaban revistas y libros a ancianos hospitalizados en Carolina del Norte. Toda su vida sirvió a los demás. Era altruista. Al mismo tiempo, su altruismo estaba mediado por una sutil necesidad de reconocimiento social de que era una buena persona. Creo que fue su identidad como mujer la que introdujo esta pequeña distorsión en su motivación. Con mi primer maestro zen y gracias a su dura lección, aprendí que yo también tenía esa distorsión.

Con frecuencia las mujeres han adquirido valor y poder en la sociedad siendo altruistas, ya sea en su papel de esposas y madres o como cuidadoras. Muchas mujeres también tienen historias familiares, sociales y culturales de opresión, o están sujetas a valores religiosos que fomentan el sacrificio personal. Y al escuchar a las mujeres médicas, a trabajadoras sociales, maestras, abogadas y ejecutivas hablar sobre los desafíos de sus profesiones, he llegado a comprender el papel que puede desempeñar la identidad de género en la forma en que se vive el altruismo y cómo puede perjudicar cuando se practica en exceso. Sin duda, muchos hombres comparten el mismo problema de la necesidad de obtener aprobación social a través de lo que yo llamo «el martirio del servicio», pero he observado que con frecuencia las mujeres llevan una carga adicional que da lugar a un daño hacia una misma y hacia los demás.

Oakley tiene un término para esto: *sesgo altruista*. Es la expectativa social, cultural y espiritual de ser empático y solícito. Muchos de nosotros nos vemos predispuestos a actuar altruistamente, incluso cuando no es lo apropiado en la situación. Podemos ignorar las señales de que nuestra ayuda no está sirviendo y sacar de la cárcel bajo fianza a nuestro cónyuge adicto, porque creemos que nuestro papel es ayudar a nuestros seres queridos a superar la adicción. O podríamos quedar atrapados en la autocomplacencia o en el papel de

rescatador a través del cual buscamos inconscientemente la aprobación social de nuestros esfuerzos de ayudar.

Y, sin embargo, no podemos decir que la inclinación al altruismo
sea algo malo. Salvar de la muerte a un joven que está teniendo un
ataque en el metro, o hacer llegar servicios médicos a aldeas vulnerables en los Himalayas, o defender a unas niñas de un ataque racista, o acercarse a un vecino que está agonizando, o salvar niños de un
campo de la muerte nazi quizá es lo que hace falta, incluso aunque
sea arriesgado y duro. La experiencia nos dice que el sesgo altruista
es una necesidad. Si nuestros padres no hubieran tendido a cierto
grado de altruismo, nosotros no habríamos sobrevivido a nuestra
infancia. Y sin tendencia altruista, cada uno de nosotros seríamos
menos de lo que realmente somos.

Con todo, hay otras consideraciones interesantes sobre el sesgo
hacia el altruismo. Los sistemas éticos, como los que encontramos
en las tradiciones espirituales y religiosas, así como el concepto hu-
manista del altruismo en sí, refuerzan la inclinación altruista. Estos
sistemas cognitivos y culturales, junto con nuestros valores e historias personales, pueden crear tendencias inconscientes capaces de
cegarnos a lo que realmente puede ser útil. Por la influencia de estos
sistemas, podemos confundirnos y descartar las señales de alarma
emitidas por nuestra intuición, nuestra conciencia, nuestro cuerpo
y nuestra mente. Incluso cuando recibimos comentarios de observadores, ya sean amigos o colegas, podemos seguir adelante con el
altruismo egoísta, con un coste importante para todos. Y después
estas tendencias y procesos inconscientes de autoengaño nos llevan
a justificar las consecuencias de esas acciones. «Pensé que era lo
correcto» o «Me hizo sentir buena persona», nos decimos retrospectivamente.

Trabajabando en Nepal, Tíbet, México y África, aprendí que la tendencia altruista puede afectar de forma negativa no solo a los individuos, sino también a los sistemas, y hacerles entrar en el juego de la violencia institucional y sistémica. Muchas veces las organizaciones de ayuda internacional no llevan a cabo estudios adecuados sobre el impacto de sus programas, por lo que quizá no entiendan la complejidad del sufrimiento que existe en las situaciones en las que intentan servir y sanar.

En el Upaya Zen Center estábamos decididos a adoptar un enfoque diferente cuando respondimos al catastrófico terremoto en Nepal en la primavera de 2015. Por nuestros años de trabajo en proyectos de asistencia sanitaria en Nepal, sabíamos que ya había sobre el terreno jóvenes nepaleses inteligentes y motivados para ayudar a los supervivientes del terremoto. Conocían el territorio, podían comunicarse entre sí y con nosotros a través de las redes sociales, y tenían la energía y la inspiración para servir. También sospechábamos que las vías habituales de ayuda a Nepal a través de grandes ONG internacionales serían menos efectivas para conseguir ayuda en las áreas remotas de Gorkha, el epicentro del terremoto, que actuar con el equipo emergente de jóvenes líderes locales que ya estaban trabajando sobre el terreno. Recordamos el terremoto de 2010 en Haití, que desencadenó una avalancha de ayuda internacional que quedó fuera del control de los propios haitianos. Alguien llegó a describir Haití como una «república de ONG» incapaces de centrarse en la resiliencia y la autonomía haitianas. Los fondos fueron mal administrados, y para empeorar las cosas, las fuerzas del mantenimiento de la paz de la ONU introdujeron el cólera en el suministro de agua. No queríamos repetir este tipo de error de ayuda exterior, por lo que nos dirigimos a nuestros colegas nepalíes, jóvenes y fiables.

Durante nuestros años de servicio médico en Nepal, habíamos colaborado con muchas personas comprometidas en áreas remotas del Himalaya. Eran duras y eficientes, y sabían de qué hablaban. Sabíamos que tenían poco o nada de gastos administrativos, tenían vínculos íntimos con la gente y sabían qué podría ser útil. También pensamos que su participación en el trabajo de asistencia podría ser para ellos una oportunidad de desarrollar capacidades de liderazgo, y que la tragedia del terremoto podría abrir una puerta a la formación de líderes de la siguiente generación de nepalíes.

Tal y como sospechábamos, millones de dólares de ayuda humanitaria fueron canalizados hacia las arcas del gobierno y, a fecha de la redacción de este libro, gran parte de esos fondos siguen allí debido a las disputas políticas.

Mientras otros suministros de ayuda internacional languidecían en el aeropuerto o eran confiscados en la frontera india, el equipo de Upaya, que incluía a la escaladora Pasang Lhamu Sherpa Akita, su marido, Tora Akita, y a otros muchos jóvenes nepalíes, fue capaz de llevar toneladas de alimentos, suministros médicos y materiales de construcción directamente a las zonas afectadas. Con nuestra ayuda y la ayuda de otros conocidos escaladores, Pasang contrató a porteadores en paro para que construyeran caminos en las zonas del seísmo, de forma que se pudiera dar trabajo a la gente y resultara posible transportar los suministros a pie hasta los pueblos afectados. Con los fondos recaudados por Upaya, incluso alquiló un helicóptero para evacuar a los niños del monasterio de Lho; esos críos llevaban semanas abandonados y sin alimentos adecuados.

Su esposo, Tora, y su equipo organizaron y distribuyeron miles de lonas, mantas, alimentos y ropa para los supervivientes del terremoto. Con el tiempo, han reconstruido varias escuelas, un convento, un monasterio, un centro de mujeres y una residencia de ancianos. Se han restaurado los techos de aldeas enteras con materiales de construcción más seguros. Se ofreció y se sigue ofreciendo asistencia sanitaria a los supervivientes del terremoto, así como a un grupo de refugiados rohinyás de Birmania. El trabajo continúa en el interior de Nepal, liderado por estos jóvenes.

Pero cuando un programa de ayuda estadounidense envía a un contratista estadounidense a construir casas en Haití, Sudán del Sur o Nepal en lugar de contratar a trabajadores locales, puede acabar siendo un ejemplo de colonialismo, paternalismo y condescendencia más que de sabio altruismo. Recuerdo un dicho muy famoso acuñado por Anne Isabella Thackeray Ritchie en su novela del siglo XIX *Mrs. Dymond*: «Si le das un pescado a un hombre, volverá a tener hambre en una hora. Si le enseñas a pescar, le haces un buen favor». Creo que el buen altruismo enseña a la gente a pescar. Nuestra red de jóvenes nepalíes puede pescar, y enseña a otros a pescar. Y yo me sigo preguntando: ¿cómo podemos nosotros, como activistas, educadores, médicos, padres y políticos, enseñar a las personas a pescar? Creo que esta pregunta es importante para entender el altruismo como un estado límite. Cuando nuestras razones para servir a los demás son personalistas o están mal fundadas, cuando nuestra ayuda crea una situación insostenible, nos adentramos en el altruismo patológico. Una de las expresiones más poderosas del altruismo saludable es fortalecer al prójimo y a nosotros mismos a través del valor y de los medios hábiles.

4. El altruismo y otros estados límite

Los estados límite se influyen entre sí directa e indirectamente, con repercusiones mutuas que nos apoyan o nos sabotean. La sana empatía hacia quienes sufren puede inspirar amabilidad, cuidado y altruismo. Si nos encontramos con alguien que está siendo acosado o sometido a una violencia sistémica y a un abuso directo, nuestro altruismo e integridad nos impulsan a intervenir. El altruismo también es una plataforma poderosa para una implicación comprometida. Ahora bien, si no sabemos regular nuestra empatía, podemos sufrir angustia y ser incapaces de servir, o quizá reaccionemos de manera defensiva e incompetente y causemos daño a otros y a nosotros mismos.

Si nuestras acciones altruistas no son congruentes con nuestra sensibilidad moral, estaremos atrapados en el sufrimiento moral. Si nos quedamos atascados en el altruismo patológico, después suele venir la falta de respeto y la desconsideración hacia aquellos a quienes intentábamos ayudar. Cuando el altruismo no es saludable, no es infrecuente que provoque un desgaste profesional. Y, sin embargo, el hecho de reconocer valientemente el altruismo mal orientado, lo que Cassie Moore ha llamado «la autopista engañosa de la ayuda», puede transformar la vida de una persona hacia el bien y hacia la compasión.

A principios del invierno de 2016, la comunidad de Upaya visitó un albergue para personas sin techo en Santa Fe para ayudar a preparar cenas y servir a unas doscientas personas sin hogar. Al día siguiente, Cassie tuvo una experiencia que le inspiró a escribir lo que había aprendido sobre el altruismo:

> El día siguiente a la cena en el albergue, en Marcy Street, me cruzo con un vagabundo. A mitad del paso de cebra, nuestros ojos se encuentran. De alguna manera, en ese cruce, nuestros corazones también se encuentran. Me doy cuenta de que no me da ningún miedo. Eso es nuevo para mí. No quiero decir que no tenga miedo en plan despreocupado, soy consciente del sabio discernimiento que requiere implicarse en el mundo desde un cuerpo de mujer de menos de un metro sesenta. El hombre sonríe. Su larga barba de Papá Noel se mueve con su sonrisa, y yo asiento con la cabeza a modo de saludo. Lo siento como algo normal, humano, nada mágico en absoluto, pero profundo. Mientras camino, siento la culpa como una perla fría y metálica que crece en mis entrañas: Hola, vergüenza. ¿Qué significa que la capacidad de ver mi propio rostro en una persona sin hogar me resulte nueva? Siento que esta vergüenza está justificada. No es que haya ignorado que hay personas sin hogar; en absoluto. Es que para mí eran «los otros». Yo no me he visto ahí. Yo me he visto como la que arregla, la que viene a encontrarse con eso con el corazón de una salvadora.
>
> De repente, me parece que esto es una señal de mezquindad, una historia astuta y convincente sobre la ayuda que oculta una profunda incomodidad con el sufrimiento, y cuya raíz es la idea fundamental de que estoy en un nivel más alto que aquellos que necesitarían ayuda. Me he alejado del sufrimiento creyendo que puedo ayudar a solucionarlo. Esto me hace sentir náuseas. Me parece que «arreglar» ha sido mi autopista engañosa destinada a transportarme a la

tierra igualmente engañosa de Problema Resuelto. Y, sobre todo, me ha impedido ver nada que no fuera la diferencia entre yo y alguien que vive en la calle.[21]

Cuando Cassie se encontró con los ojos del hombre sin hogar, compartieron un momento de conexión que abrió un portal de comprensión para ella. Reconoció que ayudar, arreglar y rescatar son formas malsanas de altruismo. Cassie experimentó el sufrimiento moral (en forma de vergüenza) cuando se dio cuenta de que lo había visto como «el otro». La tendencia a la «otredad» implica cierta falta de respeto, otro estado límite. Cassie no es la única: para la mayoría de nuestra sociedad las personas sin techo son «los otros». Cuando se dio cuenta de su pequeña participación en este sistema de opresión, Cassie superó el altruismo patológico y entró en la compasión.

La historia de Cassie me recuerda una enseñanza muy importante de la doctora Rachel Naomi Remen: «Ayudar, arreglar y servir son tres formas diferentes de ver la vida. Cuando ayudas, ves la vida como algo débil. Cuando arreglas, ves la vida como algo roto. Cuando sirves, ves la vida completa». Remen explica que la ayuda se sustenta en la desigualdad: «Cuando ayudamos, sin darnos cuenta podemos arrebatar a las personas más de lo que podríamos darles; podemos disminuir su autoestima, su sensación de valía, su integridad y su plenitud. Cuando ayudo, soy muy consciente de mi propia fuerza. Pero no servimos con nuestra fuerza, servimos con lo que somos. Aprovechamos todas nuestras experiencias. Nuestras limitaciones sirven, nuestras heridas sirven, incluso nuestra oscuridad puede servir. La totalidad en nosotros sirve a la totalidad de otros y a la totalidad de la vida».[22]

En su mejor versión, el altruismo es una expresión radical de conexión, de cuidado, de inclusión, y un sentido de responsabilidad respecto al bienestar de los demás. Se trata de velar conscientemente por no robar a otros su autonomía al «ayudarles» o «arreglarlos». Se trata de darnos cuenta de que nuestra propia supervivencia no está separada de la supervivencia de los demás. Como el valor de Nicholas Winton al salvar a tantos niños durante la Segunda Guerra Mundial, el altruismo se caracteriza por la entrega, la ausencia de egoísmo, el valor, el optimismo, la generosidad, la sensación de reciprocidad y un profundo respeto por toda vida.

Creo que nuestro trabajo profundo consiste en construir una sólida infraestructura interna de carácter, reconocer los peligros que se presentan disfrazados de bondad y procurarnos los medios de salir de la trampa antes de que se cierre sobre nosotros. Y, aun así, también podemos caer presa del autoengaño, de motivaciones equivocadas o de la necesidad de elogio en algún momento. Cuando esto sucede y lo reconocemos, es cuando abrimos el gran regalo de la humildad nacida del fracaso.

5. Prácticas que respaldan el altruismo

En 1994, el día en que Roshi Bernie Glassman cumplía cincuenta y cinco años, él y su mujer, Jishu Angyo Holmes, y algunos amigos estaban sentados en los escalones del Capitolio norteamericano en pleno invierno, meditando sus próximos pasos para resolver la crisis del sida. Habían conseguido poner en marcha el Greyston Mandala, un gran complejo de servicios sociales en Yonkers, Nueva York, que incluye el Greyston Bakery, una clínica de VIH, programas de atención infantil y extraescolares, viviendas sociales, parques comunitarios, etcétera. Pero todo el que conoce a Roshi Bernie sabe cómo le asalta una forma de altruismo agitado y revolucionario que le tiene siempre moviéndose hacia algo nuevo y radical.

Sentados en los escalones heladores del Capitolio, Roshi Bernie y Jishu empezaron a idear lo que más adelante se convertiría en la Zen Peacemaker Order (ZPO), una organización de budistas socialmente comprometidos. Sentaron las bases de la ZPO y la práctica de los Tres Principios: No Saber, Ser Testigo y la Acción Compasiva, un camino que fomenta el tipo de altruismo más valiente. *No Saber* es la práctica de abandonar toda idea fija sobre nosotros mismos y el universo. *Ser Testigo* es la práctica de estar presente para el sufrimiento y para la alegría de este mundo. La *Acción Compasiva* es la acción que surge del No Saber y de Ser Testigo, y que propicia la sanación del mundo y la nuestra propia como un camino de práctica.

La ZPO creó programas muy valientes que siguen en marcha en

la actualidad. En los Retiros en la Calle de la ZPO, los participantes viven en las calles durante días como las personas sin hogar, siendo testigos de la realidad de la falta de vivienda. En su Retiro de Ser Testigo de Auschwitz, cientos de personas se reúnen en Auschwitz en el frío de noviembre para practicar el No Saber, el Ser Testigo y la Acción Compasiva como una forma de conocer el sufrimiento histórico y del momento presente de este mundo.

Ingresé en la ZPO como cofundadora a mediados de los años noventa. Roshi Bernie, Jishu y yo, junto con otros muchos practicantes zen, trabajamos intensamente para hacer de la práctica de los Tres Principios una parte central de nuestra vida y para ofrecer esta posibilidad a nuestros estudiantes. Años más tarde, incorporé los principios al Programa de Formación en Capellanía Budista, donde sirven de cimiento para formar a nuestros monjes y monjas en la visión, la meditación y la acción.

Usando los principios como marco de referencia, nos preguntamos: ¿Cómo podemos sentarnos con el No Saber cuando el sufrimiento que estamos experimentando es casi abrumador? ¿En qué momento la práctica de Ser Testigos llega al límite de convertirnos en un espectador? Cuando se requiere una Acción Compasiva, ¿cómo alejarnos de la idea de «ayudar» y «arreglar» manteniendo un altruismo equilibrado y saludable para no sobrepasar el límite? Y si vemos que nos tambaleamos hacia el altruismo patológico, ¿cómo podemos volver al terreno firme del altruismo sano, de modo que no acabemos resbalando pendiente abajo?

Durante mis años de trabajo voluntario en una prisión de máxima seguridad, mi sentido del altruismo se vio puesto a prueba reiteradas veces. La primera vez que entré a la Penitenciaría de Nuevo México para enseñar meditación a los prisioneros, comprendí de verdad de qué trataba la práctica del Primer Principio, el No Saber. No exagero si digo que me daba miedo estar dentro de una cárcel de máxima seguridad. Me preocupaba trabajar con un colectivo de hombres pertenecientes a bandas y todos ellos asesinos múltiples. Para complicar más las cosas, en la orientación para voluntarios nos dijeron que, si un prisionero nos tomaba como rehenes, los funcionarios de la prisión no tenían la responsabilidad de rescatarnos.

A pesar de todo aquello, hacía tiempo que quería servir en este terreno tan cargado de sufrimiento. Había trabajado con personas moribundas durante décadas, y me daba cuenta de que necesitaba aprender de un mundo que me resultaba muy alejado de lo que conocía. También era muy consciente de cómo nuestro sistema económico, el racismo y la exclusividad cultural han alimentado la opresión sistémica del modelo carcelario de estilo industrial. Quería sumergirme más profundamente en el sufrimiento psicosocial asociado a la justicia y la injusticia en nuestro país, y ponerme al servicio de personas que son víctimas de lacras sociales devastadoras.

La primera reunión que tuve con mi grupo de «estudiantes» acabó siendo toda una lección sobre el No Saber. Un funcionario de prisiones condujo a los hombres a la sala de reuniones, y después nos dejó a mi compañera y a mí a solas con una docena de individuos tatuados y de aspecto muy rudo. Casi todos llevaban gafas oscuras y la cabeza rapada, con redecillas ceñidas a la frente. Con semblante serio, todos ellos se desplomaron en las sillas de plástico, exageradamente despatarrados.

Como monja zen, yo también llevaba la cabeza rapada, pero no usaba redecilla… ¡y tenía las piernas muy bien cruzadas!

Sentada incómodamente entre ellos, me sorprendió cómo se interponía mi miedo en el modo de interactuar con ese grupo silencioso de hombres de mirada amenazante. Tuve que renunciar rápidamente a ideas preconcebidas sobre lo que era «estar dentro», pues de lo contrario iba a pasar un mal rato. Pregunté al grupo si les parecía bien empezar por una ronda de puesta en común (es decir, que dijeran cómo se sentían) y uno de ellos gruñó afirmativamente. Llevé mi atención a la respiración para tranquilizarme un poco, y entonces empezamos.

El primer hombre me miró fijamente. Fue desconcertante. El segundo hombre llevaba gafas de sol y no podía verle los ojos. Le pregunté cortésmente si le importaría quitarse las gafas y él se las subió y bajó tan rápido que solo pude ver brevemente sus globos oculares inyectados en sangre. No pude más que sonreír, como hicieron algunos otros hombres del círculo.

Finalmente, el siguiente compañero se quitó las gafas y comenzó a hablar, y las cosas empezaron a caldearse. Uno tras otro, fueron ofreciendo algunas palabras más, hasta que el último hombre metió la mano en el bolsillo de la camisa, sacó un paquetito y me lo entregó. Era una redecilla. Desenvolví el paquete, saqué la red y me la puse lentamente en la cabeza. El grupo entero rompió en carcajadas, y así comenzaron seis años de práctica de No Saber en una de las cárceles más duras de Estados Unidos.

Entonces vi, y ahora sé, que ser lo que llamamos «experto» podría haberme separado fácilmente de aquellos hombres. Con demasiada frecuencia nuestro miedo nos hace erigir un muro de conocimientos. De esta experiencia aprendí el valor de ver con claridad mis prejuicios y mi narrativa, y cómo eran obstáculos a la hora de abordar el momento de forma directa, y no mediada. Al final, aprendí que la práctica del No Saber es la base misma del altruismo, porque nos abre un horizonte mucho más amplio que el que nuestros prejuicios nos habrían permitido jamás, y da entrada a la conexión y la ternura.

El Segundo Principio, Ser Testigo, se refiere a la práctica de estar plenamente presentes y conectados con todo nuestro ser a la catástrofe, la neutralidad o la alegría de lo que sea que esté surgiendo. Y más profundamente, la práctica de Ser Testigo consiste en estar en una relación sin filtros frente a los demás y el mundo que nos rodea, y también frente a nosotros mismos, y presentarnos con las manos y el corazón abiertos.

Cuando estoy en Nepal sirviendo en las Clínicas Nómadas de Upaya, soy testigo de lo materialmente empobrecidas, heridas o enfermas que están muchas personas. También tengo que ser testigo de las consecuencias de un gobierno corrupto, del deterioro ambiental y de la marginación de los tibetanos. Aprecio al pueblo tibetano, y me he enfrentado a la verdad de su situación, una y otra vez, a fin de aprender qué podría ser de utilidad a sus comunidades. No habría podido hacerlo sin la práctica de Ser Testigo.

Del No Saber y del Ser Testigo surge el Tercer Principio, la Acción Compasiva; o lo que el maestro zen Yunmen Wenyan denominaba «una respuesta apropiada».[23] Significa llevar a cabo una acción (o abstenerse conscientemente de llevarla a cabo) con la clara intención de beneficiar al prójimo. El filósofo Jiddu Krishnamurti escribió una vez: «La acción solo tiene sentido en relación, y si no se entiende la relación, toda acción a cualquier nivel solo traerá conflicto. Entender la relación es infinitamente más importante que la búsqueda de cualquier plan de acción».[24] Viajando por Nepal y apoyando las clínicas médicas de Upaya durante décadas, he realizado ese trabajo desde una base de No Saber y de Ser Testigo, y desde el enraizamiento en las relaciones que mi equipo y yo hemos ido tejiendo con los pueblos del Himalaya.

La práctica de los principios va en la dirección opuesta al camino en el que la mayoría de nosotros nos sentimos cómodos. Los que cuidan pueden querer que las tareas queden hechas, terminarlas. Lo mismo podría ocurrir con los educadores, los abogados, los activistas y los padres. Yo también. Asimismo, tendemos a apoyarnos en nuestra competencia, en nuestra base de conocimientos, en nuestras experiencias pasadas ayudando a otros. Sin embargo, si queremos encontrarnos plenamente con el momento presente, los Tres Principios pueden ser guías valiosísimas. Para mí, los Tres Principios están entre los *upayas* (medios hábiles o herramientas para la práctica) más poderosos que utilizo para trabajar con las energías de los estados límite. En este libro, al explorar cada estado límite y otras prácticas que los apoyan, volveré a los Tres Principios como medios hábiles, como prácticas, para afrontar nuestro propio sufrimiento y el sufrimiento de los demás, y como un camino para cultivar la sabiduría y la compasión y para descubrir la libertad.

Practicar el No Saber

Entonces, ¿cómo practicamos realmente los Tres Principios? A continuación voy a presentar algunos puntos para la práctica de cada principio, comenzando por el No Saber.

Cuando reconozco la necesidad de servir a alguien que está sufriendo, normalmente realizo una inspiración para enraizarme y asentar el cuerpo con la espiración. Después, cuando me encuentro con el sufrimiento de la persona, me pregunto: «¿Cómo puedo mantener una mente abierta y no lanzarme a conclusiones ni acciones?». También me puedo plantear: «¿Qué me lleva realmente a querer servir en esta situación? ¿Estoy atrapada en la trampa del altruismo

patológico? ¿Tengo lo que hace falta en este momento para no perjudicar y estar al servicio?». Si experimento miedo, juicio o aversión
al sufrimiento, si tengo suerte me doy cuenta y suelto de nuevo para
estar abierta, llevando nuevamente mi atención a la respiración, enraizándome, y después puedo estar presente para lo que surja.

Hace poco tiempo, estaba acompañando a un amigo que estaba
muriendo cuando de repente su mujer se abalanzó sobre la cama y
de forma bastante vigorosa le ahuecó la almohada donde apoyaba la
cabeza. Luego le dio golpecitos en el brazo, una y otra vez, dicién-
dole que estaba bien. En ese momento, por lo que yo veía, nadie
estaba bien. Yo no pude hacer otra cosa que abandonarme al No
Saber, sosteniendo un espacio de amor para ellos dos. Ella estaba
aterrorizada. Él estaba en plena agonía física y mental. Pasado un
rato, ambos se tranquilizaron, pero mi impulso de alejarla de él no
era fácil de resistir. Hacer una pausa y enraizarme me ayudó a abs-
tenerme de rescatar y de aconsejar, y a limitarme a estar presente.

Practicar el Ser Testigo

No Saber me ayuda a Ser Testigo. Es importante encarnar la ecuanimidad y la compasión cuando me acerco al sufrimiento de otros y
cuando soy consciente de mis propias respuestas cuando estoy frente a su sufrimiento. Enraizarnos una y otra vez ayuda. También es
esencial observar cómo la mente justifica o niega algo. Ser Testigo
no significa ser un espectador; se trata más bien de estar en relación,
y se trata del valor de afrontar el desastre completo. Esto no siempre
resulta fácil, pero la práctica aumenta nuestra capacidad.

Y entonces llegó Rita. Un día lluvioso en el centro de San Fran-

cisco, salí de mi hotel y me puse en la fila de espera de taxis cuando
una vagabunda, una mujer menuda afroamericana, con una sudadera
larga que solo le cubría la parte superior de sus piernas desnudas,
se me acercó y me preguntó si estaba haciendo cola. Le dije que
sí, y ella respondió: «Ahora ya sabes que soy una buena persona».
Después señaló mi *rakusu* (una prenda que llevan los budistas zen
que han adoptado los votos del *Bodhisattva*) y me preguntó: «¿Eres
monja?». Hice una pausa, y después asentí con la cabeza, mientras
la miraba a los ojos. En ese momento, sentí que tenía los recursos para estar con ella y no mirar hacia otro lado, ni pasar de largo
apresuradamente, ni deshumanizarla. De manera espontánea quise
conectar con ella, y simplemente acompañarla. No estaba pensando
en ello; sencillamente ocurrió, mientras la lluvia caía sobre las dos.

Después me pidió dinero. Yo no llevaba nada encima, y suavemente le dije que no tenía efectivo. De nuevo, no intenté mirar a otro
lado ni salir de su terreno; simplemente traté de estar presente para
ella con amabilidad durante algunos instantes. Entonces, de repente, se quebró de angustia, disolviéndose en lágrimas y gritos. Después se lanzó hacia mí y el portero del hotel corrió hacia nosotras,
diciendo: «Rita, ya está bien. Ya puedes irte». Pero Rita no se iba a
ninguna parte. Yo tampoco. Me tenía acorralada, y yo también me
tenía acorralada, cuando me di cuenta de que la intimidad del momento quizá podría haber roto no solo la barrera entre ambas, sino
también el muro que la protegía de sí misma. Me quedé allí realmente sin saber, y tuve que ser testigo no solo de su sufrimiento, sino
también de mi propio brete. Su sufrimiento era obvio; mi capacidad
de aliviarlo era nula. Mi acción, hábil o no, era arraigarme, realizar
una inspiración y presenciar el descontrol de su energía caótica.

Ese día aprendí una lección de Rita. La intimidad sin el tiempo suficiente para procesarla puede contribuir al sufrimiento. En la medida en que me fue posible, practiqué los Tres Principios como una forma de estar en ese encuentro. Más adelante, recordé las palabras de mi maestro Roshi Bernie: «Cuando nosotros […] somos testigos de la vida en las calles, nos ofrecemos nosotros mismos. Ni mantas, ni alimentos, ni ropas, solo nosotros mismos».[25] Esto significa la totalidad de nosotros, incluida nuestra confusión, incluidos el amor y el respeto. Estando con Rita no podía controlar el resultado ni tampoco predecirlo. Solo supe que no podía alejarme de su sufrimiento.

Me he preguntado qué Acción Compasiva podría haber emprendido para servir realmente a Rita. No tengo una respuesta fácil. Quizá las dos recibimos ayuda. Siento que parte de nuestra práctica implica revisar nuestras interacciones aparentemente imperfectas y preguntarnos cómo podríamos haber sido más hábiles. ¿Cómo podemos unir nuestra intuición, nuestro conocimiento y nuestra experiencia de una forma que reduzca el daño e incluso pueda ser útil en el mejor de los casos? Y tal vez la necesidad de un resultado positivo obvio también constituya un problema en un segundo plano. Ser testigo significa estar con toda la situación, tal como es.

La Acción Compasiva

Enraizarnos, volver al cuerpo, es importante para la práctica de los Tres Principios. Eso es lo que hice cuando me encontré con la angustia de Rita. Cuando llega el momento de la acción compasiva, arraigarnos nos ayuda a discernir qué acción podría servir mejor a la situación, y en qué momento no hacer nada podría ser la respuesta más compasiva. Recuerdo muchas ocasiones en que he estado a punto de lanzarme a ayudar o arreglar, y el hecho de tomarme unos segundos adicionales para inspirar, espirar y dejarme caer en el cuerpo me llevó a una elección mejor alineada con las necesidades del momento. Al detenernos y enraizarnos, nos damos tiempo para liberarnos de nosotros mismos.

Muchas veces, el cuerpo nos indica que hay una falta de armonía entre lo que queremos hacer y por qué queremos hacerlo. O que aquello que estamos haciendo podría vulnerar nuestro sentido de la moral o de la ética. O que probablemente sea mejor no hacer nada. O que estamos ayudando porque necesitamos ser necesitados.

Al sentir el cuerpo, también podemos aprender a reconocer la sensación que experimentamos cuando estamos sobrepasando el límite: una rigidez paralizante en el estómago o en el pecho, tensión en la zona del corazón, en la garganta, en los ojos o en la cabeza; temblor, hormigueo o dolor; manos frías, sudoración, pies agitados como si quisieran huir; o podemos sentirnos disociados del cuerpo mientras nos observamos haciendo cosas que realmente no queremos hacer. Quizá seamos capaces de justificar mentalmente nuestro comportamiento, pero la sensación de hundimiento o de tensión en el cuerpo va a delatar la verdad. Si llevamos nuestra atención a la respiración y al cuerpo, podemos ser testigos de lo que está diciendo el cuerpo y podríamos evitar caer desde el precipicio al fango del altruismo patológico.

Asimismo, la práctica de los Tres Principios puede sacar a la superficie la sombra del altruismo, al ayudarnos a ver nuestro materialismo espiritual, nuestro autoengaño y nuestra necesidad de reconocimiento. Si bajamos un poco el ritmo y reflexionamos sobre nuestras motivaciones, quizá percibamos que estamos actuando desde un deseo de reconocimiento y de valoración. Podemos saludar a ese pequeño yo con un toque de no agresión, mientras reconocemos nuestra importancia personal o nuestras necesidades no satisfechas, y considerarlo como una buena lección aprendida. Nuestra motivación de estar al servicio de los demás debe ser como mínimo un poco desinteresada, y reflexionar sobre los Tres Principios antes de actuar nos puede ayudar a discernir cuándo estamos sirviendo y cuándo estamos ayudando o arreglando.

6. El descubrimiento en el borde del altruismo

La esencia de la filosofía budista es el desapego, un principio que es importante recordar en relación con el altruismo. Cuando vemos que otros sufren, ya sea un familiar, un amigo, un cliente, un animal, un grupo entero, el planeta tierra, intentamos afrontar el sufrimiento con honestidad e íntimamente, para poder servir. También ponemos en práctica el No Saber al reconocer que, en realidad, siempre estamos en caída libre. No es que encontremos algún tipo de pináculo moral donde finalmente hallamos estabilidad para poder agarrar a todos los que están cayendo a nuestro alrededor. Es más bien que todos estamos cayendo hacia la infinita ausencia de terreno firme de la vida, y aprendemos a estabilizarnos en pleno vuelo, y a apoyar a otros para liberarse del miedo que brota cuando nos sentimos tan a la deriva. El lugar definitivo para descansar no es el suelo en absoluto, sino más bien la libertad que surge de saber que nunca habrá tierra, y sin embargo aquí estamos, juntos, navegando en el infinito espacio de la vida, sin apego, y aun así con intimidad.

El desapego no significa que algo no nos importe; de hecho puede ser una forma de demostrar que sí nos importa. «Desapego con amor» es un lema del programa de los doce pasos que contiene muchísima sabiduría. El desapego con amor nos puede liberar de las constricciones de las expectativas. Nuestros intentos de servir a otros pueden fracasar y generarnos decepción, culpa o vergüenza. El moribundo que esperabas que tuviera una «buena muerte» tuvo, por el contrario, una muerte caótica y difícil. El prisionero al que ayudaste a salir antes de la cárcel robó un reloj carísimo y acabó de nuevo en prisión. Trabajaste cinco años recaudando fondos para escolarizar niños en Sudán y el proyecto se vino abajo porque el director nunca pagó a los profesores. Y así una y otra vez. La práctica de los Tres Principios nos da peso, mientras que nuestro apego al resultado intenta agarrarnos y sacarnos de la elevada cresta de la bondad.

Otra parte del altruismo es explorar en qué forma nuestra cultura, nuestra raza, nuestro género, nuestra orientación sexual, la educación, la clase y la historia personal crean sesgos y valores que modelan nuestros comportamientos, y cómo nuestros privilegios y nuestro poder respecto a los demás influyen en las expectativas que depositamos en el hecho de servir a otros. No Saber no quiere decir que nos alejemos de nuestros sesgos; más bien proporciona el terreno abierto donde nuestro condicionamiento social nos puede resultar más visible. Vemos el hecho de que cosificar inconscientemente a los demás los convierte en objetos de nuestra lástima o de nuestro poder, alimentando formas insanas de altruismo.

Otra habilidad interpersonal importante es la de poner límites. Esto no es un acto egoísta, y no implica alejar a la gente o convertirla en «el otro» (cosificando a aquellos que crees que están en una categoría separada y, con gran frecuencia, inferior a la tuya). Los buenos límites nos protegen de la angustia empática; recordamos que, desde un punto de vista, no somos la persona que sufre. Si empezamos a identificarnos en exceso con alguien que está sufriendo, practicar los Tres Principios es un método poderoso para reconocer este resbalón y transformar la empatía en compasión al permanecer abiertos (No Saber), acercándonos al sufrimiento (Ser Testigo), y respondiendo con cariño (Acción Compasiva).

Ser parte de una comunidad es otro medio hábil que nos ayuda a mantener los pies en el suelo y ser realistas. La doctora Oakley afirma que necesitamos observadores externos –ya sea la familia, un grupo de amigos, una comunidad espiritual o incluso la comunidad de aquellos a quienes servimos– que puedan hacernos de testigos a nosotros y ayudarnos a corregir el rumbo antes (o después) de que nuestras acciones aparentemente altruistas causen daño. También podemos beneficiarnos profundamente de una relación con un maestro hábil que nos pueda recordar el poder de los Tres Principios y ahorrarnos un montón de problemas, tanto a nosotros como a los demás.

Si aplicamos estas prácticas y estas perspectivas, en algún momento nuestra respuesta al sufrimiento ajeno se puede volver desinteresada y sencilla. Hasta ese momento, tú y yo tenemos que seguir adelante, practicando los Tres Principios y aprendiendo de nuestra experiencia. Ser honestos y vigilantes con nosotros nos puede mantener en el lado sano del altruismo.

Otra cosa importante es no caer en el juicio personal, sino ser benevolentes y curiosos con nosotros mismos. En el *Discurso sobre las raíces de las plantas*, el filósofo de la dinastía Ming Hong Zicheng escribe: «En la tierra sucia de estiércol, crecen innumerables cosas. El agua clara no tiene peces. De igual forma, cuando eres una persona madura, lo suyo es que contengas y mantengas una cierta cantidad de mugre».[26] Estas son palabras sabias, pues pocos de nosotros somos altruistas perfectos, si es que alguien lo es. El altruismo nos puede llevar a nuestro límite. Mantenernos en esa cresta, e incluso caer al otro lado, si eso ocurre, puede en última instancia nutrir nuestra humildad y nuestra humanidad básica. Estas palabras encierran la esencia del altruismo: «Que pueda hacer mucho bien sin saberlo nunca».[27] Efectivamente, que pueda practicar el No Saber, junto con el Ser Testigo y con la Acción Compasiva con un corazón entero, abierto y humilde.

He aprendido una o dos cosas de mis caídas a los territorios más bajos de ayudar y arreglar, y también de los contratiempos a los que he contribuido en nombre del altruismo. Y quizá haya sido capaz de servir con un poco más de sabiduría conseguida al sobrevivir a los fracasos del exceso de trabajo, del exceso de empatía, de los conflictos morales y del sufrimiento moral, y de las luchas de poder que he experimentado.

Evidentemente, nunca deberíamos intentar sobrepasar el límite. Pero cuando lo hagamos, nuestra lucha nos traerá sus propios regalos, igual que su propio sufrimiento. Y las historias de aquellos que han caído al abismo y han aprendido de ese viaje pueden resultar tan inspiradoras como las de aquellos que se han mantenido sobre suelo firme. Antes mencioné al matrimonio que permitía que su hijo alcohólico viviera en su sótano. Ambos padres habían caído claramente por el borde, y estaban atrapados en un lodazal de codependencia. Pelearon con su hijo y entre ellos. No obstante, fueron capaces de regresar de esa ciénaga.

Durante un retiro de meditación, la madre tuvo una revelación de que ella y su marido habían permitido durante años el comportamiento de su hijo. Convenció a su marido y trazaron un plan para cambiar la situación. Dejaron de dar dinero a su hijo y le pidieron que se mudara, y después cambiaron la cerradura. En cierto sentido, esto fue un acto de amor. El hijo estuvo durmiendo en los sofás de los amigos hasta que también quemó esos puentes. Pasó varios meses durmiendo en la calle, entrando y saliendo de la cárcel, en una espiral descendente. Las cosas no pintaban nada bien. Cuando a la madre le llegaban noticias suyas, se preocupaba mucho, pero no cedió: sabía que abrirle la puerta sería perjudicial para ella, para su marido y también para su hijo. Con el tiempo, el joven tocó fondo y estuvo suficientemente desesperado como para pedir ayuda.

En este momento su hijo lleva ya dieciocho meses sobrio, y sigue adelante. Tiene su propio apartamento y trabaja en un centro de recuperación. Su madre me contó que se siente tremendamente agradecida, no solo por la abstinencia de su hijo, sino por su propio viaje desde la codependencia hacia la salud, por todo lo que ella aprendió. «Creía que, como madre, mi trabajo era hacer todo lo que estuviera en mi mano para que dejara de beber –dijo–. Creí que mi trabajo era asegurarme de que tuviera comida y casa. Cuando me di cuenta de que en realidad mi trabajo era desapegarme con amor, todo cambió. Nunca olvidaré esa lección. Antes, yo no sabía nada de adicciones. Ahora sé mucho. Siento más compasión por las personas adictas y por sus seres queridos.» Empatía y sabiduría fue lo que ella aprendió en el límite.

La marioneta de madera y el sanador herido

El altruismo puede dar propósito y profundidad a nuestras vidas. Nuestra aspiración profunda de servir a otros nos ayuda a mantenernos resueltos y comprometidos en los tiempos difíciles. El voto del *bodhisattva*, salvar a todos los seres del sufrimiento, nos puede servir de guía para alejarnos del egocentrismo. Damos un paso alejándonos del pequeño yo y entramos en contacto con la realización de nuestra interconexión sin límites con los demás.

En definitiva, podemos aprender que no hay yo, ni otro: nadie sirviendo, nadie siendo servido. Podemos ser como la marioneta de madera que responde al mundo, con sus extremidades movidas por los hilos conectados al sufrimiento del mundo. Nuestra inclinación al altruismo nos puede transformar de forma natural, igual que la nieve se disuelve en agua con la llegada de la primavera. La humedad de la amabilidad habrá hecho su trabajo, y las semillas del altruismo incondicional comienzan a brotar. Cuando dedicamos nuestras aspiraciones al bienestar de todos los seres, incluidos nosotros, nuestras bulliciosas proyecciones mentales pueden descansar, permitiéndonos habitar en el presente sin el pensamiento del yo o del otro, sin expectativas o apegos al resultado.

La mitología griega relata la historia del centauro Quirón, que fue herido por la flecha envenenada de Hércules. Su herida le hizo partir en busca de una cura, y su viaje le inspiró a servir a los menos afortunados. Su herida se convirtió en la puerta de entrada hacia su transformación. Jung citaba este mito en sus escritos sobre el arquetipo del sanador herido, que personifica la experiencia del altruismo enraizada en la experiencia del sufrimiento que se ha transformado en una compasión ilimitada.

Un sanador herido intenta no excluir nada de su corazón. Esto requiere unir esfuerzo y relajación, mientras nos mantenemos firmes en el borde. Hace falta esfuerzo y relajación para pasar horas sin hacer nada a la cabecera de la cama de un niño que está muriendo, o en la tienda de un refugiado asustado. Hacen falta ambas cosas para servir a otros y no esperar nada a cambio. Hacen falta las dos para llevar la mente de vuelta a nuestra práctica; para seguir acudiendo, incluso cuando el resultado parece patético. Esfuerzo y relajación quieren decir dejar ir el miedo y «abrir la mano del pensamiento», por citar a Uchiyama Roshi. La combinación de estas dos cualidades nos aporta el coraje y la resistencia para mantenernos despojados de todo y permanecer cara a cara con lo que es. Nos ayudan a manifestar incondicionalidad y plenitud en medio del apretado nudo del sufrimiento.

Amor

Después de una conferencia sobre altruismo y compasión que impartí recientemente, una mujer mayor llamada Sarah me preguntó si podía hablar conmigo. Sarah me contó que su marido, de treinta y siete años, tenía la enfermedad de Alzheimer. Cada noche, cuando lo acostaba, él la miraba sin reconocerla y le decía lenta y candorosamente: «Eres una mujer muy buena».

Mientras Sarah me contaba aquello, sus ojos no expresaban ninguna lástima, pena o aferramiento. Ambas hicimos una pausa y después ella añadió, en voz baja: «Llevaba toda mi vida de casada esperando oír esas palabras».

Estoy segura de que Sarah no estaba cuidando a su marido para provocar esta respuesta de él. Sus palabras parecían expresar de manera precisa su extraordinaria amabilidad. Más adelante me confió que cuidar a su marido había sido la época más feliz de su vida.

Nuestros valores más profundos nos pueden conducir a servir a otros, no por ego o deseo de corresponder, sino por amor. Recuerdo un fragmento de Agatha Christie: «Ya sabe, a su manera Emily era una anciana egoísta. Era muy generosa, pero siempre quería algo a cambio. Nunca permitía que las personas olvidaran lo que había hecho por ellas, y por eso no se hizo querer».[28]

A Sarah sí la quisieron. Y también a Cameron Lyle, un atleta de la Universidad de New Hampshire. Dos años después de que lo incluyeran en el programa nacional de trasplante de médula ósea, Be The Match, Lyle recibió una llamada avisándolo de que necesitaban su médula inmediatamente para salvar una vida. Un mes antes de las finales del Campeonato, tuvo que pasar por el quirófano para que le extrajeran la médula. Era el último año de universidad y su última oportunidad de competir. Para Lyle, no hubo duda alguna. ¿Acaso no sería lo que haría cualquiera, en lugar de perseguir una medalla de oro?, preguntaba. Su mayor preocupación era decepcionar a su entrenador. Al final, su entrenador y sus compañeros de equipo le dieron su apoyo incondicional. Más adelante, seguía sorprendido por la atención que recibió tras su acción desinteresada. Creo que Cameron Lyle no se perdió el amor, aunque sí se perdió los partidos.

Wesley Autrey, Nicholas Winton, Sarah y Cameron Lyle no se perdieron el amor. Ni tampoco las grandes altruistas Rosa Parks, Malala Yousafzai y Rigoberta Menchú Tum, mujeres que han servido valiente y desinteresadamente al mundo, y que han encarado la muerte manteniéndose firmes en su determinación de afrontar el sufrimiento.

Tal vez las historias que tú y yo hemos vivido no sean tan dramáticas ni desafiantes. Y eso no es malo. Pero seguro que no queremos perdernos el amor y retroceder, alejándonos de la valiosa oportunidad de beneficiar a otros.

El año pasado la poeta Jane Hirshfield me contó cómo su vida saltó en pedazos la primera vez que leyó un *tanka* (poema breve) de Izumi Shikibu, poeta japonés del siglo x. Este bello *tanka* habla del riesgo, el sufrimiento, la permeabilidad, la ternura y el coraje, esos miembros invisibles que sostienen el altruismo.

Aunque aquí sopla el viento
terriblemente,
la luz de la luna también se cuela
entre los tablones del tejado
de esta casa en ruinas.[29]

En una conferencia que ofreció en 2016,[30] Jane se refirió a ese poema con esta comentario: «Si amurallas tu casa demasiado bien, te
mantendrás seco, pero también sin la luz de luna». Creo que tenemos que permitir que la vida entre en nuestra vida, permitir que el
amor entre en nuestra vida y también permitir que entre la noche y
no dejar que el tejado sobre nuestra cabeza –nuestro conocimiento,
nuestro miedo– deje fuera la luz de la luna. El altruismo es exactamente esta permeabilidad, la tierra salvaje sin muros, el tejado roto
que permite que la luz de la luna inunde nuestra casa en ruinas,
nuestro mundo sufriente.

Creo que lo importante es nuestra capacidad de reconocer cuándo corremos el riesgo de resbalarnos y caer por la pendiente hacia
el egoísmo, y aprender de la absoluta fragilidad y el misterio de la
vida. Cuando nuestro altruismo está moralmente fundamentado, es
sabio y desinteresado, somos capaces de permanecer en el borde, en
un lugar del No Saber, acompañados de la compasión, la sabiduría
y el amor. Con estos compañeros del altruismo, desarrollamos la
fortaleza para responder espontáneamente al intenso impulso de la
bondad dentro del corazón humano, como la luz de la luna que se
filtra a través de los tablones de una casa en ruinas.

Parte II: Empatía

«La empatía siempre habita en un equilibrio precario
entre el regalo y la invasión.»

LESLIE JAMISON

*Hace años estaba sirviendo en un pequeño centro de salud en Si-
mikot, en Nepal, durante uno de los proyectos médicos de Upaya.
Una madrugada un hombre exhausto, vestido con ropas andrajosas,
entró en este hospital rural del Himalaya llevando en sus brazos un
bulto hediondo y mugriento. El médico jefe del equipo se acercó al
hombre, que sin pronunciar palabra empezó a desenvolver el nudo
de trapos rancios mostrando a una niñita que había sufrido quemaduras graves en la cabeza, los brazos, la espalda y el pecho. Se
llamaba Dolma.*

*Al examinar a Dolma vimos que tenía varias quemaduras pla-
gadas de gusanos blancos que se retorcían, mientras otras estaban
en carne viva, rojas y muy infectadas. Su padre no pronunciaba
palabra, pero sus ojos transmitían una tristeza insoportable y una
resignación total. Nuestro equipo médico intercultural formado por
nepalíes y occidentales se movilizó inmediatamente y llevaron a la
niña a una pequeña sala de madera donde las enfermeras locales
empezaron a limpiarle las heridas.*

Me colé en la sala tras el equipo, dispuesta a ayudarles mientras realizaban este trabajo tan duro. No teníamos anestesia pediátrica, y los agudos gritos de Dolma llegaron a todos los rincones de la clínica. La limpieza pareció durar eternamente, mientras yo me mantenía al borde del apretado círculo de enfermeros y médicos nepalíes y occidentales que estaba gestionando esta situación crítica.

Desde el principio, observaba no solo a los profesionales y a la niña; también observaba mi propio estado mental y físico. En los años setenta había trabajado como asesora en la unidad de quemados de la Facultad de Medicina Leonard M. Miller de la Universidad de Miami, y era muy consciente de lo doloroso que es el desbridamiento. Este proceso implica extirpar el tejido infectado o muerto de la herida, y nuestros profesionales estaban realizando un trabajo masivo y virtuoso con esta niña.

Mi corazón estaba con Dolma, que lloró durante todo el tratamiento; sus lágrimas se reflejaban en los ojos angustiados de su padre. Mientras permanecía allí de pie, intentando mantenerme firme, mi ritmo cardiaco se aceleró, mi piel se tornó húmeda y fría y mi respiración se hizo rápida y superficial. Estaba bastante segura de que me iba a desmayar y pensé en salir de la habitación, pero también sentí que era mi responsabilidad sostener el espacio para aquellos hombres y mujeres que estaban realizando este tratamiento tan complicado. Pocos segundos después mi propio espacio interno se había cerrado en un puño apretado de angustia, y el desmayo se convirtió en una posibilidad cada vez más inminente. Era como si Dolma se hubiera metido en mi piel y mi percepción de su dolor me superó.

De alguna manera, esta experiencia de angustia fue también una llamada de atención. Vi que me encontraba en un borde peligroso; uno que no me resultaba nuevo. Me di cuenta de que para superar esa situación no debía evitar lo que estaba presenciando; no era cuestión de cerrarme, de abandonar la habitación ni de desmayar- me por completo. Pude reconocer que mi identificación con el dolor de la niña se me había ido de las manos y que si me iba a quedar en esa habitación tenía que pasar del exceso de resonancia afectiva al cuidado, de la empatía a la compasión.

Estaba experimentando angustia empática, una forma de sufri- miento vicario, el sufrimiento indirecto que surge al sentir el dolor y el sufrimiento ajenos. Cuando me di cuenta de ello, apliqué una versión más antigua de GRACE, un modelo que creé con el pro- pósito de ayudarnos a salir de ese tipo de angustia y entrar en la compasión. En la parte VI explico detalladamente el proceso, pero en pocas palabras, GRACE es el recurso mnemotécnico inglés de:

CONCENTRAR NUESTRA ATENCIÓN

RECORDAR NUESTRA INTENCIÓN

EMPATIZAR CON UNO MISMO Y LUEGO CON LOS DEMÁS

CONSIDERAR QUÉ PUEDE RESULTAR ÚTIL

ACTUAR Y FINALIZAR LA INTERACCIÓN

De pie en esa pequeña habitación abarrotada de la clínica de Si- mikot, utilicé este enfoque como método para modular mi reacción ante la angustia empática y abrirme a la compasión. Al verme en ese momento tenso y frágil realicé una inspiración consciente y des- placé mi atención a los pies, a la mera sensación de la presión de mis pies sobre el suelo. Me tomé unos segundos para enraizarme. Después recordé brevemente que yo estaba ahí para servir, como todos los demás que estaban trabajando con la niña. Mantuve la atención en mi cuerpo y permanecí firmemente asentada en la tie-

rra. Cuando mi ritmo cardiaco cambió y empecé a tener más claridad mental, llevé de nuevo mi atención a Dolma y pude sentir la resiliencia que tenía esta pequeña. Todo esto ocurrió en cuestión de un minuto.

También comprendí que, aunque este tratamiento era una vivencia terriblemente dura para la pequeña Dolma (y también para el personal sanitario), los médicos y enfermeros le estaban salvando la vida. En cuanto me vino ese pensamiento a la mente, me sentí inundada por una sensación de calidez y de profundo agradecimiento hacia el hecho de que su padre la hubiera traído a la clínica y de que nuestro equipo, junto con las compasivas enfermeras nepalíes, la salvara de la muerte. Traje la habitación entera a mi interior y envié amor y fortaleza a todos los que allí estaban, sobre todo a Dolma.

Vi a Dolma y a su padre horas más tarde, cuando se marchaban de la clínica, él con su hija en brazos. La cara de Dolma estaba radiante y relajada y sus ojos relucían luminosos, como los ojos de su padre; daba la impresión de haberse quitado años de encima. Sentí admiración por él; había caminado una inmensa distancia para traernos a su hija. Los abracé suavemente, me incliné despidiéndome y vi que su padre llevaba en las manos los medicamentos que ayudarían a la posterior sanación de su hija.

Por la tarde regresé a la clínica y me senté con una abuela moribunda, poniéndole la mano derecha en la frente mientras ella se esforzaba por respirar. Luego me senté junto a una mujer que padecía una obstrucción pulmonar crónica. A ella tampoco le quedaba mucho tiempo de vida. Y así fue ese día de trabajo en la clínica, con la vida y la muerte fluyendo de acá para allá por la orilla del momento.

Por fin cayó la noche, la clínica cerró y regresé a mi tienda en el jardín del albergue de visitantes. Me sentía como si fuera una pequeña barca que había bordeado aquellas vidas que de alguna forma nos habían sido enviadas para que aprendiéramos de ellas. En la oscuridad y el silencio del Himalaya, me dormí.

La empatía, nuestra capacidad de incluir la experiencia del otro en la propia, es una capacidad humana fundamental, importante para el funcionamiento saludable de las amistades, las estructuras familiares, las sociedades y nuestra tierra. La empatía puede poner de manifiesto lo mejor del corazón humano. Si podemos estar con nuestra experiencia de la empatía, permaneciendo abiertos y erguidos, seremos capaces de mantenernos firmes sobre la tierra de la empatía.

Aun así, el equilibrio en el borde es frágil, y no es difícil que la empatía se incline hacia la angustia. Si nos fundimos demasiado intensamente con el estado mental, emocional o físico del prójimo, es fácil que nos despeñemos por el borde hacia el fango turbio de la angustia empática. Pero si reconocemos la empatía como un estado límite, nos será más sencillo percibir cuándo estamos cayendo en la angustia empática y corregir nuestro rumbo antes de caer demasiado abajo o quedarnos atrapados en el fango demasiado tiempo.

7. Desde la cima más alta de la empatía

La palabra *empatía* procede del griego antiguo *empatheia*, que se formó a partir de los vocablos *en* y *pathos*.[31] Hace un siglo, los filósofos tomaron prestado *empatheia* para crear la palabra alemana *Einfühlung*, «sentir dentro», que más adelante se tradujo a nuestro idioma con el término *empatía*. La empatía interpersonal describe la capacidad que tenemos casi todos de incluir a otro ser en nuestra consciencia, de forma que nos permite sentir lo que puede estar experimentando física, emocional y cognitivamente.

Empatía, en su aspecto literal, es sentir *dentro de* otro, mientras que la compasión es sentir *por* otro,[32] acompañada de la aspiración de llevar a cabo una acción que beneficie al otro. A menudo la empatía antecede a la compasión y es parte de la compasión, pero no es compasión. Si bien la empatía es buena siempre que la dosis sea correcta, creo que en la compasión no hay posibilidad de sobredosis.

Los cuidadores se quejan a menudo de la «fatiga por compasión», pero según mi experiencia, eso no existe. En esa expresión se confunde la compasión con la empatía. De hecho, algunos neurocientíficos y psicólogos sociales dicen que la «fatiga por compasión» es un exceso de estimulación empática y angustia. La compasión no nos cansa; al contrario, es una fuente de fortaleza y ayuda a nuestro crecimiento, y además beneficia a otros. Y, aun así, la empatía es una característica esencial de nuestra humanidad básica. Sin empatía, nuestras vidas se vuelven pequeñas y excluyentes, hasta el punto del narcisismo y el solipsismo.

Cuando dejamos a un lado el yo, la empatía amplía nuestro mundo y nos enriquece a través del poder de nuestra imaginación.

En esencia, la empatía es nuestra capacidad de fundirnos, de incluir, de comprender y de identificarnos con la experiencia de otro. Walt Whitman describió la empatía de una forma muy bella cuando escribió: «Yo no le pregunto a la persona herida cómo se siente; yo mismo me convierto en la persona herida».[33]

Cuando somos empáticos, no solo podemos compartir internamente las experiencias emocionales de otro; también podemos resonar con sus experiencias físicas y cognitivas. De este modo, a mi modo de ver, la empatía puede adoptar tres formas: puede ser somática, emocional o cognitiva. Los psicólogos sociales se han centrado en la empatía emocional y en la cognitiva. Sin embargo, en mi experiencia como practicante de meditación y cuidadora, he visto que también podemos experimentar empatía somática, y cada vez hay más investigación sobre este campo.

Empatía somática

La *empatía somática* describe la experiencia de una fuerte resonancia física con otro, como por ejemplo una madre que siente el hambre de su bebé, una enfermera que siente el dolor de su paciente, o un espectador que se dobla al ver que alguien recibe un puñetazo en el estómago. Creo que la empatía somática también está presente entre amigos íntimos. Recuerdo una vez en que iba caminando por las montañas con mi asistente Noah. La rama de un árbol me golpeó en la cara y ambas exclamamos: «¡Ay!», como si la rama nos hubiera golpeado a las dos. Aunque la ciencia no ha explorado este fenómeno en profundidad, existe evidencia de que la experiencia compartida entre dos personas que tienen una relación cercana ocurre rápidamente y de forma automática.

La primera vez que supe de la empatía somática fue hace años con Buddhi, el pastor de yaks que ha caminado conmigo por los Himalayas durante años. Buddhi y yo no compartimos una lengua común. Él procede de un pueblecito de la región nepalí de Humla. No tiene educación formal, sino el conocimiento obtenido de las montañas que son su hogar. Durante años, ha pastoreado a los yaks por los altos riscos que se alzan por encima de su aldea.

Mi amigo Tenzin Norbu le pidió a Buddhi que fuera mi «cuidador» durante mis andaduras por las estrechas pistas que discurren a gran altitud en Nepal. La tarea que tiene encomendada es mantenerme a salvo y evitar que me caiga. Después de caminar cientos de kilómetros juntos por desfiladeros sobrecogedores y estrechas pistas de montaña, de alguna forma está tan sintonizado físicamente conmigo que da la impresión de recogerme antes de que me caiga. Resulta misterioso que este silencioso pastor de yaks que se desliza a mi lado me haya incluido en su conciencia somática de forma tan eficiente.

Creo que la empatía somática o la ausencia de ella se manifiesta en un espectro muy amplio. Hay gente que experimenta poco o nada somáticamente al presenciar las experiencias físicas de otros, mientras que un pequeño porcentaje de personas es hipersensible a las sensaciones somáticas de sus semejantes, como si les estuviera sucediendo a ellas.

El doctor Joel Salinas, un neurólogo del Hospital General de Massachusetts, tiene lo que se denomina «sinestesia tacto-espejo», que le permite sentir la experiencia somática de otros. Según los investigadores Michael Banissy y Jamie Ward, los sinestésicos tacto-espejo tienen más materia gris en las zonas del cerebro asociadas con la cognición social y la empatía, y menos en áreas asociadas con la capacidad de distinguir el yo del otro.[34] Esto tiene todo el sentido desde la perspectiva de lo que los sinestésicos tacto-espejo experimentan subjetivamente; explican que se sienten fácilmente abrumados por su experiencia vicaria de las sensaciones físicas de los demás.

Para evitar verse sobrepasado por las experiencias físicas de sus pacientes, el doctor Salinas aprendió a estabilizarse llevando su atención a la sensación de su propia respiración. Además recuerda su papel de médico, y que su intención es estar al servicio de los demás. Para poder controlar su nivel de estimulación, presta atención a diferencias sutiles entre sus sensaciones físicas vicarias y la forma en que siente su cuerpo normalmente cuando responde a la estimulación física. Al aplicar la metaconciencia, sabe que las sensaciones físicas vicarias que está experimentando pasarán. En ocasiones, divide su atención incluyendo a otra persona u objeto neutro. Y se plantea cómo utilizar su experiencia de resonancia somática reflejada para beneficiar a sus pacientes.[35] Lo que hace el doctor Salinas para manejar su hipersensibilidad con la experiencia física de sus pacientes no difiere de lo que hice yo al enfrentarme a la sensación de agobio cuando estaba al lado de la niña nepalí quemada cuando le estaban desbridando las heridas.

La sintonía física puede ser un medio de comprender y cuidar a los demás. Sin embargo, si nuestra identificación con alguien que sufre dolor físico es excesiva, podemos temer los asaltos de la desgracia del prójimo contra nosotros mismos y vernos inundados con tanta información sensorial que lo gestionemos dispersándonos o cerrándonos por completo, o nos protejamos aislándonos herméticamente del agobio del sufrimiento cerrándonos del todo a los demás y convirtiéndonos en un compartimento estanco.

Al final se trata de encontrar el camino intermedio entre los extremos de la excesiva sensibilidad, por un lado, y anestesiarnos y volvernos inconscientes, por otro. También es importante considerar el profundo beneficio de la práctica de «espalda fuerte, frente suave», la metáfora física de unir las cualidades mentales de la ecuanimidad y de la compasión mientras atendemos, absorbemos y después soltamos la experiencia somática de otro.

Empatía emocional

La forma más conocida de empatía es la *empatía emocional*. Compartir la experiencia emocional ajena requiere la capacidad de asumir la experiencia de otra persona sin cosificarla. Se trata de permitirnos a nosotros mismos sentirnos habitados por los sentimientos de otros, aunque en ocasiones conlleve un alto precio para nuestro propio bienestar.

Cada año tengo la oportunidad de conocer a muchos aldeanos nepalíes que acuden a nuestras Clínicas Nómadas en el Himalaya. En el otoño 2015, cerca de Yalakot (Dolpo, Nepal), me senté junto a una joven llamada Pema. Su marido la había traído cargada a la espalda por una pista empinada, serpenteante y polvorienta hasta llegar a la clínica médica de Upaya en esa remota región del Himalaya. Unas semanas antes, Pema se había caído del tejado de su casa y se había lesionado gravemente. Incapaz de moverse de cuello para abajo, Pema estaba profundamente retraída; la desesperación parecía haber anulado su expresión, convirtiéndola en una máscara vacía.

Durante la evaluación larga y detallada de su situación por nuestro equipo, sentí cómo se me encogía el pecho cuando le sugerimos que debía ser evacuada a Katmandú, donde podría recibir asistencia médica adecuada para su lesión. Me pareció sentir su resistencia, su miedo y su desesperación. Mientras nuestro equipo médico discutía sus opciones, ella y su marido hablaban quedamente entre ellos; luego nos contaron la historia de un vecino del pueblo que había sido evacuado a Katmandú con una lesión parecida y finalmente murió allí. También estaba preocupada por el coste, aunque le ofrecimos cubrir todos los gastos.

Casi en susurros, también nos hizo saber que no quería comer ni beber porque le resultaba difícil orinar y defecar. Cuando lo supimos, le dimos medicación para estimular su apetito y una enfermera de nuestro equipo le mostró a su marido cómo colocarle un catéter y aplicarle un enema. La enfermera también le enseñó a tratar las escaras de Pema y compartió con él ideas para disminuir el dolor físico y emocional de su mujer.

Una hora más tarde, nos ofrecimos a llevar de vuelta a Pema a su pueblo, pero ella y su marido pronunciaron un discreto «no». Entonces sus compañeros del pueblo levantaron a Pema y la izaron a la espalda de su angustiado marido, y la pequeña comitiva inició su lento camino de regreso a casa. Me quedé en pie en nuestro campamento contemplando al humilde cortejo desaparecer en la distancia bajo la tenue luz de las últimas horas de la tarde. En cierto modo, me fui con ellos.

Podía haberme sentido sobrepasada por lo que experimenté como la desesperación de Pema. Mi corazón estaba abatido, pero también me sentí muy presente, y solo tenía un pensamiento: «¿Cómo podemos servir mejor en estas circunstancias?». Al final, sentí que mi equipo había hecho todo lo que estaba en su mano al detenerse, permanecer arraigados, ser honestos y cariñosos y no reaccionar en exceso ni presionar a Pema buscando aliviar sus propias preocupaciones en respuesta a las circunstancias de la joven. Le prestamos la asistencia médica que pudimos y apoyamos la decisión que ella y su marido adoptaron.

Durante todo el tiempo que estuve con Pema, me mantuve estable y distinguí claramente entre lo que yo sentía que estaba ocurriendo en su interior y lo que estaba sucediendo en mi propia experiencia. Esta distinción entre el yo y el otro es lo que nos puede permitir evitar vernos sobrepasados por los sentimientos de otro. También sabía que en realidad no podía saber lo que estaba experimentando Pema, pero podía sentir e imaginar. Evidentemente, ahí no cabía dar nada por supuesto, y debía respetar lo que nunca podría saber.

Dos años después, en otoño de 2017, nuestro equipo regresó a Yalakot. Cerca del pueblo, el camino del río hacía una curva cerrada hacia un pinar y, para mi sorpresa, allí estaba Pema, diminuta y apoyada en un bastón. Cuando me saludó, se le humedecieron los ojos. Su marido la había abandonado, pero ella tenía más apetito y su ánimo había mejorado. Su hermano la llevó a la India para que la operaran y había recuperado algo de funcionalidad. Ambas compartimos la alegría de volver a vernos.

Internalizar el dolor y el sufrimiento de los demás o bien nos puede ayudar a comprenderlos o bien nos puede sobrepasar y herir. El tipo de empatía que experimenté con Pema era una mezcla de amor y sufrimiento. Mi respuesta se caracterizó por la preocupación y el cuidado, y fui capaz de distinguir la experiencia de Pema de la mía.

La empatía emocional saludable nos dirige hacia un mundo más solidario. Puede nutrir la conexión social, el cuidado y el descubrimiento. Sin embargo, la empatía emocional no regulada puede ser fuente de angustia y agotamiento; también puede desembocar en retraimiento y apatía moral.

Empatía no es compasión. La conexión, la resonancia y la preocupación no conducen necesariamente a la acción. No obstante, la empatía es un componente de la compasión, y para mí, un mundo sin empatía sana es un mundo vacío de conexión sentida y nos pone a todos en peligro.

Empatía cognitiva

La *empatía cognitiva*, también conocida como la habilidad de *ver algo desde otra perspectiva* o de *leer la mente* del prójimo, se describe con frecuencia como nuestra capacidad de ver con los ojos de otro, de ponerse en sus zapatos, de meterse en su piel. Pero mi sensación es que en realidad expandimos nuestra consciencia y nuestra forma de pensar para incluir la experiencia de la otra persona como si incorporáramos sus opiniones, su mentalidad, su forma de ver el mundo, su realidad.

Aunque tener perspectiva suele ser algo bueno, puede ser un medio negativo si se buscan las vulnerabilidades de los demás y se utiliza ese conocimiento para manipular a la gente. Llevada al extremo, la toma de perspectiva puede desembocar en la pérdida de nuestro propio punto de vista, nuestra conciencia, nuestra brújula moral. Puede que este tipo de experiencia mental interviniera en lo que ocurrió en la Alemania de Hitler, donde la gente empezó a ver la sociedad desde el punto de vista del Führer, perdiendo su propio fundamento moral independiente. Y es lo que ocurre en sectas, e incluso en partidos políticos. A pesar de estos peligros, ver las cosas desde distintas perspectivas es una habilidad importante para vivir en sociedad porque nos ayuda a ver a los demás como individuos y no como estereotipos o intrusos.[36]

Recuerdo una situación vulnerable en la que fui capaz de establecer una conexión con alguien en lugar de convertirlo en «el otro», cuando tomar perspectiva quizá me salvó la vida. Fue en 1969, al volante de un autocar Volkswagen por el Sáhara. Fue un viaje largo y arduo, conduciendo hora tras hora por arenas resbaladizas y que se hundían, la mitad del tiempo sin saber siquiera en qué dirección me desplazaba.

En la frontera entre Argelia y Mali me vi rodeada de soldados argelinos furiosos. Daban mucho más que miedo. Me di cuenta de que si buscaban crear problemas, una mujer occidental de larga melena rubia era el objetivo perfecto. Mi adrenalina se disparó cuando uno de los soldados le gritó a su superior que se acercara a ver a esa mujer tan rara del autocar Volkswagen. Cuando el hombre se aproximaba a mi vehículo, espontáneamente lo incluí en mi consciencia. De repente, cuando empezó a interrogarme, sentí como si estuviera viendo a través de sus ojos. No tuve tiempo de analizar la situación. Elaborar una estrategia no era una opción. En lugar de sucumbir a las proyecciones negativas en las que él me veía como una víctima y me trataba en consecuencia, sentí que él era parte de mí, y me sentí segura. Pareció que habíamos establecido una frágil conexión mientras respondía respetuosamente a sus preguntas, contándole en mi deficiente francés que era una antropóloga y que cruzaba el Sáhara para llegar a Mali. En cuestión de minutos, para mi gran alivio, me dejó libre de continuar mi viaje durante toda la noche por ese vasto y arenoso mundo.

Aproximadamente una hora más tarde, el autocar se detuvo en seco en esa inmensidad sin caminos. No podía seguir conduciendo si no sacaba el autocar de la arena. Por fortuna, estaba lejos del desolado puesto militar, sola en la oscuridad. Tuve tiempo para reflexionar sobre lo que había sucedido y me di cuenta de que probablemente, ese momento cercano con el oficial al mando había evitado una situación desafortunada. Pude reconocer que al no convertirlo en «el otro» ni considerarlo una amenaza o un enemigo, había dado lugar a lo mejor que podía ocurrir. Y esto fue posible por ese momento misterioso en que sus ojos se convirtieron en los míos. Yo no quería que él me percibiera como una víctima, sino más bien como una aliada, y quería seguir mi camino. Y ahí estaba.

Rodilla en tierra

Recuerdo otra historia impactante sobre la perspectiva, una historia de la guerra de Irak: una que impidió una masacre. El 3 de abril de 2003, el teniente coronel Chris Hughes (en la actualidad general de brigada) dirigió a doscientos soldados de la División Aerotransportada 101 a la ciudad santa de Najaf para liberar a la localidad y proteger al gran ayatolá Ali al-Sistani, líder espiritual de los musulmanes chiitas iraquíes, sometido a arresto domiciliario por orden de Saddam Hussein. Los soldados norteamericanos iban avanzando por una calle cercana a la mezquita Ali Mosque, la mezquita chiita más sagrada de todo Irak, con sus cúpulas doradas apuntando hacia el polvoriento cielo.

Una multitud de civiles iraquíes se había reunido a mirar. La multitud parecía amistosa, hasta que de repente el ánimo cambió de forma radical. La muchedumbre se lanzó hacia las tropas, gritando de rabia; los puños ondeaban amenazantes, las piedras volaban. Como Hughes supo más tarde, los agitadores baazistas habían difundido el falso rumor de que los estadounidenses estaban allí para invadir la mezquita y arrestar al clérigo. Las tropas de Hughes, que llevaban días sin dormir, estaban fuertemente armadas y asustadas por este giro inesperado de los acontecimientos.[37]

Hughes sintió que si alguien disparaba un solo tiro se produciría una masacre. También comprendió de inmediato que, desde el punto de vista de los iraquíes, los norteamericanos parecían estar faltando al respeto a su mezquita más sagrada. La solución obvia para él era mostrarles un gesto de respeto… y de paz.

Así que hizo algo extraordinario. Apuntó el cañón de su rifle hacia el suelo y lo levantó en el aire, mostrando a la multitud que no tenía intención de disparar. Y luego ordenó a sus tropas: «¡Todo el mundo a sonreír! No les apuntéis con las armas. ¡Rodilla en tierra, descansen!».[38]

Sus soldados miraban a Hugues y se miraban unos a otros, preguntándose si habría perdido la razón. Aun así, siguieron sus órdenes. Cargados con sus voluminosos blindajes corporales, todos ellos hincaron una rodilla en tierra, con el cañón de sus rifles apuntando hacia el suelo, y sonrieron. Algunos iraquíes siguieron gritando, pero otros retrocedieron y se sentaron. Incluso hubo quienes devolvieron la sonrisa en un momento de resonancia empática.

Con un megáfono, Hughes ordenó a sus tropas que se pusieran de pie y retrocedieran. «Vamos a retirarnos de esta situación y a permitir que sean ellos quienes la apacigüen», dijo. Colocándose una mano sobre el corazón en un gesto tradicional musulmán que significa «La paz esté contigo», saludó a la multitud diciendo: «Que tengan un buen día», y condujo a su regimiento fuera de la zona.

Hughes y sus tropas regresaron a su base en silencio. Cuando se calmaron los ánimos, el gran ayatolá emitió un decreto pidiendo a la población de Najaf que diera la bienvenida a los soldados de Hughes.[39]

Más adelante, Hughes habló con la cadena CBS News, cuyo cámara había grabado todo el incidente, y dijo: «Por escala de importancia, esa mezquita no solo habría provocado que todos los chiitas del país se hubieran levantado en contra de la coalición. Probablemente, habría traído a los sirios como mínimo, incluso a los iraníes».

La capacidad de Hughes de adoptar la perspectiva de los iraquíes en un momento de extrema tensión evitó la pérdida de incontables vidas, y le valió el reconocimiento de héroe de guerra «que ganó una gran batalla sin disparar un solo tiro».[40]

Hughes debió sentir en sus entrañas y en el corazón que tenía que evitar el sufrimiento en ambos bandos. Aun así, la acción que llevó a cabo no fue aquella para la que le habían entrenado (imagínate a los jefes militares enseñando «¡Rodilla en tierra!»), ni tuvo tiempo para diseñar una estrategia de respuesta. La empatía saludable nos lleva a la conexión y a la acción hábil, como hizo con Hughes. Expande nuestra visión a medida que nos abrimos a la experiencia de los demás, dejando que la empatía y la intuición, en lugar del cálculo, sean nuestras guías. También creo que las acciones de Hughes fueron inspiradas en parte por la imaginación, la capacidad de ver las cosas de manera diferente; obviamente, en este caso, los beneficios fueron incalculables.

Todo el cuerpo, manos y ojos

Un *koan* es una historia o una frase zen que pone a prueba la mente del practicante. El *koan* siguiente es un diálogo entre los dos maestros zen, Daowu y Yunyan. Es una poderosa enseñanza sobre la empatía y la compasión, y dice así:

> Yunyan: ¿Qué hace el *bodhisattva* de la gran compasión con tantas manos y tantos ojos?
>
> Daowu: Es como alguien que alarga la mano durante la noche para alcanzar su almohada.
>
> Yunyan: Ya entiendo.
>
> Daowu: ¿Qué entiendes?
>
> Yunyan: Hay manos y ojos por todo el cuerpo.
>
> Daowu: Solo has comprendido el ochenta por ciento.
>
> Yunyan: ¿Y tú?
>
> Daowu: Todo el cuerpo son manos y ojos.[41]

Esta conversación puede parecer un tanto misteriosa, pero antes debemos recordar que un *bodhisattva* es un arquetipo budista que ejemplifica la empatía, el altruismo, la compasión y la sabiduría, un ser despierto que ha hecho el voto de regresar vida tras vida para poder liberar a otros del sufrimiento. Los *bodhisattva*s podrían dejar atrás para siempre nuestro mundo de dolor y sufrimiento, pero eligen deliberadamente renacer a esta bella y terrible locura de la vida para servir a los demás.

El *bodhisattva* de la compasión, Avalokitesvara, se representa con muchos brazos y muchas manos, y con un ojo en la palma de cada mano. Las manos representan los medios hábiles, y los ojos la sabiduría.

En el *koan*, el joven maestro, Yunyan, preguntó qué hace un *bodhisattva* con tantas manos y ojos. Daowu no da una respuesta convencional. Profundiza en cómo la empatía, la compasión y la sabiduría emergen espontáneamente desde el corazón de este momento preciso. Responde que es como lo que ocurre cuando nos colocamos la almohada por la noche. No hay un pensamiento para ajustar la almohada. Simplemente lo hacemos de forma fácil y natural.

Según el capítulo octavo, verso noventa y nueve (VIII: 99) de la obra *El camino del Bodhisattva* de Shantideva, cuando alguien está sufriendo y nos negamos a ayudar, es como si la mano se negara a sacar una espina del pie. Si se nos clavara una espina en el pie, nuestra mano sacaría esa espina en un acto natural. La mano no le pregunta al pie si necesita ayuda. La mano no le dice al pie: «Ese no es mi dolor». Ni tampoco necesita que el pie se lo agradezca. Son parte de un solo cuerpo, de solo un corazón.

Daowu insinúa que, para un *bodhisattva*, extender la compasión al prójimo es algo instintivo; es natural, y la imagen que utiliza de la noche encaja muy bien, pues la oscuridad de la noche oculta todas las diferencias entre el yo y el otro. Sin duda, todos somos un solo cuerpo…

Yunyan pareció entenderlo. Pero Daowu le puso a prueba, preguntándole qué es lo que realmente había entendido. Yunyan respondió que el cuerpo del *bodhisattva* de la compasión está cubierto de manos y ojos.

Daowu vio inmediatamente que Yunyan no había comprendido lo fundamental. Esa respuesta era superficial, simplista. De este modo, Daowu le corrigió, diciendo: «*Por todo* el cuerpo», queriendo decir que la totalidad del organismo físico y psíquico de un *bodhisattva es* manos y ojos.

Cuando oí los gritos de Dolma, cuando miré a Pema, cuando miré a los ojos al militar argelino, no pensé: «Para ser una buena *bodhisattva*, debería ser empática». En cambio, me vi inundada, inmediatamente y por completo, por la experiencia de cada una de esas personas. La empatía no estaba programada.

Sin embargo, en el caso de Dolma, tuve que regular conscientemente mi experiencia para que no me abrumara la angustia empática. Y cuando lo hice, se creó el espacio necesario para que brotara la compasión. Por eso la empatía es un estado límite. Su valor en nuestra vida es inconmensurable. Pero lo que sí podría requerir cierta mesura, en cambio, es la altura y la profundidad de nuestra respuesta empática, para que no acabe en angustia.

8. Caer por el borde de la empatía: angustia empática

Podríamos preguntarnos cuáles serían las consecuencias de convertirnos en la «persona herida» de la que hablaba Whitman, de fundirnos con el que sufre por un exceso de identificación. Y no me refiero a un momento fugaz de sentir o comprender, sino a una experiencia de profunda fusión física, emocional y/o cognitiva con el sufrimiento de los demás y no soltar la experiencia.

Cuando nos identificamos con demasiada intensidad con alguien que está sufriendo, nuestras emociones nos pueden empujar hasta el límite hacia una angustia que podría reflejar la angustia de aquellos a quienes estamos tratando de servir. Si nuestra experiencia de su sufrimiento nos sobrepasa, la angustia empática nos puede abocar a anestesiarnos, a abandonar a los demás en un intento de protegernos contra un sufrimiento insoportable y a experimentar síntomas de estrés y de desgaste.

Los parientes próximos de la angustia empática son el *trauma secundario* y el *trauma vicario*. Ambos se refieren al trauma adquirido y al trauma indirecto que puede sufrir un médico, un abogado, un trabajador en ayuda humanitaria o un clérigo cuando se sienta con el sufrimiento de otros y acaba totalmente saturado. El trauma secundario puede ocurrir de repente; el trauma vicario se produce de forma acumulativa. Ambos son resultado de una empatía no regulada.

Una colega monja cercana estuvo escuchando los relatos compartidos por los trabajadores de los equipos de rescate y los supervivientes de los ataques del 11-S contra el World Trade Center. Sin apenas dormir, y en el medio del caos y la confusión, las personas que fueron a asistir, como mi colega, hicieron todo lo que pudieron para servir de la mejor manera a los supervivientes y a los trabajadores. La parte más dura para mi compañera fue dar apoyo a los que estaban levantando los escombros en busca de restos humanos. Traumatizada tras escuchar los relatos, pasó muchos años sin poder apartar de su mente las escenas de sufrimiento. En los años siguientes a los ataques del 11 de Septiembre, contó una y otra vez los relatos como si estuviera reviviendo los acontecimientos de ese terrible día y las secuelas posteriores.

Los trabajadores humanitarios y los profesionales de la ayuda son especialmente propensos a la angustia empática. Pueden empezar a manifestar los mismos síntomas mentales y físicos de aquellos a los que sirven. Este fenómeno no es infrecuente. En 1982, la psicóloga clínica Yael Danieli escribió un artículo de investigación sobre las reacciones emocionales experimentadas por los terapeutas que trabajaron con supervivientes del Holocausto. Varios de ellos compartieron que con frecuencia tenían pesadillas similares a las de sus pacientes. Un terapeuta relató que cuando vio el tatuaje de identificación en el antebrazo de su paciente tuvo que salir de la consulta a toda prisa para vomitar. La doctora Danieli relata que varios terapeutas empezaron a evitar a sus pacientes supervivientes, y cuando se los encontraban sentían terror al escuchar sus experiencias en los campos.[42]

También he oído hablar de este fenómeno en abogados y trabajadores sociales que apoyan a los supervivientes en casos de violencia doméstica, abuso sexual y desastres naturales. Tras el huracán Katrina, uno de los capellanes que colaboran conmigo viajó a Nueva

Orleans para trabajar con los supervivientes del huracán. Cuando me relató sus experiencias, hablaba de sentimientos de profunda repugnancia por lo que les había sucedido a algunos hombres y mujeres en el Superdome. Lleno de ansiedad, decía que él mismo se sentía como si fuera un superviviente, y comentaba que le daba miedo volver a Nueva Orleans, ya que los horrores experimentados por los supervivientes parecían haberle inundado.

En abril de 2008, tres años después del huracán Katrina, visité el Superdome y me descubrí pensando en la reacción de este capellán ante lo que se había vivido en ese infierno, donde miles de personas fueron encarceladas en lo que algunos llamaron «el refugio de último recurso». Yo estaba allí con motivo de un acto organizado por la escritora Eve Ensler para conmemorar el décimo aniversario del V-Day, un movimiento global que combate la violencia contra las mujeres y niñas. Casi treinta mil personas asistieron al encuentro, entre ellas unos cuantos miles que quedaron atrapadas en los confinamientos del Superdome tras el desastre del huracán Katrina.

Durante mi estancia allí conocí a mujeres que habían sufrido agresiones sexuales en los confinamientos del Superdome; otras habían tenido que hacer sus necesidades en el suelo del Superdome, porque los baños estaban inundados. Muchas personas se sentían humilladas, avergonzadas y enfurecidas por lo que habían experimentado. Y la mayoría de las mujeres con las que me reuní no habían regresado a Nueva Orleans desde que fueron «rescatadas» del Superdome; se habían reasentado en otras ciudades de todo el país.

Cuando escuchaba a una mujer tras otra narrar sus relatos respectivos, me volví cada vez más sensible a lo que habían soportado. Me sentí como si estuviera viviendo dentro de una escena de un cuadro de El Bosco. Pronto me di cuenta de que empezaba a deslizarme por la pendiente de la angustia empática hacia las aguas turbias del huracán Katrina.

Antes de viajar a Nueva Orleans, me había comprometido a permanecer firmemente arraigada y a ser testigo de lo ocurrido allí a consecuencia del Katrina. Si quería mantenerme firme en medio de ese torrente de sufrimiento, no debía abandonar el barco, sino surcar las olas recordando que, de hecho, yo no había experimentado esta catástrofe. Tuve que asentarme en mi intención, la de ser un recurso para las mujeres que habían sobrevivido al huracán y a sus consecuencias, y mantener mi energía durmiendo lo suficiente, comiendo decentemente y dando paseos por un parque cercano al Superdome.

Además, propuse a aquellas mujeres que me contaran sus historias más despacio, de modo que juntas pudiéramos ser capaces de transformar esas narrativas. En todas las ocasiones pregunté a estas mujeres extraordinarias cómo habían sido capaces de sobrevivir, qué había aumentado su fortaleza, cómo habían sido capaces de mantener a sus hijos a salvo en lugar de caer en la desesperación, y de qué forma pudieron estar ahí para sus madres, sus hermanas, sus hermanos, en esas circunstancias tan terroríficas. La acción de recordar sus recursos internos e interpersonales pareció inspirar a algunas de ellas mientras compartían conmigo esas historias tan dolorosas. Me di cuenta de que si manipulamos al prójimo para que no cuenten y así no tener que oír, o no tener que escuchar, o si reaccionamos con horror y abandonamos la escena, asfixiamos nuestra empatía y nos arrebatamos a nosotros mismos esta virtud fundamental de humanidad.

Soy muy consciente de que debemos tener cuidado de no volver a traumatizar a quienes han sufrido cuando escuchamos sus historias. A veces, recordar esos relatos de sufrimiento puede ayudar tanto al narrador como al oyente; a veces no. Cuando me siento con personas que han experimentado y han sobrevivido a un daño profundo, siempre le pido a la persona que descubra qué le ayudó, cómo se las ha arreglado para reconstruir su vida, cuál ha sido su mayor recurso en momentos de gran dificultad.

A menudo, la experiencia de angustia empática y sus parientes más próximos, el trauma secundario y el vicario, desata una tormenta de reactividad y de miedo en nuestro interior, tan poderosa que es capaz de destrozarnos a nosotros y a nuestro mundo. Pero si somos pacientes y cuidadosos con nosotros y con los demás, las narrativas pueden pasar de terroríficas a heroicas, y lo que fue traumatizante en el pasado puede convertirse en medicina para el presente y el futuro.

Empatía no es compasión

Mi amigo Matthieu Ricard, un monje budista tibetano que ha pasado décadas practicando en el Himalaya, ha colaborado con científicos a lo largo de los años en experimentos que estudian los efectos de la práctica de meditación en la mente y en el cuerpo. Hay un experimento en concreto que proporciona un ejemplo excelente de la angustia empática, así como de la diferencia entre empatía y compasión.

En 2011, bajo la dirección de la neurocientífica Tania Singer y su equipo en el Instituto Max Planck en Alemania, Matthieu se metió en una máquina de imagen de resonancia magnética funcional (RMFi) y se le pidió que generara empatía mientras contemplaba el sufrimiento ajeno. La noche anterior, Matthieu había visto un documental de la BBC sobre huérfanos en Rumanía. Estaba profundamente afectado por su sufrimiento. Aunque los niños eran alimentados y bañados, no eran capaces de desarrollarse, al recibir poco o ningún afecto humano.

Matthieu contaba que, para esos huérfanos, «la carencia de afecto había generado síntomas graves de apatía y vulnerabilidad. Muchos niños se pasaban horas meciéndose hacia delante y hacia atrás, y su salud era tan precaria que en ese orfanato la muerte era habitual. Incluso cuando los bañaban, muchos se estremecían de dolor y el más leve contacto podía causar la fractura de una pierna o de un brazo».[43]

Mientras se hallaba en el interior de la máquina de RMFi, Matthieu se sumergió mentalmente en el sufrimiento de esos niños, visualizándolos de forma vívida y sintiendo su horrible situación como si fuera uno de ellos. En lugar de modular su experiencia del sufrimiento, se permitió sentir su dolor y sufrimiento lo más profundamente posible. En poco tiempo, se sintió sobrepasado, vacío y exhausto.

Tras una hora de esta intensa práctica, a Matthieu se le dio la opción de elegir entre continuar con la práctica de empatía o cambiar a una meditación compasiva. Dijo: «Sin la menor vacilación, accedí a continuar la exploración con la meditación en compasión, porque después de la conexión empática me sentía totalmente exhausto».[44]

De este modo, procedió con la meditación en compasión y continuó enfocándose en el sufrimiento de los niños. Sin embargo, durante esta fase de la sesión, Matthieu generó intencionadamente sentimientos de amor, de amabilidad, de cuidado y de altruismo mientras traía a su mente el sufrimiento humano extremo de aquellos huérfanos.

Al concluir el experimento, Matthieu describió su experiencia durante la meditación de la compasión como un estado cálido, positivo, junto con un fuerte deseo de estar al servicio de esos niños. Esto contrastaba claramente con su experiencia anterior con la empatía (en realidad, angustia empática), que fue muy agotadora y debilitante.

Su cerebro también reflejó estas diferencias notables. Los escáneres cerebrales mostraron que su experiencia de empatía se había registrado en las redes neuronales asociadas al dolor. Se ha demostrado que esas zonas están relacionadas con el componente emocional (pero no con el componente sensorial) de experimentar el dolor propio y de observar a otra persona que siente dolor. En cambio, la fase de su experiencia relacionada con la compasión se había registrado en otras redes neuronales: las asociadas con la emoción positiva, el amor maternal y los sentimientos de afiliación. La diferencia tan notoria entre la empatía y la compasión sorprendió a los investigadores.[45]

Tiempo después, Matthieu me contó que durante la meditación en compasión se vio inundado de sentimientos de amor y de ternura, y después se sintió renovado e inspirado. Escribió: «Involucrarme posteriormente en la meditación en compasión modificó por completo mi panorama mental. Aunque las imágenes del padecimiento de los niños seguían siendo tan vívidas como antes, ya no me generaban angustia. Al contrario, sentí un amor natural e ilimitado hacia esos niños y el valor para acercarme y consolarlos. Es más, la distancia entre los niños y yo había desaparecido por completo».[46]

Lo que Matthieu experimentó fue similar a mi experiencia con la pequeña nepalí que había sufrido terribles quemaduras. En ese momento, yo no estaba al tanto de las diferencias neurológicas entre la empatía y la compasión, pero sabía que tenía que salir de mi identificación con la agonía de la niña y pasar a un estado en el que estuviera arraigada y llena de gratitud hacia aquellos que le estaban salvando la vida. En cuanto operé ese cambio, como Matthieu, me sentí revitalizada por la compasión que había surgido en mí.

Tania, Matthieu y sus compañeros afirmaron que este experimento supuso una inflexión en su investigación sobre la compasión. No solo habían reunido pruebas convincentes sobre la diferencia neurobiológica entre la empatía y la compasión, sino que Matthieu también había confirmado la diferencia significativa de su experiencia subjetiva de sendos estados.

Excitación empática

Varios años antes de esos experimentos con Matthieu, la psicóloga social Nancy Eisenberg participó conmigo en un diálogo del Mind and Life Institute en Washington, D.C., con Su Santidad el Dalai Lama y especialistas en educación, neurociencia y psicología social. Eisenberg presentó un modelo interesante que describe los elementos que suscitan la excitación empática. Posteriormente, analizó los ingredientes que propulsan la experiencia o bien hacia la angustia personal o bien hacia la compasión saludable.

A partir de su investigación con niños, la doctora Eisenberg identificó tres corrientes entrelazadas de experiencia que, cuando nos encontramos con el sufrimiento ajeno, surgen de forma conjunta en nuestro interior para potenciar un grado de excitación que inicia una acción. Básicamente, su investigación reveló que cuando estamos en compañía de alguien que está sufriendo es de esperar que podamos sentir sus emociones, ver la situación desde su perspectiva y recordar experiencias análogas de nuestro pasado. Esto da lugar a una experiencia de activación que, si no se regula, puede causar angustia empática. La doctora Eisenberg observó que la angustia empática es una reacción emocional aversiva que nos puede llevar a evitar, en lugar de servir, a aquellos que están angustiados y en situación de necesidad.

Desde la angustia empática se pueden desplegar varias respuestas. La doctora Eisenberg identificó una respuesta como comportamiento «de ayuda» basada en la necesidad de protegernos de experiencias desagradables o difíciles que son amenazadoras. (El altruismo patológico es un buen ejemplo.) Otras respuestas aversivas incluyen el comportamiento de evitación (es decir, la negación y la apatía) y el abandono de la persona que sufre porque resulta demasiado doloroso estar en su presencia, un tipo de reacción de huida que tiene sus raíces en el miedo. Después de la conferencia, adapté el modelo de la doctora Eisenberg para compartirlo con médicos, educadores y demás terapeutas como una herramienta para trabajar con la empatía y la angustia empática. Me di cuenta de que hay al menos otras dos reacciones sustentadas en el miedo que pueden ser resultado de la angustia personal: la indignación moral (lucha) y la insensibilización (parálisis).

La doctora Eisenberg explicó en la reunión que, si se regula la respuesta surgida del estímulo, se activa una preocupación saludable, de la que pueden brotar la simpatía y la compasión. En colaboración con el psicólogo social Daniel Batson, descubrió que quienes sienten compasión en una situación concreta tienen más probabilidades de ponerse al servicio que los que sufren de angustia empática.[47]

Sé lo importante que es permitirnos incluir la experiencia de los demás en nuestra propia experiencia. Sin embargo, reconocer que no somos el otro nos proporciona el espacio necesario para mantenernos enraizados y al mismo tiempo experimentar al menos algo de humildad. Es esencial encontrar ese equilibrio entre la identificación y la distinción. Si no se establece esa distinción entre el yo y el otro, la angustia empática es inevitable.[48]

El modelo de la doctora Eisenberg y la investigación del doctor Batson me han resultado valiosísimos, y me han ayudado a comprender mejor la complejidad de nuestras respuestas cuando nos encontramos con el sufrimiento. También han reafirmado mi idea de que la empatía tiene que estar bien modulada para evitar que se transforme en aflicción.

Embotamiento y ceguera emocional

Sin embargo, a veces el contacto con el sufrimiento ajeno no desencadena una activación. El poder, por ejemplo, puede embotar nuestra capacidad de empatía, como si nuestro cerebro hubiera sufrido un daño grave. Un artículo del número de julio-agosto de 2017 de la revista *The Atlantic* lo resumía como sigue:

> El historiador Henry Adams estaba siendo metafórico, no médico, cuando describió el poder como «un tipo de tumor que acaba por matar las simpatías hacia la víctima». Pero no se aleja mucho de las conclusiones obtenidas por Dacher Keltner, profesor de psicología de la Universidad de California, Berkeley, tras años de experimentos de campo y en laboratorio. En los estudios desarrollados durante dos décadas descubrió que los sujetos bajo la influencia del poder

actuaban como si hubieran sufrido una lesión cerebral traumática: se volvían más compulsivos, menos conscientes del riesgo, menos proclives a ver las cosas desde el punto de vista de otras personas.[49]

Luego está la ceguera emocional, la incapacidad de leer nuestras emociones y las de los demás. La neurocientífica Tania Singer y sus colegas investigaron un trastorno relacionado con el autismo denominado *alexitimia*, que viene caracterizado por las dificultades para reconocer y describir las emociones propias y los procesos viscerales. Las personas que padecen alexitimia también tienen dificultades para distinguir las emociones de los demás.[50] El trabajo en este campo confirmó lo que yo ya había intuido en mi colaboración con médicos: que nuestra capacidad de sentir nuestra propia experiencia somática puede estar relacionada con nuestra capacidad de sentir las experiencias emocionales y físicas ajenas. Por otro lado, la incapacidad de sentir nuestros procesos viscerales podría estar relacionada con una menor capacidad de empatía.

En otro estudio importante, Tania y sus colegas descubrieron que el acto de conectar con nuestros propios procesos viscerales (latido cardiaco, respiración, etc.) ilumina las redes neuronales asociadas con la empatía.[51] Este estudio en concreto sugiere que la capacidad de enfocarnos en nuestra experiencia somática, una habilidad que los meditadores pueden llevar a un alto grado de desarrollo, podría nutrir a su vez nuestra capacidad de ser más empáticos.

Durante años, he observado que los profesionales sanitarios ignoran con frecuencia sus propias necesidades físicas, como el hambre, las necesidades fisiológicas y el sueño, mientras atienden a sus pacientes. Además, muchos me han contado que durante su formación, básicamente se les desaconsejaba ser empáticos (¡no era «profesional»!); aun así, al mismo tiempo, sabían que no estaban conectando realmente con aquellos a quienes servían y se sentían incómodos con su forma de ejercer la medicina. Al escuchar relatos así tan a menudo, me di cuenta de que podría ser importante ofrecer a las personas medios para desarrollar una empatía saludable. A la luz de los descubrimientos sobre la relación entre consciencia somática y empatía, modifiqué el plan de estudios del programa de formación clínica de Upaya para incluir un componente más robusto sobre la práctica física y la sintonización con el cuerpo, con la idea de potenciar la capacidad de empatía saludable.

Entre el regalo y la invasión

En *The Empathy Exams*, Leslie Jamison escribe: «La empatía reside siempre en un equilibrio precario entre el regalo y la invasión».[52] En el caso de la angustia empática, la invasión va en ambos sentidos, y puede afectar tanto al receptor como al emisor de la empatía. No tener límites claros entre el yo y el otro puede perjudicar a ambas partes. Por otro lado, si nuestros límites entre el yo y el otro crean demasiada distancia, podemos cosificar al otro o perder nuestro sentido del cuidado.

En una entrevista con *Harper's*,[53] Jamison dijo,

> Me interesan todos los aspectos potencialmente erróneos o turbios de la empatía: cómo imaginar las vidas de los demás puede constituir un tipo de tiranía, o absolver artificialmente nuestro sentimiento de culpa y de responsabilidad; cómo la empatía puede hacernos sentir que hemos hecho algo bueno cuando en realidad no lo hemos

hecho […]. Empieza a gustarnos la sensación de sentirnos mal por los demás; nos hace sentir bien con nosotros mismos. Así que la empatía encierra muchos peligros: puede ser interesada o egocéntrica; puede desviar nuestro razonamiento moral o suplantarlo por completo. Entonces, ¿quiero defender la empatía, a pesar de reconocer todos esos desastres? Diría aún más: quiero defenderla reconociendo este desastre.

El psicólogo evolutivo Paul Bloom ahonda en la forma en que la empatía puede llevar por mal camino nuestro razonamiento moral. Podemos identificarnos y tener empatía por «nuestro grupo» a costa de quienes no son como nosotros. «La empatía lleva a alguien como yo a preferir […] a personas de mi vecindario antes que a los extranjeros […]. Con un poco de reflexión, es fácil darse cuenda de que esa es una mala orientación en política».[54]

Otra cuestión moral es si nos está «permitido» sentir empatía hacia personas generalmente consideradas malvadas. Tras escribir y publicar un poema que cavilaba sobre los sentimientos del terrorista del maratón de Boston Dzhokhar Tsarnaev, la bloguera Amanda Palmer recibió amenazas de muerte y una amonestación general por parte de periodistas conservadores y liberales.[55] Por otro lado, escritores y guionistas demuestran talento artístico cuando son capaces de hacernos sentir empatía por personajes desagradables, como en la novela *Lolita* o en la serie de televisión *Breaking Bad*. Y entender cómo piensan los demás, sobre todo quienes son muy diferentes de nosotros, es un factor importante a la hora de crear un cambio social.

Una de las cosas confusas sobre la empatía es que no podemos estar seguros de si nuestra conexión con la experiencia ajena puede ser simplemente nuestra propia proyección, nuestro deseo, nuestra aspiración o nuestro autoengaño… o si es algo real. Como escribe Jamison, «Imaginar el dolor de otro con demasiada certeza puede ser tan dañino como no ser capaz de imaginarlo».

Es importante mantener la humildad cuando navegamos en nuestra relación con alguien que está sufriendo. Rowan Williams, antiguo arzobispo de Canterbury, habló en Harvard sobre la empatía y sus raíces en la humildad: «La expresión éticamente significativa de […] la empatía no sería decir "sé cómo te sientes", sino "no tengo ni idea de cómo te sientes"».[56] Cuando partimos desde este lugar del No Saber, nos damos cuenta de que no podemos encarnar realmente la experiencia ajena, y así es como podemos regular mejor nuestra respuesta empática.

Eve Marko, mi amiga y esposa de Roshi Bernie Glassman, ha escrito con elocuencia sobre cómo es recibir empatía de quienes creían entender su experiencia. Bernie sufrió un derrame en enero de 2016. De todas partes llovieron consuelo y consejos. En medio de todo lo que estaba soportando, por Bernie y por ella misma, Eve escribió: «La lección más importante que he aprendido durante los últimos treinta y cuatro días es lo difícil que es simplemente ser testigo y escuchar. Hay tanta gente dispuesta a decirme cómo me siento o me he sentido. "¡Qué susto te habrás llevado!", me han dicho, o: "Esto ha debido ser horrible para ti", etc. Me gustaría decirles […]: ¿Y tú cómo lo sabes?».

Y continúa: «Yo también hago suposiciones sobre lo que otras personas deben estar pensando y sintiendo. Tal vez lo aprendí en la lección de *Empathy 101* "Imagina cómo se puede sentir alguien y empatiza inmediatamente". Por ejemplo, "¡Qué terrible debe ser esto para ti!". Bueno, tal vez lo sea o tal vez no. ¿Cómo puedo saber cómo te sientes si no te pregunto y luego escucho tu respuesta?».

Eve describe la experiencia que preferiría tener. «Estoy sumamente agradecida por el silencio que la escucha profunda me permite, cuando alguien se sienta frente a mí o está callado al otro lado
del teléfono, permitiéndome pacientemente que yo piense en alto,
esperándome, hasta que finalmente afloran determinadas emociones
a la superficie y las puedo verbalizar [...]. No tapes el silencio in-
cómodo pidiendo disculpas, retrocediendo, haciendo suposiciones,
comentando que ha empezado a llover o agradeciendo el café. Deja
que el silencio sea mientras él/ella esté considerando tu pregunta,
espera a que te dé una respuesta».[57]

Eve nos está pidiendo que escuchemos sin asumir que lo sabemos todo sobre el sufrimiento del otro. Está sugiriendo que practi-
quemos el No Saber y el Ser Testigo, los dos principios de la Zen
Peacemaker Order, que su marido, Roshi Bernie, fundó. Humildad
significa dejar fuera nuestras propias proyecciones e interpretacio-
nes, en la medida en que seamos capaces, y permanecer abiertos y
respetuosos ante la experiencia de otro, siendo honestos sobre nuestras propias fortalezas y limitaciones.

9. La empatía y los otros estados límite

La empatía está estrechamente entrelazada con los otros estados límite. Cuando experimentamos angustia empática, podemos intentar aliviar el sufrimiento ajeno a través de esfuerzos heroicos que no son sino altruismo patológico que nos puede llevar fácilmente al agotamiento. Nuestras acciones pueden perjudicarnos no solo a nosotros mismos, sino también a aquellos a quienes servimos, al permitir sus disfunciones o privar a otros de su autonomía. Otro estado límite al que somos proclives es el sufrimiento moral; en situaciones que implican violencia sistémica o injusticia, es fácil que sintamos distrés moral y rabia al empatizar en exceso con otros, lo cual puede desembocar a su vez en una espiral de evitación, insensibilización y agotamiento. Leslie Jameson escribió sobre la empatía potencialmente invasiva, un poderoso ejemplo de falta de respeto.

Recuerdo estar sentada frente a un profesor japonés en Kioto. Él asistía a la formación sobre compasión que yo impartía. Lloró cuando me contaba lo mucho que le abrumaba el sufrimiento de sus estudiantes. Estaba exhausto y parecía haber caído hacia el límite de la angustia empática y el sufrimiento moral. Atrapado en un sistema educativo tremendamente competitivo, me contó que sus estudiantes siempre estaban preocupados y estresados, y que a estas alturas casi no podía distinguir su propia angustia de la de sus alumnos.

Creía que el sistema educativo estaba obligando a muchos de sus alumnos a convertirse en *hikikomori*, personas que se retiran completamente de la sociedad. Dijo que probablemente ya hay más de un millón de jóvenes japoneses, la mayoría hombres, que viven recluidos en sus hogares, y sostuvo que una de las razones de este fenómeno era la represiva cultura educativa japonesa. Al profesor le preocupaba estar contribuyendo al creciente aislamiento emocional y social de sus estudiantes provocado por los duros métodos de enseñanza que la escuela le obligaba a emplear. Agotado emocionalmente, desgastado y desmoralizado, ya no era capaz de separarse del sufrimiento de sus estudiantes y sentía que no podía seguir enseñando. Igual que sus alumnos, se estaba desintegrando y se sentía expulsado de la sociedad hacia el aislamiento.

Me rogó que le enseñara a manejar su angustia empática y sus conflictos morales a la hora de administrar exámenes competitivos y de cumplir con otras exigencias del sistema educativo japonés. Pasamos un tiempo explorando métodos de enraizamiento y formas de reevaluar la situación, así como otros enfoques sobre la compasión (como GRACE, descrito en la parte VI). Me aseguré de que entendiera que estas prácticas de reflexión no estaban diseñadas para ayudar a las personas a adaptarse a una situación insostenible. Afirmé que sentía que su angustia reflejaba preocupaciones apropiadas sobre un perjuicio que era real, y le alenté a que comprendiera su sensación de verse sobrepasado como una respuesta realista ante un daño. Lo que era importante para él era recuperar su equilibrio, y luego llevar a cabo una acción desde un lugar de fortaleza, y no desde la fragilidad.

10. Prácticas que respaldan la empatía

Describo aquí cuatro prácticas clave que pueden ayudar al desarrollo de la empatía. La primera y más sencilla es enfocar nuestra atención en el cuerpo para arraigarnos y aumentar nuestra capacidad de sintonizar con nuestras sensaciones físicas. La segunda práctica es la escucha profunda. La tercera práctica es aprender a administrar nuestra respuesta empática. Y la cuarta práctica es utilizar la imaginación como una forma de cultivar la empatía y volver a humanizar a quienes hayamos podido cosificar.

Las investigaciones sobre la relación entre la empatía y nuestra capacidad de sintonizarnos con nuestros propios procesos viscerales cambiaron mi planteamiento sobre cómo impartir formación en empatía y compasión. Un ejercicio meditativo, como por ejemplo una exploración corporal, puede mejorar nuestra alineación con nuestra propia experiencia física y también podría ampliar nuestra capacidad de sentir la experiencia de otros y lograr que la empatía esté más accesible. La exploración o escaneo corporal es un ejercicio sencillo que consiste en llevar la atención a distintas partes del cuerpo. Podemos hacerlo sentados o en posición supina, despacio o más rápido; podemos enfocarnos en cada parte del cuerpo de una en una o barrer todo el cuerpo con nuestra atención.

Comienza llevando la atención a la respiración y permite que el cuerpo se asiente. A continuación desplaza tu conciencia hacia arriba, partiendo de los pies, y luego por las piernas, la zona pélvica, el estómago y el pecho. Luego desplaza tu conciencia hacia los brazos y dedos, al cuello y a la cabeza, hacia arriba hasta el cráneo. Después guía lentamente tu atención por el cuerpo hacia abajo, de regreso a los pies. Para terminar la práctica, lleva de nuevo tu conciencia a la respiración y tómate unos momentos para relajarte con la mente y el corazón abiertos y calmados.

La exploración corporal es una práctica de conexión con la tierra que nos puede sacar de la mente agitada y llevarnos al cuerpo. Durante el escaneo, podemos empezar a dejarnos llevar y a entrar en una relación más receptiva con el cuerpo. La experiencia de sentir el cuerpo también nos puede proporcionar información valiosa sobre nuestros sentimientos y nuestras intuiciones. Es más, podemos utilizar el escáner para afinar nuestra capacidad de sentir en la experiencia de otros.

Escucha profunda

Otro modo de estimular la empatía es a través de la experiencia de escuchar. Para escuchar de verdad, salimos de nuestro estado de absorción personal, del autoengaño, de las distracciones, nos apartamos del trance de nuestros dispositivos tecnológicos, y descansamos en el momento presente con apertura y curiosidad. Abrir nuestra experiencia para incluir a otra persona es un poderoso experimento de inclusión. Escuchar de verdad a otra persona requiere que escuchemos con el cuerpo, con el corazón y con la mente, y además, escuchar más allá de los filtros de nuestra historia personal y de nuestros recuerdos.

Como práctica, puedes escoger a alguien a quien conozcas bien o a un desconocido. Permite que tu conciencia se expanda suavemente para incluirlos. Al mismo tiempo, permanece arraigado. Percibe qué sensaciones físicas y qué emociones surgen en tu interior mientras te abres a su experiencia. Después observa si puedes dejarte caer por debajo de cualquier juicio o sesgo hacia una mente caracterizada por la curiosidad y no por las preferencias o aversiones.

Observa si escuchar la voz de esa persona te ayuda a abrir más vívidamente tu consciencia a su experiencia. ¿Qué está comunicando su voz? ¿Qué estás oyendo detrás de sus palabras? ¿Escuchar y estar en su presencia te lleva más profundamente a su vida? ¿Puedes sentir lo que puede estar ocurriendo por debajo de su piel, en su corazón, en su mente? ¿Tienes la sensación de que te está «habitando» de alguna manera?

Después déjalo ir. Vuelve a entrar en contacto con lo que esté surgiendo en ti en este preciso momento, y relájate en la apertura.

Vigilar la empatía

Si bien la empatía es un paso necesario en el proceso de la compasión, necesitamos administrar nuestra empatía recordando la diferencia entre el yo y el otro. Este consejo puede sonar un poco raro en boca de una budista, ya que el budismo hace hincapié en que, desde cierto punto de vista, el yo y el otro no están separados. Creo que tenemos que sostener ambas verdades al mismo tiempo; que estamos interconectados con los demás y que también somos distintos unos de otros. Tenemos que caminar por ese delicado equilibrio entre abrir nuestra experiencia continuamente y aceptar la singularidad de quiénes somos.

Cuando estamos al límite de perder este equilibrio, podemos repetir las palabras de sabiduría que nos recuerdan que está bien que nos preocupemos por los demás, pero que no somos ellos. Cuando estoy en presencia del sufrimiento de otros, con frecuencia utilizo las palabras siguientes como un apoyo:

«QUE PUEDA OFRECER MI CUIDADO Y MI PRESENCIA INCONDICIONAL-MENTE, SABIENDO QUE PUEDEN SER RECIBIDOS CON GRATITUD, CON INDIFERENCIA, CON IRA O CON ANGUSTIA.»

«QUE PUEDA OFRECER AMOR, SABIENDO QUE YO NO PUEDO CONTROLAR EL CURSO DE LA VIDA, DEL SUFRIMIENTO O DE LA MUERTE.»

«QUE PUEDA ENCONTRAR LOS RECURSOS INTERNOS PARA SER VERDADE-RAMENTE CAPAZ DE DAR.»

«QUE PUEDA ESTAR EN PAZ Y SOLTAR LAS EXPECTATIVAS.»

«QUE PUEDA ACEPTAR LAS COSAS TAL Y COMO SON.»

«QUE PUEDA OBSERVAR MIS LÍMITES CON COMPASIÓN, COMO OBSERVO EL SUFRIMIENTO DE LOS DEMÁS.»

Estas frases, que aprendí de la maestra budista Sharon Salzberg, nos pueden ayudar a «enderezarnos» a nosotros mismos cuando estamos a punto de despeñarnos hacia la angustia empática.

La práctica de la rehumanización

La cuarta práctica que quiero ofrecer fue desarrollada por John Paul Lederach. John Paul es un sociólogo especializado en la transformación de conflictos, y ha servido como consolidador de paz en Nepal, Somalia, Irlanda del Norte, Colombia y Nicaragua en asuntos relacionados con la violencia directa y con la opresión sistémica. Ha dedicado su vida a analizar y poner en práctica alternativas a la deshumanización y la violencia, a través de procesos que reavivan la empatía, el respeto, la comprensión y la identificación mutua. A su práctica la denomina «rehumanización». John Paul explica que rehumanizar significa reavivar nuestra imaginación moral para ver al otro como una persona primero, vernos nosotros mismos en el otro y reconocer nuestra humanidad compartida. También implica sentir el sufrimiento de los demás (empatía) y respetar la dignidad humana básica de todos.

John Paul identifica cuatro tipos de imaginación. La primera es «la imaginación del nieto». Con esto quiere decir que los seres humanos deberíamos proyectarnos en el futuro y ver que nuestros nietos y los nietos de nuestros adversarios pueden tener fácilmente un futuro íntimo y común. Necesitamos cultivar la capacidad de imaginarnos en una red relacional que incluya a nuestros adversarios. Aquí, para que seamos capaces de incluir a nuestros enemigos en nuestra experiencia, la empatía es imprescindible. Es un tipo de imaginación que nos permite ver más allá de nuestros conflictos actuales y nuestras formas de pensar sesgadas. Es una forma de empatía cognitiva, que nos impulsa a trabajar por el bien común de todos. También nos motiva a buscar una vía basada en la comprensión de las diferencias en las perspectivas, que sea un camino para salir del odio y la deshumanización de los demás, a través de la empatía hacia la compasión.

El segundo tipo de imaginación es convertir el no-saber, la ambigüedad, la curiosidad, la investigación y la humildad en aliados en el proceso de avanzar junto a nuestros enemigos, aquellos que están sufriendo y aquellos que son muy diferentes de nosotros. Hace falta imaginación para mantener el corazón abierto a posibilidades inconcebibles, como hizo Hughes en Irak.

El tercer tipo de imaginación es la que nos permite ver un futuro diferente. John Paul la ha denominado «imaginación creativa», la capacidad de visualizar el futuro de una manera que rehumanice a todos los implicados y cree la posibilidad de un cambio transformador, incluso contra todo pronóstico. Este tipo de imaginación persigue un propósito resiliente y una paciencia revolucionaria, la capacidad de no tener miedo o impaciencia mientras imaginamos un horizonte más amplio de lo que creíamos posible.

El cuarto tipo de imaginación es la «imaginación del riesgo»: arriesgarse a no apegarse a los resultados, arriesgarse a sentarse con lo desconocido, arriesgarse a superar las divisiones y a afrontar la incertidumbre con curiosidad y fortaleza. Y tener el valor y el amor de afrontar la resistencia dentro de nuestras propias comunidades y nuestras propias mentes mientras nos esforzamos por terminar con la deshumanización, la cosificación del prójimo y el sufrimiento.

El poder de la imaginación y la empatía saludable nos permiten ver las cosas desde una perspectiva muy distinta, y nos pueden guiar e inspirar para resistirnos a la normalización de lo intolerable. Cuando vivimos en la zona donde se superponen las dos ecologías de la empatía e imaginación, podemos incluir la diversidad de la vida en nuestra experiencia y somos libres de encontrarnos con los compañeros de la valentía y de la entrega.

11. Descubrimiento en el borde de la empatía

Durante una conferencia sobre neurociencia y compasión del Mind and Life Institute en Japón, compartí con Su Santidad el Dalai Lama la historia de un médico conocido mío que cuidaba abnegadamente de una mujer que padecía cáncer de mama. Su Santidad juntó las manos e inclinó la cabeza, con los ojos llenos de lágrimas. Pero un momento después su expresión se transformó, irradiaba amor mientras reconocía el buen trabajo del médico. Me pareció extraordinario ver cómo Su Santidad era capaz de pasar de un momento fugaz de empatía y aparente angustia a la compasión y la felicidad.

También fui testigo de su capacidad de cambiar inmediatamente de tema y de emoción durante mis vistas a su residencia en Dharamsala, donde acudían peregrinos tibetanos a pedir bendiciones después de sus largos y peligrosos viajes a la India. Podíamos estar en medio de un intenso debate sobre ciencia, pero si aparecía un refugiado tibetano y le ofrecía un pañuelo ceremonial, los ojos de Su Santidad se dulcificaban inmediatamente cuando dirigía su mirada al hombre o la mujer que tenía delante. Tomaba la mano del refugiado, se deslizaba en su espacio y ofrecía una oración y palabras de ánimo. Una respiración más tarde volvía a estar con sus colegas y reanudaba la conversación técnica sobre los caminos neuronales y la naturaleza de la consciencia. Era una muestra impresionante de agilidad mental.

En la literatura neurocientífica ya se ha documentado bien que

los meditadores tienen mayor plasticidad mental y menor adheren-
cia (es decir, cuando los pensamientos se «pegan» o perseveran dentro de la mente) que las personas que no meditan. La práctica de
la meditación, junto con una motivación desinteresada, puede potenciar nuestra capacidad de conectar con nuestra propia experiencia subjetiva y con la experiencia de los demás (empatía), además
de soltar más fácilmente pensamientos y emociones regulando a la
baja de forma automática nuestra respuesta emocional y viendo las
cosas con una mirada nueva. Por ejemplo, según el neurocientífico
Antoine Lutz,[58] un practicante meditador puede tener una respuesta
igual o más intensa ante un estímulo emocional, pero es capaz de
recuperar la compostura mucho más rápidamente que un practicante inexperto. En un artículo sobre la regulación de la atención,[59] el
doctor Lutz describe cómo el efecto de una meditación de «enfoque
abierto» o de atención abierta parece reducir nuestra tendencia a
quedarnos atascados, fomentando con ello una mayor elasticidad
emocional.

La neurocientífica Gaëlle Desbordes y sus colegas han estudiado
la ecuanimidad y la meditación. En concordancia con los resultados
de la investigación de Antoine Lutz, la doctora Desbordes descubrió
que uno de los beneficios de la meditación es «una desconexión más
rápida de la respuesta emocional inicial y un regreso más rápido
al punto de partida».[60] Esta capacidad puede facilitar el cambio de
momentos breves de angustia empática a la ecuanimidad y la compasión.

Recuerdo el momento, en otra conferencia, en que me acerqué a
Su Santidad el Dalai Lama con una foto de un chico nepalí llamado
Tsering que se había ahogado en el río Budhi Gandaki. Una médica
norteamericana de nuestro equipo había caído al río cuando le gol-

peó una piedra enorme que se desprendió desde más arriba de la pista que recorríamos. La doctora habría muerto con toda seguridad si Tsering no hubiera saltado a las agitadas aguas himalayas y hubiera atrapado una tabla para que la mujer se agarrara a ella. Aunque era un nadador excelente, Tsering fue atrapado en un remolino y empezó a girar frente a la doctora, agarrada al otro extremo del tablón. Él le salvó la vida, pero perdió la suya al ser arrastrado río abajo por la corriente incesante de las aguas cargadas tras el monzón.

Un joven canadiense agarró a la doctora y la condujo hasta una roca. Pero nunca volvimos a ver a Tsering. Una terrible oleada de conmoción nos atravesó a todos, cuando nos dimos cuenta de que habíamos perdido a un buen amigo.

Poco después, llevé una *khata* (pañuelo ceremonial) y una foto de Tsering a Dharamsala en nombre de su madre, con la esperanza de pedirle a Su Santidad que rezara por un renacimiento auspicioso para su hijo. Mientras compartía la historia con el Dalai Lama, el tiempo pareció detenerse. El espacio que nos rodeaba estaba en quietud; las personas cercanas parecían estar como en una película a cámara lenta. Cuando concluí el relato, Su Santidad me dijo que Tsering renacería como un gran *bodhisattva* gracias a su acción desinteresada y compasiva al salvar la vida a otro. Esas eran las palabras que yo necesitaba oír. Eran el regalo que yo podría llevar de vuelta a la madre de Tsering.

Si conseguimos emular la capacidad de Su Santidad de cambiar rápidamente nuestros estados mentales, una capacidad que podemos cultivar a través de la meditación, seremos menos proclives a caer por el borde de la angustia empática. Esta flexibilidad mental nos ayuda a crear espacio internamente cuando afrontamos el sufrimiento de otro y también a tener claridad para diferenciar entre yo y el otro. En nuestra práctica de meditación, aprendemos a observar los pensamientos, los sentimientos y las sensaciones que fluyen y chocan entre sí durante nuestra experiencia subjetiva. Cuanto más hábiles seamos en no identificarnos con esas experiencias y podamos limitarnos a observarlas simplemente, mejor podremos evitar caer víctimas del sufrimiento ajeno.

Si caemos por el borde, y nos ocurrirá de vez en cuando, no todo está perdido. La angustia empática nos puede servir de fuerza instigadora que nos empuje hacia la acción compasiva para acabar con el sufrimiento ajeno y el propio. Necesitamos cierto grado de activación, cierto grado de incomodidad para movilizar nuestra compasión. Solo tenemos que asegurarnos de no quedar atrapados en el cieno de la angustia, porque eso puede agotarnos y alejarnos del cuidado del prójimo. Si somos capaces de aprender a distinguir el yo del otro, sin crear demasiada distancia entre el otro y nosotros, la empatía será nuestra aliada cuando estamos al servicio.

Una última intuición: quizá no se trate tanto de meternos en la piel de otros, sino más bien de invitar a otros a habitarnos, a meterse en nuestra piel, en nuestros corazones, volviéndonos con ello más grandes, más radicalmente inclusivos. La empatía no solo es una forma de bordear el sufrimiento en nuestra barquita; es una forma de convertirnos en el océano. Creo que el don de la empatía nos hace más grandes, siempre que no nos ahoguemos en las aguas del sufrimiento. Y la empatía que se transforma en el crisol de nuestra sabiduría nos brinda energía para actuar desinteresadamente a favor de los demás.

Un mundo sin empatía es un mundo muerto para los demás; y si estamos muertos para el otro, estamos muertos para nosotros mismos. Compartir el dolor ajeno nos permite dejar atrás el estrecho desfiladero de la indiferencia egoísta e incluso de la crueldad y acceder al panorama más grande, más expansivo de la sabiduría y la compasión.

También siento que la empatía es un imperativo humano, y que nuestra bondad básica nos invita a asumirlo. Recordemos las palabras del gran filósofo Arthur Schopenhauer: «¿Cómo es posible que el sufrimiento que ni es mío ni tiene nada que ver conmigo me afecte inmediatamente como si fuera el mío, y con tal fuerza que me mueva a la acción?». La empatía, cuando es sana, puede ser una llamada a la acción; una acción que no persigue aliviar nuestra incomodidad personal, sino la gran bendición de aliviar el sufrimiento del mundo.

Parte III: Integridad

«Sin integridad, nuestra libertad está en riesgo.»

Dos días antes de morir, mi padre no paró de contar historias sobre él. Mi hermana y yo nunca le habíamos oído hablar de sus experiencias en la Segunda Guerra Mundial; era un tema que se evitaba prudentemente en nuestra familia. Sin embargo, de repente, como si fuera algún tipo de veneno que necesitaba purgar, las historias salieron a la superficie y mi padre comenzó a hablar.

Como comandante del buque de desembarco de tanques 393, mi padre participó en acontecimientos importantes de la Segunda Guerra Mundial, entre ellos la invasión de Sicilia y el desembarco en Salerno. Él y sus 140 hombres también transportaron a prisioneros de guerra italianos y alemanes por el Mediterráneo a campos de prisioneros en el norte de África. En su lecho de muerte, mi padre relataba cómo, tras desembarcar en suelo italiano, sus soldados gurkas se lanzaban tras las líneas enemigas, mataban soldados italianos y les cortaban las orejas. Según contaba, a los gurkas les pagaban por cada oreja que llevaran al barco, una moneda sin duda espeluznante.

A mi padre, cristiano sureño, lo habían educado para respetar la dignidad de la vida, de toda vida, incluida la de sus «enemigos». Sin embargo, algunas de las cosas que ocurrieron bajo su mando violaron el sentido básico de integridad que formaba parte de su educa-

ción. Pocos días antes de morir, dejó escapar el relato de un infame incidente de fuego amigo ocurrido durante la operación siciliana. Un buque de mando recibió la información de que se hallaba en la zona una aeronave no identificada. Nerviosos y agotados, los hombres de mi padre confundieron los aviones aliados con aviones de guerra de las potencias del Eje. Todos los buques aliados de la zona empezaron a disparar a los aviones aliados, que por lo visto no tenían la contraseña para identificarse como amigos. Mi padre, que no estaba convencido de que los aviones fueran naves enemigas, intentó contener a su tripulación de gatillo fácil, pero fue en vano. Murieron 164 aliados en total y 383 resultaron heridos.

Mientras mi padre hablaba, me di cuenta del inmenso sufrimiento moral que había experimentado durante la guerra y las décadas posteriores. El sufrimiento moral es una combinación emocional que mi amiga y colega la doctora Cynda Rushton,[61] profesora subvencionada de ética clínica y enfermería de la Universidad Johns Hopkins, define como «la aflicción o la angustia experimentada en respuesta a maldades, equivocaciones o fallos morales». Sufrimos moralmente porque tenemos integridad y una conciencia; cuando la integridad o la conciencia son violadas por otros o por nosotros mismos, nos duele.

Lamentablemente, mi padre nunca había abordado ese sufrimiento durante el curso de su vida. Había servido con nobleza, se había esforzado para vivir de acuerdo con sus valores en circunstancias difíciles. Solo cuando se estaba muriendo expresó la angustia y la vergüenza que tenía escondidas en su corazón, un combustible terrible que había alimentado secretamente su depresión y su desesperación cuando era un hombre de mediana edad.

La integridad era un valor que mi padre tenía en alta estima, un valor que incluye la honestidad y el cumplimiento de principios éticos y morales. El Oxford English Dictionary *define integridad como «la cualidad de estar completo y no dividido».[62] Cuando nuestra integridad se ve comprometida, nos sentimos divididos por dentro y separados de nuestros valores, como sin duda se sintió mi padre.*

Si nos podemos mantener firmes en el elevado risco de la integridad, conservando nuestras palabras y nuestras acciones en consonancia con nuestros valores, podemos evitar el daño. Pero cuando no somos capaces de actuar de una forma que sea coherente con nuestros valores más profundos, caemos por el borde hacia el sufrimiento moral. Ahí, los sentimientos de futilidad, de espanto, de ira y de disgusto nos pueden hacer enfermar emocional, física y espiritualmente.

Al escuchar las historias de mi padre en su lecho de muerte, mi hermana y yo pudimos comprender mejor su largo y silencioso tormento. La desinhibición que proporciona el proceso de morir activó niveles más profundos de su psique, y a pesar de que sus revelaciones tenían una carga emocional, él no parecía estar asustado por su muerte inminente. Compartir con nosotras las agresiones que su conciencia experimentó durante la guerra fue parte del proceso de completar su vida. Sentí que estaba intentando enseñarnos algo sobre valores humanos como la valentía, la dignidad y la contención; su contención y la de sus artilleros.

Cuando terminaron estos episodios de relatos, y tras un periodo de espasmos físicos, nuestro padre entró en un lugar de paz. Mi hermana y yo habíamos sido testigos de su sufrimiento y habíamos sostenido su verdad, para que él pudiera liberarse. Al final, quedó libre para morir sin culpa y sin vergüenza, y eso fue un regalo para todos.

12. Desde el borde elevado de la integridad

Yo no soy una filósofa moral. Aun así, investigar la naturaleza de la integridad y de la moralidad ha constituido una parte importante de mi práctica y de mi vida. En mi trabajo de antropóloga, descubrí que existen muchas bases morales, y que las nociones de lo que está bien y lo que está mal varían de una cultura a otra, incluso de una persona a otra. Sin embargo, el budismo me proporcionó una forma nueva de entender la integridad, que la observa a través del prisma del sufrimiento. Cuando causamos sufrimiento a los demás o a nosotros mismos, violamos nuestra integridad. Cuando aliviamos el sufrimiento de otros, afirmamos nuestra integridad.

Tener integridad implica tener un compromiso consciente de honrar la moral sólida y los principios éticos. Las palabras *moralidad* y *ética* tienen varias definiciones. No obstante, a lo largo de esta exploración sobre la integridad, la *moralidad* hará referencia a nuestros valores personales relacionados con la dignidad, el honor, el respeto y el cuidado. La ética se referirá al conjunto codificado de principios beneficiosos y constructivos que guían la sociedad y las instituciones, y de los que somos responsables.

Nuestros valores se reflejan en nuestro carácter y son lo que afirma o destruye nuestra integridad. Sin integridad, nuestra libertad está en peligro. He visto que la integridad puede tener un borde frágil; quizá más frágil que otros estados límite. Con esto quiero decir que muchas veces hace falta una experiencia de distrés moral, un empujón, un resbalón o una caída hacia el abismo del sufrimiento para que se manifieste la integridad. Esa es la razón por la que la mayoría de las historias sobre la integridad que comparto incluyen un componente de sufrimiento. Estos relatos resaltan la *sensibilidad moral* (nuestra capacidad de detectar conflictos y dilemas morales) y el *discernimiento moral* (nuestra capacidad de valorar qué acciones son moralmente justificables). También incluyen grandes dosis de *fibra moral*, término utilizado por la autora Joan Didion para describir a alguien con una virtud inquebrantable incluso cuando se ve al borde del abismo del daño.[63]

Fibra moral y optimismo radical

La vida de Fannie Lou Hamer, líder del Movimiento por los Derechos Civiles, ofrece un ejemplo poderoso y conmovedor de cómo la integridad es un estado límite y del modo en que el valor, la sabiduría y la compasión desempeñan un papel para ayudarnos a prosperar en la cresta de la integridad. Tuve la suerte de conocer a Fannie Lou Hamer durante la iniciativa de censo electoral del Proyecto de Verano para la Libertad de Mississippi en 1964. Ambas formábamos parte del Comité Estudiantil de Coordinación No Violenta (SNCC por sus siglas en inglés). En 1965, el físico David Finkelstein y yo organizamos una cuestación de fondos para el SNCC en la ciudad de Nueva York, y pedimos a Fannie Lou que inaugurara este encuentro.

Esa noche, en Greenwich Village, todos nos acercamos a nuestra distinguida oradora para escuchar su visión de la justicia racial y para oír su voz potente y cantarina. Además nos relató la historia de su vida. Nacida en 1917, hija de aparceros y la menor de veinte hermanos,[64] había trabajado de recolectora de algodón en una plantación desde que tenía seis años. Era una vida dura; para ella y su familia, que con frecuencia pasaban hambre, más que dura.[65] Nos contó que a los trece ya era capaz de cosechar entre 90 y 130 kilos de algodón al día. Se casó, y aunque ella y su marido no tuvieron hijos propios, criaron a dos niños de familias sin recursos. En 1961, cuando tenía cuarenta y cuatro años, se sometió a una intervención quirúrgica para que le extirpasen un tumor. Su médico blanco la esterilizó sin su consentimiento, en el marco del plan brutal de Mississippi para reducir la población de negros pobres del estado.

En 1962, contraviniendo las órdenes de su patrono en la plantación, Fannie Lou se inscribió en el censo electoral, y como consecuencia perdió su trabajo de aparcera. Fue entonces cuando empezó a trabajar con la SNCC en el censo electoral y para la alfabetización. Como bien dijo: «Supongo que si hubiera tenido algo de cordura habría estado asustada, pero ¿qué sentido tenía estar asustada? Lo único que podían hacer era matarme, y creo que eso ya lo habían intentado hacer poco a poco desde que puedo recordar».[66] Encarcelada con falsas acusaciones en 1963, Fannie Lou relataba cómo unos prisioneros, y después los policías,[67] la golpearon con una porra hasta casi matarla. Esas lesiones pudieron haber acabado con su vida, pero parece que solo consiguieron alimentar su determinación y avivar su indignación moral basada en sus principios.

Mientras escuchaba hablar a Fannie Lou, sentía cómo me recorría una corriente de energía. Estaba claro que su poderoso sentido de la integridad, su fibra moral y su fe hicieron algo más que ayudarla a superar los retos que tuvo que enfrentar. Sus acciones estaban en armonía con sus convicciones. Aunque ella no lo explicara así, también estoy segura de que experimentó no poco sufrimiento moral: ¿y quién en su situación no lo habría hecho, al ver cómo eran denigrados, golpeados y asesinados los miembros de su comunidad en el Sur rural?

Aunque Fannie Lou fue víctima de terribles abusos, nunca se rindió. De hecho, utilizó su sufrimiento en beneficio de la humanidad, trabajando valientemente con personas de ambas orillas de la brecha racial, aunque pusiera en peligro su vida. Esa noche en Greenwich Village, recalcó que su forma de mantener vivo su compromiso fue plantearse el Movimiento por los Derechos Civiles como un camino espiritual. Le oí decir alto y claro: «Hazte visible [...]». Esta es la práctica del optimismo radical combinada con la rehumanización y con el ejercicio incansable de la imaginación moral. Fannie Lou Hamer se convirtió para mí en un modelo a seguir y en una de las personas más influyentes en mi vida. Muchas veces pienso en su increíble coraje y en su integridad.

Otro compatriota de Fannie Lou fue el doctor Howard Zinn, activista, historiador y asesor de la SNCC. Sentía un enorme respeto por la autoridad moral de Fannie Lou y por su optimismo y fortaleza, entre tanta incertidumbre y tanta violencia. Estoy segura de que fue su carácter lo que le inspiró a escribir lo siguiente:

> Tener esperanza en tiempos difíciles no es romanticismo absurdo. Se basa en el hecho de que la historia humana no es solamente una historia de crueldad, sino también de compasión, de sacrificio, de valor, de amabilidad.
>
> Lo que elijamos potenciar en esta historia compleja es lo que determinará nuestra vida. Si solo vemos lo peor, nuestra capacidad de hacer algo se destruye. Si recordamos los tiempos y lugares, y hay muchísimos, en que las personas se han comportado con magni-

ficencia, eso nos proporciona la energía para actuar, y como mínimo la posibilidad de dirigir este mundo que gira como una peonza en una dirección diferente.

Y si de verdad actuamos, por nimia que sea la acción, no tenemos por qué esperar un futuro utópico grandioso. El futuro es una sucesión infinita de presentes, y vivir en este momento como creemos que deberían vivir los seres humanos, a pesar de todo lo malo que nos rodea, es en sí mismo una victoria maravillosa.[68]

Sin duda, la vida de Fannie Lou fue una victoria, además de un ejemplo formidable de carácter moral, integridad y optimismo.

Vivir según los votos

Algo fundamental para nuestra integridad es «vivir según nuestros votos», nuestra capacidad de dejarnos guiar por nuestros valores más profundos, de ser conscientes y de conectar con lo que somos realmente. Vivir de acuerdo con los votos también dirige nuestra sensibilidad moral, nuestra capacidad de identificar características relevantes en nuestra interacción con los demás y con las organizaciones donde trabajamos, y tener la visión y el valor de encarar cuestiones relativas al daño.

La integridad se puede vivir de forma grandiosa, como en la vida de Fannie Lou, pero también se ve reflejada en las decisiones que tomamos cada día las personas corrientes. Decirle al cajero que nos ha entregado dinero de más. Defender a la mujer con hiyab a la que están acosando. Pedirle a nuestro tío racista que no airee sus opiniones en presencia de nuestros hijos.

Quizá nos dé miedo pronunciarnos y optemos por ignorar esas situaciones. Quizá neguemos o ignoremos deliberadamente el daño experimentado por otros cuando se dan situaciones transgresoras. Quizá seamos moralmente apáticos o vivamos en una burbuja de privilegio. Pero si no estamos atrapados en ninguna de esas defensas, daremos un paso adelante y afrontaremos el daño con la determinación de acabar con el sufrimiento.

Lo que nos mantiene rectos es nuestra fibra moral, el valor de defender principios de bondad. Lo que mantiene nuestra integridad por buen camino es nuestra sensibilidad moral. Necesitamos tanto una espalda fuerte como un frente suave, ecuanimidad y compasión vividas, para mantenernos alineados con nuestros valores. Y también necesitamos tener un corazón que sea lo suficientemente amplio para aceptar el rechazo, la crítica, el menosprecio, la ira y la culpabilización si nuestros puntos de vista van en contra de lo establecido. Quizá podríamos incluso perder la vida por defender nuestros principios.

Puede que tu tío no vuelva a dirigirte la palabra. Tal vez tu hogar quede marcado por haber defendido a una mujer musulmana. O algo mucho peor... Pero a esto se le llama «vivir según los votos».

Y, sin embargo, muchos de nosotros sentimos aversión hacia los votos. Los sentimos como reglas que nos limitan. Algunos somos de los que infringen las reglas por naturaleza. Otros sienten que los votos son demasiado religiosos, y somos contundentemente secularistas. A otros sencillamente no les importa. No vemos razón alguna para hacer promesas ni honrar compromisos. Y es que vivimos en una época de cambio psicosocial rápido, una época de normalización de la falta de respeto, la mentira, la violencia, e incluso peor. Es importante recordar que nuestros votos nos ayudan a mantener nuestra coherencia con nuestros valores más profundos, y nos recuerdan quiénes somos realmente.

Los votos que asumimos son una gramática de valores reflejada en nuestras actitudes, en nuestros pensamientos y en cómo somos en el mundo. Nuestras promesas y compromisos tratan, fundamentalmente, de cómo somos con los demás y con nosotros mismos, cómo conectamos y servimos, y cómo nos encontramos con el mundo. Si los practicamos, los encarnamos, reflejan nuestra integridad y ayudan a darnos un contrapeso y un significado cuando abordamos las tormentas internas y externas que conlleva el ser humanos.

Los votos se pueden practicar de forma literal, como seguir los diez mandamientos o los preceptos budistas. También pueden estar basados en la compasión, ser más fluidos y más sensibles al contexto. O pueden fundamentarse en una perspectiva de sabiduría de no separación y no dualidad. En resumidas cuentas, nuestros votos son un panorama más amplio de lo que muchos creemos, y sustentan la integridad en nuestras vidas, además de proteger nuestro mundo.

Hay votos que son personales; promesas internas que debemos cumplir para dar a nuestras vidas fortaleza de carácter. Por ejemplo, en mi caso una de las influencias más poderosas ha sido la vida de servicio de mi madre. Desde muy joven, mi voto personal ha sido no abandonar a quienes son vulnerables y trabajar siempre para acabar con el sufrimiento.

Luego están los votos que recibimos en nuestra formación religiosa. «Trata a los demás…», la Regla de Oro, los tres Preceptos Puros del budismo de no hacer daño, de hacer el bien, de hacer el bien por los demás. Estos son los votos que compartimos con los demás y que nos arraigan a lo sagrado de toda vida.

También existen principios prácticos que nos ayudan a vivir en nuestro mundo. Son costumbres y normas que nutren el civismo y la cooperación social. Tratar con respeto al prójimo. Hablar con amabilidad a los demás y de los demás. Ser agradecidos por el regalo de nuestra vida.

Los votos especiales son los que pueden transformar nuestro egoísmo. Estos votos requieren que seamos estrictos con nosotros mismos, porque se centran en el ego y están relacionados con nuestras emociones destructivas. Los votos de apaciguamiento del ego nos enseñan que ser egoísta simplemente no es práctico. ¡Sin más! La mayoría estaríamos de acuerdo en que ser avaricioso, odiar o engañar no ayuda a nadie. Y aun así, inevitablemente, pasamos por momentos de rebeldía. Los votos de apaciguamiento del ego nos ayudan a disolver nuestro egocentrismo, como se disuelve la sal en el vasto océano.

En Upaya, durante nuestros periodos de práctica intensiva, cada mañana recitamos el Verso de Expiación, un voto de refrenamiento del ego que nos invita a no separarnos del daño que causamos al prójimo y a nosotros mismos. El verso nos recuerda el acto de redimirnos. Y dice así: «Todo mi antiguo karma retorcido, desde el odio, la avaricia y el engaño sin principio, nacido del cuerpo, del habla y de la mente, queda totalmente redimido en este momento». En inglés la palabra *atone* (en español, *expiar*, *reparar*) es muy adecuada, pues por su origen (*at-onement*) hace referencia a no separarnos de la verdad de la totalidad de nuestras vidas, y reparar, unir las piezas fracturadas en un acto de reconciliación valiente y honesta.

Los votos más poderosos son los que nos orientan hacia la vivencia de una identidad más amplia, a ser buda. Estos votos nos ayudan a reconocer la impermanencia, la generosidad y la compasión. Para un budista, esto supone tomar refugio en el Buda, que ejemplifica la sabiduría y la compasión. Tomar refugio quiere decir que practicamos el «ser buda». También tomamos refugio en el *Dharma*, las enseñanzas y los valores que nos guían hacia el no dañar, servir desinteresadamente y despertar. Esto significa que encarnamos las enseñanzas en la medida de nuestras posibilidades. Y, finalmente, tomamos refugio en el *Sangha*, nuestros compañeros en el despertar, incluidos los que nos crean problemas, como nuestro político local, nuestro suegro, nuestro jefe desconsiderado. Esto implica que somos capaces de ver que no estamos separados de ningún ser ni de ninguna cosa, y que vivimos en consecuencia.

De igual forma, para un cristiano podría suponer tomar refugio en el Señor Jesucristo y practicar las bienaventuranzas como una experiencia vivida de amor y de humildad. Para un nativo indígena, podría implicar tomar refugio en la gran tierra y en el vasto cielo, y respetar y cuidar a todos los seres vivientes. Creo que, sea cual sea el origen de nuestros votos, estos son prácticas esenciales que respaldan la integridad y el desarrollo del temperamento moral. Por eso muchas veces les digo a mis estudiantes: «¿Por qué no ser un buda ahora?».

¿Y eso cómo se hace? Una forma es afrontar precisamente los puntos donde percibimos más resistencia. Podemos ir al lugar que más miedo nos da y poner a prueba la fortaleza de nuestra relación con nuestros votos y nuestros valores. Fannie Lou Hamer, Malala Yousafzai y Jane Goodall se han erguido sobre el elevado borde de la integridad y han plantado cara a la dura realidad del sufrimiento sistémico causado por el racismo, el sexismo, la destrucción medioambiental y las desastrosas desigualdades económicas de nuestro mundo. En medio de una incertidumbre radical, esas mujeres vivieron sus votos para terminar con el sufrimiento: ¡voto continuo, práctica continua! Su carácter moral y su sensibilidad moral les han dado la espalda fuerte y el frente suave necesarios para afrontar el sufrimiento con lo que en Zen llamamos «una respuesta apropiada», que significa coraje e integridad modulados por la sabiduría. Eso es, en mi opinión, vivir según los votos.

13. Caer por el borde de la integridad: sufrimiento moral

El sufrimiento moral es el daño que experimentamos en relación con actos que transgreden nuestros principios de bondad humana básica. Se manifiesta al menos de cuatro formas principales. El *distrés moral* surge cuando somos conscientes de un problema moral e identificamos un remedio, pero somos incapaces de ponerlo en práctica debido a restricciones internas o externas. El *daño moral* es una herida psicológica que aflora cuando somos testigos o participamos en actos moralmente transgresores; es una mezcla tóxica y enquistada de temor, culpa y vergüenza.

En contraste, la *indignación moral* es una expresión externalizada de ira hacia otros que han violado las normas sociales. Como reacción que involucra ira y disgusto a la vez, la indignación moral ante acciones no éticas nos puede impulsar a tomar medidas y a exigir justicia y responsabilidad. La *apatía moral* se da cuando simplemente no queremos saber o cuando negamos la existencia de situaciones que causan daño.

Los cuatro tipos de sufrimiento moral están presentes en la historia de Hugh Thompson Jr., piloto de helicóptero y soldado de Georgia, como mi padre. El 16 de marzo de 1968 en Vietnam del Sur, Thompson sobrevoló una horrenda escena en la que soldados norteamericanos violaban, mutilaban y asesinaban sin motivo a hombres, mujeres, niños y bebés vietnamitas en la que llegó a ser conocida como la Masacre de My Lai. En una increíble muestra de integridad y de valor, Thompson y los dos miembros de su tripulación intervinieron parando a los perpetradores norteamericanos y amenazándolos con disparar sus armas contra ellos si no se detenían. Después, Thompson escoltó personalmente a unos cuantos civiles a un lugar seguro. Con toda probabilidad su indignación moral al presenciar esa violencia descontrolada infligida a aldeanos inocentes le dio la fortaleza para salvar las vidas de algunos de esos hombres, mujeres y niños y responsabilizar a los agresores.

El general al mando de las fuerzas norteamericanas en Vietnam era William C. Westmoreland. Él mismo felicitó a los atacantes norteamericanos por su «acción excepcional», en la que según sus palabras, «le habían asestado un buen golpe al enemigo».[69] Pero años más tarde, en su autobiografía, Westmoreland describió ese incidente como «la masacre deliberada de bebés, niños, mujeres y ancianos indefensos en una pesadilla a cámara lenta que duró casi todo el día, con una pausa a sangre fría para almorzar».[70]

Poco después del incidente, Thompson recibió la Cruz del Mérito Aeronáutico, pero la rechazó. La distinción militar elogiaba su heroísmo «frente al fuego enemigo», omitiendo el hecho de que el fuego hostil procedía del lado norteamericano. Thompson estaba convencido de que sus jefes al mando pretendían comprar su silencio; es decir, una violación ética más. En 1969 testificó en contra de los oficiales que habían ordenado la masacre, todos los cuales fueron absueltos o exculpados posteriormente.[71]

Durante años, Thompson fue vilipendiado por muchos dentro del Ejército norteamericano, del gobierno y de la sociedad civil por su papel durante las investigaciones y los juicios de My Lai. A pesar de que había actuado de forma heroica, su sufrimiento relacionado con la masacre y su posterior encubrimiento nunca lo abandonó.

Profundamente herido por el daño moral, Thompson sufrió trastorno por estrés postraumático, un divorcio, graves pesadillas y alcoholismo. Cuando murió solo, tenía sesenta y dos años.

Thompson vivió distrés moral cuando se dio cuenta de que tenía que desafiar las órdenes de sus superiores si quería preservar su integridad y salvar las vidas de civiles. Su indignación moral le incitó a hacer lo correcto, aunque sufrió un daño moral que lo persiguió durante la mayor parte de su vida y probablemente alimentó su alcoholismo (una enfermedad que implica negación y desensibilización y, por lo tanto, cierto grado de apatía moral).

Sin embargo, hacia el final de su vida, Thompson finalmente fue reconocido como héroe. Él y su tripulación recibieron la Medalla del Soldado por su valentía al hacer lo que pocos hubieran hecho en esas circunstancias.

Conocí la historia de Hugh Thompson gracias a uno de mis estudiantes que había servido en las Fuerzas de Operaciones Especiales de la Marina y había asistido a una charla impartida por Thompson sobre la ética en el Ejército. Thompson relató al público que volvió a My Lai días después de recibir la Medalla al Soldado, treinta años después de la matanza. En My Lai, conoció a una mujer vietnamita que había sobrevivido a la masacre. Ella le dijo que había rezado para que los soldados que los habían atacado regresaran con Thompson, para que pudieran ser perdonados. Indudablemente, esta mujer también sufrió daños morales cuando vio cómo violaban, torturaban y asesinaban a los habitantes de su aldea, pero fue capaz de transformar esas heridas en perdón.

Sería útil saber cómo han vivido con sus acciones los perpetradores de la masacre. A menos que sean moralmente apáticos, también deben haber sufrido. En 2010, un jefe de escuadrón que formó

parte de la debacle dijo que hizo lo que hizo por miedo a ser ejecutado. «Si al entrar en una situación de combate hubiera dicho "No, yo
no voy. No voy a hacer eso. No voy a seguir esa orden", me habrían
puesto contra la pared y me habrían fusilado».[72]

Los miedos del jefe de escuadrón pueden estar justificados, y
cualquier persona atrapada en ese tipo de disyuntiva de matar o morir merece nuestra compasión. Aun así, fue Hugh Thompson quien
se mantuvo firme en el terreno elevado de la integridad; su daño
moral y su indignación le dieron el valor y la energía necesarios para
actuar cuando hizo frente a aquellos actos intolerables.

Distrés moral

A lo largo de mis décadas de trabajo en los cuidados al final de la
vida, muchos médicos me han confesado los dilemas morales que
afrontan cuando la carga de prolongar la vida de un paciente empieza a superar los beneficios. A algunos se les ha exigido que aplicaran
la técnica de reanimación cardiopulmonar, un procedimiento doloroso y con frecuencia inútil, a un paciente al que solo le quedaban
pocos días de vida. Un profesional me contó la historia de un paciente a quien denegaron el suministro de sangre, aunque la nece-
sitara, porque no había reservas suficientes en su hospital. Muchos
me han contado cómo han debatido con sus equipos cuál sería la
intervención útil, y luego no han podido seguir el mejor camino por
cuestiones de política del hospital o por las expectativas de su paciente. Algunos han caído en la apatía moral porque se han quemado
profesionalmente y han perdido su capacidad de cuidar.

Mi experiencia a lo largo de décadas se ha centrado en trabajar con médicos clínicos, algunos de los cuales experimentan distrés moral a diario. Hace unos años, a un colega y a mí nos pidieron que asesoráramos a un equipo de enfermeros y enfermeras que trabajaban en una unidad de cuidados intensivos (UCI) de cardiología. El equipo estaba desmoralizado y a punto de derrumbarse. Durante nueve meses habían atendido a un paciente de trasplante de corazón. El corazón del donante resultó ser defectuoso, y la salud del paciente, Roy, se estaba deteriorando mucho.

Comprensiblemente, Roy y su mujer estaban desesperados y dispuestos a hacer cualquier cosa que prolongara su vida. Su cardiólogo les había pintado un panorama optimista, sugiriéndoles que a Roy le iría bien con las intervenciones que le estaba recomendando.

Pero eso no fue lo que ocurrió. A lo largo de los meses, Roy soportó dolorosas amputaciones a causa de la gangrena; escaras; limpiezas y cambios de vendajes constantes en sus heridas abiertas; neumonía recurrente; infecciones resistentes a los medicamentos y dependencia de respiración artificial. El dolor de Roy se volvió incontrolable y se hundió en una muda desesperación.

El equipo de enfermería nos comentó que su angustia había ido en aumento al tratar de atender las heridas físicas y mentales de Roy. Algunos dijeron que no podían soportar entrar en su habitación, porque sentían que sus cuidados le estaban infligiendo incluso más dolor. Una enfermera confesó que tratar la gangrena de Roy y su olor pútrido le hizo vomitar al salir de la habitación. Otros seguían cumpliendo con sus obligaciones, pero se sentían alarmados ante la angustia de su paciente. Algunos compartieron que se sentían insensibles y que realizaban sus tareas casi como en estado de trance. Y en cuanto a Roy, se sumió en un oscuro silencio. Al cabo de nueve meses de agonía para Roy y de un creciente distrés moral para las enfermeras, falleció sin haber salido de la UCI cardiológica. Al escuchar al equipo de enfermería, recordé que Hipócrates recomendaba tres objetivos en la práctica de la medicina: «curar, aliviar el sufrimiento y negarse a tratar a quienes han sido vencidos por las enfermedades». Estas enfermeras experimentadas sentían que Roy ya estaba totalmente derrotado por su enfermedad y que el cuidado que se les exigía que proporcionaran era inútil y doloroso para su paciente. Para empeorar las cosas, el cirujano hacía caso omiso de sus preocupaciones, y se sentían dominadas por él y por la política del hospital.

Algunos se sentían culpables y avergonzados por querer evitar a su paciente. Otras se habían cerrado completamente y sentían apatía moral. Y otros estaban indignados moralmente, y culpaban al cirujano por lo que sentían que había sido un comportamiento rayano en lo amoral. Todos ellos sufrían distrés moral.

Durante nuestra reunión, las enfermeras preguntaron qué otra cosa podrían haber hecho en un sistema sanitario que se dedica a prolongar la vida *a toda costa*. También querían consejo sobre cómo, en esas condiciones, podían haber salido de la reactividad emocional o del deseo de abandonar al paciente, o haber evitado caer en la apatía moral o la indignación. Sentían que su integridad se había visto fuertemente comprometida en el transcurso de la atención a ese paciente y que habían violado sus propios valores y sus principios de cuidado compasivo. Es más, habían perdido su carácter moral y nos preguntaban cómo podían recuperar su integridad y el respeto hacia sí mismos.

Nosotros escuchamos. Les apoyamos para que se escucharan unos a otros. Compartimos con ellos cómo recontextualizar su experiencia. Exploramos escenarios alternativos. Y les sugerimos que se plantearan el perdón: perdón hacia uno mismo, perdón a los demás y perdón al cirujano y la institución.

La historia no terminó con nuestro asesoramiento. Mi colega continuó el trabajo con este equipo a lo largo de dos años, ayudándoles a cultivar la resiliencia moral. El equipo estudió prácticas de meditación para fomentar la flexibilidad moral, el enraizamiento y la claridad en situaciones de alta intensidad. Exploraron sus valores personales y los principios que presidían su institución. Vieron que sus propios principios no siempre coincidían con las expectativas institucionales. También exploraron el concepto de *secuela moral*, el doloroso residuo emocional que perdura después de realizar acciones que violan el sentido personal de integridad. Empezaron a comprender que es de esperar una secuela moral en el periodo ulterior a la mayoría de los dilemas éticos y que era importante aceptarlo para generar resiliencia.

Pero para el personal de ese equipo este proceso no fue solo una cuestión de sanación. Aprender a ser moralmente resilientes les llevó a recuperar su poder. El equipo tomó la iniciativa de cambiar la política para que los pacientes de cardiología que empeoraban sin remedio pudieran recibir cuidados paliativos adecuados. Mientras escribo estas líneas, la mayor parte del equipo sigue trabajando en esa misma UCI cardiológica.

El dolor del daño moral

Mientras el distrés moral puede ser pasajero, el daño moral puede tardar mucho tiempo en sanar, si es que llega a hacerlo. El daño moral es una compleja herida psicológica, espiritual y social provocada por una violación de nuestra integridad cuando somos testigos o participamos en actos intolerables. Suele darse con mucha frecuencia entre los miembros del ejército, por razones obvias. Igual que el líder del batallón de My Lai, muchos soldados se sienten impotentes para hacer valer sus valores y creencias personales cuando se oponen a los imperativos institucionales. En situaciones así, el edificio de nuestra integridad se puede derrumbar, y puede que cumplamos órdenes que consideramos incorrectas o que dejemos de intervenir en una situación de daño grave, incluso aunque nuestra conciencia nos llame a hacer lo contrario.

El término de *daño moral* no se refiere solamente a la herida sufrida, sino también al daño psicológico que causa. Los que lo sufren se ven acosados por sentimientos de disonancia que pueden durar toda una vida, como pueden ser la depresión, la vergüenza, la culpa, el retraimiento y el odio hacia uno mismo. También pueden sentir la ira y el disgusto que provocan la indignación moral y los comportamientos adictivos asociados a la apatía moral. El daño moral, mucho más grave que la secuela moral, puede abocar a una persona a acabar viviendo en la calle o al desamparo y al suicidio.

La alienación es otro aspecto distintivo del daño moral. Cuando regresan a la vida civil, quienes vuelven de misiones militares se pueden sentir desconectados de sus iguales, sus amigos y su familia. Como la mayor parte de la población civil no tiene idea de lo que es servir en el ejército, a los veteranos no les resulta nada fácil explicar sus experiencias y suelen temer que les critiquen por lo que se vieron obligados a hacer. También tienen miedo de que se les aclame como héroes si algunas de sus acciones fueron moralmente ambiguas o transgresoras.

Por supuesto, los militares no son los únicos que experimentan el daño moral. También sufre esa herida el político que miente para ganar votos y se da cuenta de que está poniendo en juego su integridad; la empleada de una compañía petrolífera y de gas que se siente culpable por la destrucción medioambiental de la que está siendo cómplice; el educador que presiona a sus estudiantes para que aprueben a toda costa y se siente culpable por el daño que les está infligiendo, e incluso quienes intentan impedir un daño, por el mero hecho de presenciarlo. Creo que necesitamos reconocer hasta qué punto está presente en nuestra sociedad el daño moral si queremos afrontarlo mejor.

Experimenté daño moral la noche del 6 de noviembre de 2001, cuando Terry Clark fue ejecutado con una inyección letal en la Penitenciaría de Nuevo México. La pena capital –matar como castigo por haber matado– es una práctica que causa daño moral a muchos de los involucrados, incluso a quienes intentan impedirla. Yo tuve una perspectiva perturbadora de esta práctica, que aún sigue vigente en treinta y uno de nuestros estados. Me dejó una marca de por vida.

Terry Clark había sido condenado a principios de 1986 por secuestrar y violar a una niña de seis años. Ese verano, cuando estaba en libertad bajo fianza, violó y asesinó a una niña de nueve años, y días más tarde confesó su crimen. Aunque Nuevo México no había ejecutado a un prisionero desde 1960, un jurado condenó a muerte a Clark.

En prisión, Clark encadenó los recursos de apelación hasta 1999, año en que paralizó los procedimientos pendientes y empezó a desear morir. Yo formaba parte de un equipo que intentaba convencerlo de que revocara su decisión y reanudara los procedimientos de apelación para no ser ejecutado. Obviamente, no tuvimos éxito.

Clark parecía un hombre atormentado. Una compañera y yo nos

sentábamos en el suelo de cemento fuera de su celda y hablábamos con él a través del ventanuco utilizado para introducir la comida a través de la imponente puerta de metal que nos separaba de él. Hablaba casi en un suspiro, y su celda siempre estaba cargada de humo gris de tabaco.

En la tarde de su ejecución, una cincuentena de estudiantes y amigos míos nos concentramos en el exterior de la penitenciaría, situada junto a una carretera rural cerca de Santa Fe. En señal de protesta, nos sentamos en silencio en la tierra desnuda en esa noche oscura y fría. No estábamos solos. A nuestro lado, la familia y los vecinos de la niña asesinada gritaban: «¡Mátenle! ¡Mátenle!». Pasado un rato, quizá influidos por nuestro silencio, se fueron calmando y empezaron a cantar «Jesús me ama, bien lo sé». Todos esperamos.

A las 19:30 horas, un funcionario del correccional salió para informarnos de que Terry Clark había sido ejecutado. Nuestro grupo cayó en un silencio todavía más profundo. Me sentí enferma. Más enferma aún cuando oí los vítores de aquellos que habían apoyado su ejecución. Yo sabía que Clark había cometido esos terribles crímenes. Pese a ello, no podía ni acercarme a la idea de utilizar el asesinato como castigo para el asesinato. El Buda enseñó la no violencia. Trabajaba para reformar a los asesinos en lugar de castigarlos. De acuerdo con sus enseñanzas, la mayoría de los budistas considera que la pena capital no es ética; matar por haber matado no absuelve a nadie. La mayoría de nosotros también nos oponemos al concepto de «homicidio justificado» porque se utiliza para normalizar el homicidio no justificable (es decir, el asesinato).

Como llevaba más de cuarenta años sin ejecutar a un prisionero, el Departamento Penitenciario de Nuevo México no estaba preparado para llevar a cabo la ejecución. Tuvieron que pedir ayuda a un equipo de Texas. Muchos de los empleados de la penitenciaria compartieron conmigo en privado sus dilemas morales por el hecho de que esta ejecución se llevara a cabo durante su turno.

El día en que ejecutaron a Clark, me dijeron que estaba tan asustado que pidió que le sedaran. Durante el proceso de ejecución, una de las psicólogas del ala de los condenados a muerte lloraba mientras Clark, aterrorizado, la miraba a los ojos. Mis colaboradores que estaban en el ala de los condenados a muerte con Terry Clark cambiaron para siempre, y terminaron abandonando el servicio penitenciario.

No escuchamos estos testimonios con la frecuencia suficiente, pero muchos de los miembros de los equipos que llevan a cabo las ejecuciones sufren angustia permanente. «Cuando activamos el interruptor por primera vez y me di cuenta de que acababa de matar a un hombre, fue bastante traumático», relataba el doctor Allen Ault a *The Guardian*.[73] A mediados de los noventa, en calidad de comisionado del Departamento de Correccionales de Georgia, Ault ordenó cinco ejecuciones en la silla eléctrica. «Y después de tener que hacerlo otra vez, y otra, y otra más, llegó un punto en que no podía con ello», dijo.

Esos asesinatos premeditados degradaron a Allen Ault a un nivel «más bajo que la persona más despreciable». Tras la quinta ejecución, su angustia era tan fuerte que renunció a su puesto. A día de hoy, todavía le persiguen aquellos hombres cuyas vidas truncó. «No recuerdo sus nombres, pero los sigo viendo en mis pesadillas», expresó.[74]

Varios miembros de su equipo buscaron ayuda terapéutica para gestionar el trauma. Ault comentó que conocía personalmente a tres personas que habían participado en ejecuciones y que terminaron suicidándose. No fueron capaces de integrar la secuela moral, y el resultado acabó siendo el daño moral y después la muerte.

Cuando el daño moral nos mantiene insomnes y puebla nuestras pesadillas con demonios, sufrimos. Ault dimitió; otros se han quitado la vida. Igual que el dolor físico nos dice que algo va mal en nuestro cuerpo, el sufrimiento moral nos dice que nuestra integridad está siendo violada, y esta información nos puede ayudar a volver a orientar nuestras acciones en concordancia con nuestros valores. Como Ault, como mis colaboradores que abandonaron el servicio penitenciario, podemos alejarnos de la situación y al mismo tiempo trabajar para cambiar la violencia institucional del sistema.

La indignación moral y la adherencia de la ira y la repulsión

Y luego está la indignación moral. Una tarde de verano, en los años sesenta, al salir del edificio donde vivía en la ciudad de Nueva York me topé con una desagradable escena de un hombre que gritaba a una mujer. De repente, el hombre arrancó una antena de radio de un coche que tenía cerca y se puso a golpear con ella a la mujer. Sin pensarlo, me interpuse entre los dos y pedí a gritos al hombre que parara. Moralmente indignada, no pensé en mi propia seguridad. La escena de un hombre abusando de una mujer me encendió, y reaccioné en consecuencia.

La *indignación moral* se ha definido como una respuesta de ira y de disgusto ante una violación moral percibida. En esa escena en la calle no solo estaba presenciando violencia física, sino también violencia de género. Cincuenta años después, la sensación que me produjo enfrentarme a esa violencia sigue presente en mi cuerpo. Fue la conmoción de ira y repulsión, y nada habría podido impedir que me interpusiera entre los dos.

Me quedé ahí parada, con el corazón latiendo a toda velocidad; la mujer me dio las gracias apresuradamente y escapó del lugar. El hombre tiró la antena a la calle, me gruñó y se fue. Viéndolo en retrospectiva, estoy bastante segura de que cuando intenté detener la violencia no actué desde una motivación egoica; no buscaba obtener la aprobación de los demás ni potenciar mi autoestima. No tuve tiempo para un pensamiento de egocentrismo; simplemente no pude dejar pasar esta escena terrible sin intervenir. Lo que motivó mi acción fue una oleada rápida y profunda de indignación moral combinada con compasión.

A lo largo de los años, he presenciado la indignación moral y su manifestación de formas sanas y malsanas en el mundo de la política, el activismo, el periodismo y la medicina, y por supuesto en mi propia experiencia. En un intento de investigar más a fondo, he visto que la indignación moral, igual que el altruismo patológico, a veces puede reflejar una necesidad no reconocida de ser percibido como una «buena» persona, y podemos creer que nuestra actitud moral superior nos hace parecer más dignos de confianza y honorables a los ojos de los demás. Nuestra justa indignación nos puede proporcionar mucha satisfacción egoica y aliviarnos de nuestra propia culpabilidad: «Tenemos razón, los demás están equivocados; somos moralmente superiores, los demás son moralmente corruptos».

La escritora y crítica social Rebecca Solnit desenmascara aún más la dimensión autocentrista de la indignación moral en su ensayo publicado en *The Guardian* «We Could Be Heroes: An Election-Year Letter». Señala que algunos militantes de extrema izquierda tienen tendencia a incurrir en la «amargura recreativa», pues convierten la indignación moral en un deporte competitivo haciendo de lo mejor el enemigo de lo bueno, encontrando fallos en los avances, en las mejoras e incluso en las victorias indiscutibles. Solnit afirma que esta actitud no ayuda a que progrese ninguna causa y que, de hecho, socava la generación de alianzas.[75] A fin de cuentas, me pregunto en qué medida la amargura recreativa desempeñó un papel en el resultado de las elecciones de 2016, al ahondar la división entre los liberales y la extrema izquierda.

La amargura recreativa y otros modos de indignación moral pueden ser contagiosos, adictivos y generar efectos de desconexión, además de ponernos enfermos. Los excesos de este tipo terminarán con nosotros, y eso es lo que quieren nuestros adversarios. Cuando estamos enfadados y emocionalmente sobrepasados, empezamos a perder el equilibrio y la capacidad de ver las cosas claramente, y somos más propensos a despeñarnos por el borde hacia el sufrimiento moral.

Sin embargo, muchos sentimos que violamos nuestra propia integridad si no responsabilizamos a los demás del daño que causan. Ante las violaciones morales, no podemos ser espectadores ni protegernos negando la situación. Si queremos preservar la integridad, debemos enfrentarnos al poder con la verdad. Eso es lo que yo denomino *ira moral fundamentada*.

La ira moral fundamentada en los principios incluye elementos de los demás estados límite: altruismo, empatía, integridad y respeto. En 1981, el neurocientífico Francisco Varela y yo, junto con Harry Woolf, director del Institute for Advanced Study en Princeton, visitamos un laboratorio de primates. El laboratorio del sótano albergaba docenas de pequeñas jaulas con monos Rhesus en su interior. Harry y yo nos acercamos a una jaula. La parte superior del cráneo del mono estaba aserrada y su cerebro aparecía al descubierto. Los electrodos estaban en contacto con el cerebro de este pequeño mono. El pobre animal estaba esposado e inmovilizado, pero sus ojos lo decían todo: estaban anegados de dolor y de terror. Harry se desmoronó a mi lado y se arrodilló en el suelo delante del mono. Parecía estar pidiéndole perdón. Estremecida, me quedé de pie y sostuve mi mirada en los ojos del mono. Inspiré su dolor y envié compasión a ese pequeño ser.

Más tarde, le dije a Francisco que me parecía absolutamente inmoral realizar este tipo de experimento. Durante las investigaciones de neurociencia, con frecuencia los animales acababan siendo sacrificados. Al ver a ese mono, experimenté mucho más que una ligera indignación moral. Algo se rompió en mi interior. Decidí utilizar mi ira y mi repulsión como una forma de profundizar aún más en mi compromiso de terminar con el sufrimiento. Tomé la determinación de no permitirme olvidar jamás los experimentos con animales. Y en cuanto a Francisco, poco tiempo después abandonó la investigación con animales. No sé qué hizo Harry; tras aquello le perdí de vista. Pero nunca perdí de vista a aquel mono. Casi cuarenta años después, sigue viviendo en mi interior.

Experimenté una profunda compasión por él, y la maraña de emociones que sentí en ese laboratorio también incluía una aversión desgarradora, una repulsa hacia la crueldad de la que son capaces los humanos hacia sus prójimos seres sintientes. Una cualidad importante de la indignación moral es que incluye sentimientos de repulsa como respuesta a una violación ética percibida. Los psicólogos sociales han estudiado el efecto de la repulsa en el discernimiento moral. En un estudio, cuando los jurados de juicios simulados fueron expuestos a un olor repulsivo, dictaron veredictos más duros para el acusado. La repulsa parecía amplificar su experiencia de indignación moral, dando lugar a sentencias más duras.[76] Otro estudio descubrió que las personas más propensas a sentimientos más intensos de repulsa suelen encontrar más atractivas a las personas de su entorno y tienen actitudes más negativas hacia las personas que no forman parte de sus grupos.[77] Quizá esta sea una de las razones por las que la indignación moral puede generar tanta polaridad: porque amplía la brecha entre el yo y el otro.

Interiormente, podemos tener respuestas contradictorias a nuestra propia indignación moral. Mientras que la ira puede activar la agresión, la repulsa puede producir retraimiento, que a su vez puede llevarnos a escondernos en nuestro grupo de iguales y a cosificar y evitar a quienes son diferentes. Martha Nussbaum, experta en ética y jurista, utiliza la frase «la política de la repugnancia» para criticar las leyes sustentadas en la repulsa que discriminan al colectivo LGTB, como por ejemplo las prohibiciones de los matrimonios entre el mismo sexo y las leyes anti-transgénero de «uso de los aseos». Ella señala que ese tipo de políticas fomentan la intolerancia, el fanatismo y la opresión.

Como escribe la doctora Cynda Rushton, experta en ética, «La indignación moral se puede convertir en el pegamento que mantiene unido a un grupo por un sentido de solidaridad contra quienes amenazan sus identidades personales o profesionales, sus valores sus creencias o su integridad. El sentimiento de ira moral puede ser contagioso y, si es irreflexivo, puede exacerbar las diferencias y alimentar la separación, en lugar de la conexión y la cooperación».[78]

En mi trabajo a lo largo de los años con diversas organizaciones para el desarrollo, he aprendido que nuestros afectos y nuestros miedos nos pueden predisponer fácilmente a responder de formas determinadas a los dramas morales. Cuando sentí que tenía que revelar mis preocupaciones sobre la mala gestión de una organización en la que estaba involucrada, me resistí. Su director ejecutivo y yo éramos amigos desde hacía muchos años, y me importaba mucho. Le había expresado mis preocupaciones directamente a él, pero el patrón de abuso persistía. Al final, me sentí moralmente obligada a informar directamente al comité de dirección sobre mis inquietudes relativas a la mala gestión por parte del director de asuntos relacionados con el personal, los proyectos y los fondos. Sabía que mi cariño hacia el director había retrasado mi toma de postura, pero finalmente no tuve elección. La situación me disgustaba y estaba decepcionada conmigo misma por no hacerlo público.

El pensamiento racional sin duda desempeña un papel importante, aunque normalmente secundario. Según el profesor de Psicología de Harvard Joshua Greene,[79] «Lo que hace que el pensamiento moral sea pensamiento moral es la función que desempeña en la sociedad, y no los procesos mecánicos que se desarrollan en el cerebro». Lo que finalmente me empujó a desvelar mis preocupaciones a la junta fue mi conciencia, no mi mente conceptual.

Un orientador escribió sobre sus problemas en su centro de trabajo, una prisión de jóvenes adultos. «Descubrí que en realidad me avergonzaba decir que me dolía ver lo que el sistema consideraba "cuidar", cómo el propio sistema estaba diseñado para ser violento, para provocar la violencia. Estaba disgustado, indignado y profundamente avergonzado por tener que presenciar tanto sufrimiento en los jóvenes.» Este orientador estaba sufriendo angustia empática, indignación moral y culpa.

En cierto modo, la indignación moral es una respuesta justificada ante una acción moralmente agresiva, como la tortura de monos en un laboratorio o de un joven en una cárcel. Pero incluso cuestiones morales menos graves, como la mala gestión de una institución, nos pueden generar ira, repulsa e indignación moral fundamentada. Cuando la indignación moral es puntual y está regulada, puede constituir un acicate útil para la acción ética. Hay muchos motivos para indignarse en el mundo, y nuestra ira nos puede dar la energía que necesitamos para enfrentar la injusticia. Las emociones fuertes nos pueden ayudar a reconocer una situación inmoral y motivarnos a intervenir, a tomar una postura, incluso a arriesgar nuestras vidas en beneficio de los demás.

Sin embargo, cuando la indignación moral es interesada, crónica o no está regulada, cuando se convierte en las lentes a través de las cuales vemos el mundo, puede ser adictiva y divisora. Además, avergonzar, culpar y creernos superiores moralmente nos coloca en una situación superior de poder, que a corto plazo puede ser satisfactoria, pero que a largo plazo nos aísla de los demás. Y la excesiva excitación constante puede tener efectos graves en el cuerpo, en la mente y en el espíritu; desde úlceras hasta depresión, y todo lo que cabe entre medias. También puede tener graves efectos sobre cómo nos perciben los demás. He aprendido que la indignación moral puede tener consecuencias beneficiosas o perjudiciales, no solo para nosotros mismos, sino también para nuestras relaciones e incluso para nuestra sociedad. Nuestro discernimiento, la claridad de nuestras intenciones y nuestra capacidad de regular nuestras emociones son lo que marcan la diferencia respecto a la posible utilidad o no de la indignación moral.

La apatía moral y la muerte del corazón

Vivimos en un mundo con extremos de violencia directa y opresión sistémica que multiplica las ocasiones de sufrimiento moral. ¿Cómo respondemos a la corrupción empresarial y política, al abuso de mujeres y niños, a la crisis de los refugiados, al racismo, la injusticia económica, la explotación del medioambiente, el drama de las personas que viven en la calle? Y la lista sigue. El trabajo con las violaciones morales requiere reconocer y transformar los valores psicosociales y los comportamientos que llevan a que evitar el sufrimiento sea la norma.

Creo que es esencial no dejarnos atrapar por la necesidad de ser percibidos como personas «decentes» *per se*. Si queremos ser coherentes con nuestros valores más profundos, en la mayoría de los casos tendremos que arriesgarnos al rechazo o a algo peor. La autora Sarah Schulman señala que, en lugar de oponernos a las transgresiones morales de nuestra sociedad, muchos de nosotros hemos optado por el «aburguesamiento mental», pues permitimos que el privilegio colonice nuestro sentido común y nuestra decencia. No nos gusta sentirnos incómodos ni hacer que otros se sientan incómodos; somos reacios al conflicto, así que evitamos la realidad del sufrimiento… y así los sistemas de violencia se hacen más fuertes. En nuestro mundo actual, muchos han optado por el aburguesamiento mental en vez de lidiar con las transgresiones morales. «La revelación de la verdad es tremendamente peligrosa para la supremacía –escribe Schulman–. Tenemos una sociedad en la que la felicidad de los privilegiados se sustenta en no iniciar nunca el proceso de asumir responsabilidades.»[80]

La cuarta forma de sufrimiento moral es la *apatía moral*, cuando nuestra negación, nuestra falta de interés o nuestra ignorancia deliberada nos permiten desentendernos o aislarnos del sufrimiento de otros. «Me aterroriza la apatía moral –escribió James Baldwin en *Remember This House–*, la muerte del corazón que se está produciendo en mi país. Esta gente lleva tanto tiempo engañándose a sí misma que ni siquiera creen que yo sea un ser humano.»[81]

Yo crecí en un lugar al que se referían como White Town, Pueblo Blanco, un municipio «exclusivo» donde no se permitía residir ni a judíos ni a afroamericanos. Nuestra familia y nuestra comunidad vivían en una burbuja. La contraparte de Pueblo Blanco era Colored Town, Pueblo de Color, literalmente al otro lado de las líneas de ferrocarril.

Cada día laborable, mi padre se montaba en su Ford Thunderbird o en su Lincoln Continental y cruzaba la pista para llegar a la no demasiado grandiosa Gran Avenida de Colored Town para recoger a Lila Robinson. Mi familia la contrató en 1946, cuando enfermé gravemente a los cuatro años. Era de origen bahameño, pero sus raíces más profundas eran africanas. Trabajó para nosotros como empleada de hogar y cocinera, y a lo largo de los años se fue convirtiendo en una fuerza de influencia amorosa y fortaleza para nuestra familia.

Cuando Lila llegó a nuestras vidas, yo no tenía ni idea de que en Coral Gables (el nombre real de Pueblo Blanco) vivíamos en una comunidad de exclusión. Igual que los peces que no son conscientes de que están nadando en el agua, nuestra familia nadaba en las aguas del racismo, el clasismo y la creencia de que nuestra religión era «la» religión. Ignorábamos o elegíamos no ver la realidad del racismo que impregnaba nuestras vidas. Padecíamos la peor de las apatías: la apatía que nace de cosificar al otro y de la negación resultante de vivir en una burbuja de privilegio.

Cuando mi salud empezó a mejorar, solía acompañar a mi padre en coche hasta West Coconut Grove (el nombre real de Pueblo de Color) para recoger a Lila. Todavía recuerdo el olor a comida frita, las tiendas familiares escasas de existencias, los coches destartalados, la calidez del barrio. West Coconut Grove era otro mundo sin nada que ver con mi escuela primaria de niños blancos y nuestro club de campo, con su golf, su bridge y sus cócteles vespertinos. No pude evitar percibir las marcadas diferencias entre ambos mundos, y, sin embargo, no estaba muy convencida de estar viviendo en el «mejor».

No tenía ni idea de cuánto le pagaban a Lila, pero cuando vi dónde vivía con sus tres hijas supe que tenía que ser una miseria. Su piso estaba en un «monstruo de hormigón», el apodo de los horribles edificios altos construidos en West Coconut Grove como algún tipo de versión desencaminada de renovación urbanística. Los vecinos se achicharraban en esas cajas de hormigón infestadas de cucarachas, y me preocupé por esa persona que me trataba con tanto cariño y a quien yo quería.

Cuando Lila me contó que su abuela había sido esclava, me quedé atónita. En la Escuela Experimental Merrick no nos enseñaban nada sobre la esclavitud, pero yo sabía lo que era, y sabía que era algo realmente malo. Aun así, en casa no se hablaba de esclavitud. De lo que oía hablar era de golf, de los *scouts* de Brownie y de asuntos de negocios.

Lila y yo parecíamos vivir en dos universos distintos. Y, sin embargo, nuestros universos se cruzaban. El universo que mi familia ocupaba explotaba el de Lila y se justificaba convirtiéndolo en «los otros». Sin saberlo, Lila, con su humanidad, me abrió los ojos al privilegio de los blancos que había protegido a mi familia frente a la dura realidad del racismo. Y eso me hizo ser quien soy hoy, con una conciencia profunda de cómo la apatía moral continúa envenenando nuestro mundo.

Existen otras burbujas de apatía. Una de ellas es la burbuja del aislamiento. Hace unos años, uno de mis estudiantes, que servía en las Fuerzas Especiales, me escribió explicándome que, para evitar afrontar el sufrimiento generado por la apatía moral que había padecido como combatiente, había optado por el aislamiento. En una comunicación por correo electrónico, me contaba que como veterano de guerra se había refugiado en la burbuja de la soledad para manejar el trauma de la guerra, pero que su aislamiento se transformó en apatía.

> Me han enviado a situaciones creadas por hombres capaces que habían encontrado una escapatoria para ese tipo de experiencias. He visto que la guerra solo crea víctimas. Hasta la fecha, Estados Unidos aún no ha reconocido oficialmente la cifra real de civiles muertos en la guerra de Irak, ni ha respondido adecuadamente a los efectos debilitantes que tiene la guerra en sus propios soldados y sus familias. En cierto sentido, yo también he sido una de las víctimas invisibles, y para afrontarlo me he retirado a las montañas para estar a solas. En mi asilamiento, meditar, leer y reflexionar sobre el *Dharma* me resultó de gran ayuda, pero no tenía comunidad ni propósito. Al final, mi asilamiento me llevó más allá de la sanación y se convirtió en una muleta: me sentí seguro y me volví apático.

Este hombre tuvo la valentía de salir de su apatía y entrar en el Programa de Formación en Capellanía Budista de Upaya para descubrir cómo servir a otros. Tenía por delante mucha sanación que llevar a cabo. Cuando me hablaba de las misiones en las que había servido, yo podía ver con claridad la profunda herida que le había provocado la guerra. Su historia me proporcionó una comprensión más sutil de lo que es estar dañado moralmente y refugiarse en la apatía. Su experiencia de daño moral incluía la culpa, la vergüenza y el odio hacia sí mismo, como también la negación. Y, al final, descubrió de nuevo su valentía y su compasión. No pude sino admirar su voluntad de sanar.

James Baldwin identificó el antídoto para la apatía: «No todo lo que se afronta se puede cambiar. Pero nada cambiará si no se afronta».[82] Mi estudiante de las Fuerzas Especiales vino al programa de Formación en Capellanía Budista de Upaya para abandonar su aislamiento protector y afrontar su sufrimiento.

A mi manera, yo me resistí al señuelo de la apatía moral participando en el Movimiento por los Derechos Civiles de los años sesenta, que me obligó a hacer frente a los horrores de la injusticia racial. También me mostró la necesidad de entrar en diferentes contextos de trabajo en entornos de sufrimiento para poder entenderlos mejor. Probablemente, mis experiencias como voluntaria en el pabellón psiquiátrico de un hospital en Nueva Orleans, manifestarme en contra de la guerra de Vietnam y después contra otras guerras, acompañar a personas que están muriendo, enseñar meditación en la cárcel y estar presente en Los Álamos y en Auschwitz ha reducido un poco el grosor del caparazón de privilegio en que nací.

Roshi Bernie Glassman llama a esos viajes «zambullirse». Al zambullirnos, podemos transformarnos y, con suerte, ayudar a transformar las instituciones y las culturas involucradas en el daño. Pero para dar el salto y estar en un campo de sufrimiento como Siria, una prisión o una enfermedad, necesitamos voluntad, determinación, perseverancia y finalmente amor y sabiduría. Es en esos entornos donde se forma el carácter moral y donde puede nacer la integridad real.

14. La integridad
y los otros estados límite

El sufrimiento moral es un ecosistema que puede alimentar los aspectos tóxicos de todos los estados límite: el altruismo patológico, la angustia empática, la falta de respeto y el desgaste.

En el verano de 2016, Kosho Durel, capellán de Upaya, y Joshin Byrnes, que desarrolló un proyecto sobre personas sin techo para Upaya, dirigieron un retiro en la calle con nueve practicantes en San Francisco, una ciudad donde hay unas 6.700 personas viviendo en la calle.[83] Como ya he descrito anteriormente, los retiros en la calle fueron creados por Roshi Bernie como una forma de que los practicantes se sumergieran en la realidad de las personas sin hogar y comprendieran mejor las fuerzas sistémicas que mantienen a las personas sometidas a la opresión. Los participantes en el retiro duermen en la calle, mendigan dinero y comida, van a comedores de beneficencia, caminan y hablan con quienes se encuentran, son testigos de tráfico de drogas y de robos y del hambre, y entran en contacto con la vulnerabilidad que sienten en esta situación. Al acceder a una visión tan cercana del clasismo, el racismo y la apatía moral de nuestra sociedad, la mayoría de los participantes experimentan sufrimiento moral. Se ven obligados a practicar el No Saber y el Estar Presentes, y muchas veces se sienten inspirados hacia la Acción Compasiva.

Para el retiro en la calle de San Francisco, Kosho y Joshin llegaron antes, con la idea de explorar los comedores de beneficencia y los lugares seguros de las calles donde podrían dormir. Kosho escribió que cuando caminaba por el Tenderloin District, «me impresionó la cantidad de personas que vivían en la calle, el consumo de drogas, la basura y la contaminación, los edificios en ruinas y los cuerpos en ruinas de la gente».

Kosho y Joshin decidieron visitar el comedor de beneficencia gestionado por la Glide Memorial Church, una iglesia metodista tradicionalmente progresista comprometida en temas de racismo, clasismo y derechos de la comunidad LGTBQ. El comedor no era lo que esperaban. Kosho describe la cafetería del sótano como una sala con suelos de hormigón, mobiliario metálico y paredes de diez metros de alto «pintadas de un azul claro de hospital, pero sucio como una piscina sin agua». Relataba que allí había entre cincuenta y cien personas comiendo en el primer turno gracias a sus vales de comida; todos comían en silencio, con las cabezas bajas, y después se les metía prisa para que se fueran y pudiera entrar a comer el turno siguiente.

Él y Joshin «salieron conmocionados» de su experiencia, y casi seguro con una dosis importante de angustia empática e indignación moral. Después se dirigieron a la plaza de las Naciones Unidas en el área del centro cívico. «Allí había gente fumando *crack* cerca de la fuente, personas discapacitadas que se movían en sus sillas de ruedas o descansaban, y personas con enfermedades mentales que deambulaban sin rumbo. Otros simplemente estaban sentados en el suelo, charlando.»

En la plaza, Kosho vio una columna que tenía grabado el preámbulo de la Declaración Universal de Derechos Humanos de las Naciones Unidas: «Considerando que la libertad, la justicia y la paz en el mundo tienen por base el reconocimiento de la dignidad intrínseca y de los derechos iguales e inalienables de todos los miembros de la familia humana, considerando que el desconocimiento y el menosprecio de los derechos humanos han originado actos de barbarie [etcétera]».

El contraste de esas palabras con la realidad de las calles de San Francisco fue una tremenda llamada de atención para Kosho. «Jóvenes profesionales, varones en su mayor parte, caminaban con los auriculares en los oídos y conectados a sus móviles sin el más mínimo reconocimiento de otra persona, y pensé, "Ya está; estamos condenados. Esto es el caos. Es tan, tan triste". Las empresas de tecnología tienen su sede literalmente del otro lado de las vías de tren desde el Tenderloin […]. Me imagino que esos jóvenes están ganando sueldos de seis y siete cifras. Hacia el sur, se está reurbanizando manzana trás manzana con modernos edificios de apartamentos anodinos, de cristal, metal y plástico que serán viviendas para los privilegiados. Las personas que viven en las calles del Tenderloin han sido testigos de la escalada descontrolada de los precios de la vivienda. Para poder vivir en este barrio indeseable la gente tiene que pagar 1.500 dólares al mes por un estudio, o tener la suerte de recibir una ayuda pública». Luego Kosho comentaba: «Quizá estés sintiendo un poco de mi indignación moral.»

Y continuaba diciendo: «Y, sin embargo, en la esfera ética de mi espiritualidad, está el voto de no albergar resentimiento ni ira. Está el voto de ser consciente de todos los sentimientos, pensamientos y sensaciones que surjan. Está la confianza de que permitir que penetren en mí todas las experiencias, la plaza entera, me va a transformar. Este es el trabajo de descubrir y soltar todos mis sesgos y mis prejuicios».

Creo que para Kosho, y en realidad para la mayoría de nosotros, esto no es tan fácil. Sus palabras me recuerdan el problema tan doloroso que por fin se me hizo visible cuando era adolescente: que la clase y la raza nos dividen y son fuente de un profundo sufrimiento. Pero los mundos de privilegio y de pobreza se interconectan, *inter-son*, están entrelazados, ya que los privilegiados explotan directa e indirectamente a los pobres; los que tienen menos suelen estar al servicio de los privilegiados. Cuando vi esa verdad, sentí enfado, asco e impotencia, pero también fue un punto de inflexión que me despertó a la necesidad de estar al servicio de quienes sufren la opresión estructural e institucional, y también de transformar las creencias y las instituciones que generan violencia estructural. Me hizo ver asimismo que todos somos responsables de la incómoda verdad del racismo y del daño que engendra. Pese a todo, no estoy segura de que los blancos podamos escapar alguna vez de nuestros privilegios, porque es algo que nuestra sociedad nos da inconscientemente, lo queramos o no. En todo caso, podemos aprender cómo utilizarlos para ayudar a otros menos privilegiados. También tuve que ser cuidadosa para no caer en el altruismo patológico, cosa que podría haber ocurrido muy fácilmente.

Creo que Kosho tuvo una experiencia similar. «Tengo este detonador de clase que se activa –decía–. Y entonces quiero seguir disparando. Es una manifestación de ira que se ha ido agudizando por lo que he visto y cómo lo he visto a lo largo de mis tres décadas de vida. Tal vez era el miedo lo que limitaba mi visión. Ver todo como "o ellos o nosotros" puede ser un modo de sobrellevar el dolor y sentirme seguro, pero es evitando el dolor del privilegio y la opresión como surge el aferramiento (sufrimiento).»

Kosho descubrió que transformar la indignación moral no significa arreglar la situación. «Muchas personas que participan en los retiros en la calle sienten el impulso de ayudar y arreglar, de ser el salvador para las víctimas». Kosho reconocía la tentación de utilizar estrategias patológicamente altruistas para aliviar el dolor de la indignación moral y de la angustia empática. Escribió: «Los participantes quieren dar el dinero que hemos mendigado para comer a alguien que está pidiendo, lo que reifica la identidad del que ayuda y del que es ayudado. Así, hay sufrimiento. Con menos frecuencia, veo a participantes con el deseo revolucionario de atacar a los profesionales jóvenes, una narrativa mítica que, en ciertas condiciones, también me invade a mí […]. Cuando me fui a vivir a la calle, surgieron esos dos comportamientos de arreglar y luchar. Con la ayuda reactiva e irreflexiva puedo convertir al otro en un extraño igual que librando una guerra: incluso cuando no actúo, las divisiones se dibujan en mi mente. Mi mente y mi cuerpo pueden ser, y han sido cómplices de la creación de fronteras y la segregación de los barrios. No creo que tenga que ser así». Aquí, el respeto se convierte en un factor importante: respeto por los principios y los votos que son fuerzas orientadoras esenciales en esta situación; respeto por los demás, ya sean pobres o privilegiados, y respeto por uno mismo, pues podemos derrumbarnos fácilmente en este entorno tenso.

Kosho explicaba: «En los retiros en la calle se nos anima a suspender la acción, a soltar nuestras opiniones previsibles sobre lo correcto y lo incorrecto y dejar que desaparezca la necesidad de saber. De este proceso surge una gran oportunidad. Vemos las cosas tal como son sin los filtros de la culpabilidad y el reproche. Y así es como he sentido que debajo de la ira está la pena por el dolor de la enfermedad, la vejez y la muerte, y por debajo hay tristeza, y que a su vez todas estas emociones están englobadas en un profundo sentido de estar conectados, de ser un solo cuerpo. Entonces la Acción

Compasiva surge de la motivación pura de entablar amistad con todos mis vecinos, ya estén experimentando riqueza o pobreza, dando y recibiendo lo que haga falta. Esta es una relación, una acción muy profunda de sanarnos unos a otros y a nosotros mismos».

Si reaccionamos desde el sufrimiento moral, podemos herirnos muy fácilmente, y también podemos hacer daño a aquellos a quienes deseamos servir. Kosho aprendió que el daño y la indignación moral, que con frecuencia se originan en la angustia empática, pueden conducir al altruismo patológico. El daño y la indignación moral pueden desembocar en comportamientos que son involuntariamente irrespetuosos y destructivos. También pueden llevar al agotamiento cuando sentimos que ya no podemos ayudar ni a un ser sufriente más. El planteamiento sabio de Kosho al estar con las personas sin hogar nos da cierta idea de cómo podemos nutrir los estados límite saludables mientras nos sentamos valientemente sobre el fuego de nuestras zonas de sufrimiento internas y externas.

15. Prácticas que respaldan la integridad

Todos los días nos enfrentamos a dilemas morales, algunos bastante desconcertantes, otros sin importancia. ¿Cómo mantenernos arraigados en la estrecha cresta de la integridad sin caernos? Y cuando nos resbalamos hacia el fango del sufrimiento moral, ¿cómo encontrar el camino de vuelta a la orilla de la compasión? Cuando se te rompe el corazón y tu conciencia se escapa por las grietas, es mejor mirar profundamente no solo dentro de tu propio corazón, sino también del corazón de quienes sufren y en el corazón de quienes causan daño. Así es como podemos reconocer la verdad del sufrimiento y comprometernos a mantenernos en pie en el elevado borde de la integridad, donde podemos ver tanto la dificultad como la dignidad.

Expandir el círculo de indagación

Nuestra práctica de meditación nos puede ayudar a aprender a estar atentos a las transgresiones de conciencia y a calibrar nuestra brújula moral. Cuando nos enfrentamos a un conflicto moral que amenaza nuestra integridad, es bueno arraigarnos y percibir qué nos dice el cuerpo.

Podemos empezar haciendo una inspiración y, al espirar, dejar que nuestra atención se asiente en el cuerpo. Si sentimos tensión en los hombros, el pecho o el estómago, deberíamos prestar atención a esa información. Muchas veces el cuerpo sabe que estamos en situación de peligro antes de que la mente conceptual se entere.

A continuación llevamos la atención al corazón, en contacto con nuestra intención, y tomamos consciencia de cualquier emoción que surja en este momento. Como nuestras emociones pueden influir en la forma en que percibimos los dilemas morales, intentamos percibir qué estamos sintiendo sin dejarnos abrumar por las emociones. Como dijo el poeta Rainer Maria Rilke en su poema «Go to the Limits of Your Longing»: «Ningún sentimiento es definitivo».

Después de sintonizar con nuestros sentimientos y sensaciones, llevamos la atención hacia cualquier pensamiento que surja. Prestar atención a nuestros pensamientos en este momento nos puede ayudar a tomar más consciencia de cómo conceptualizamos nuestra experiencia. Con frecuencia, nuestros puntos de vista, nuestras preferencias y opiniones nos motivan a actuar, y la acción que surge de las opiniones podría no ser útil. (Roshi Bernie siempre dice: ¡Solo es mi opinión!) Por lo tanto, llevamos la atención a nuestros pensamientos, pero sin movernos demasiado rápido, sin sacar conclusiones apresuradas. Podemos aplicar el proceso de indagación para reconocer nuestra tendencia a reaccionar o a retirarnos, y para regular nuestros sentimientos antes de que nos inciten a acciones imprudentes.

Cuando tenemos una idea de nuestra propia situación, podemos explorar ampliando nuestra consciencia para incluir la experiencia de otros. ¿Cuál podría ser su perspectiva? Cuando tomamos en consideración sus cuerpos y sus corazones y vemos la situación desde su punto de vista, podemos preguntarnos: ¿qué es lo que está en juego para ellos?

Luego podemos expandir nuestro círculo de indagación al contexto más amplio donde tiene lugar el conflicto moral. Debemos examinar a fondo los sistemas que están alimentando el conflicto. ¿Qué podría necesitar el sistema de nosotros y de los demás para poder alcanzar un resultado constructivo? ¿Y cómo podemos permanecer al mismo tiempo en el «no saber» y aprender de la incertidumbre?

La sabiduría nos dice que no existe una solución perfecta y normalmente tampoco una salida fácil. Es probable que tengamos que vivir, como mínimo, con una pequeña secuela moral. Pero podemos comprometernos a aprender de nuestra experiencia y a desarrollar una relación más definida con nuestra propia integridad.

Votos para vivir

Tomé mis primeros preceptos budistas hace más de cuarenta años, sin saber cuánto los necesitaba. Como cualquier joven, sentía curiosidad por todo.

También era empírica, bastante atrevida y comprometida socialmente, y no me importaba asumir riesgos ni poner a prueba los límites. De alguna manera, sabía que necesitaba un conjunto de prácticas que me ayudaran a abrir el corazón, a abrir mi vida a otros y a expandir mi potencial de estar al servicio. También necesitaba pautas sobre cómo no hacer daño. Necesitaba una manera de despertar, amar y cuidar de los demás con más valentía. Viéndolo en retrospectiva, estoy segura de que seguir los preceptos redujo el daño que podría haber causado a otros. También me sirvieron como una vía para poner a prueba y desarrollar mi integridad hacia otro tipo de libertad.

Podemos ver los votos como promesas, guías, prácticas y valores. En el budismo, son el eje que nos dirige hacia la estabilidad y la sabiduría. También reflejan nuestro compromiso de vivir una vida de integridad: de tratar al prójimo y a nosotros mismos con consideración, de cuidar de los demás, de cultivar una mente y un corazón firmes e inclusivos para encontrarnos con el mundo con manos generosas. Los votos reflejan lo que nos importa, cuáles son nuestras prioridades y aquello que necesitamos soltar.

Cuando no tengo claro qué camino tomar, me pregunto a mí misma: «¿Qué haría el Buda?». Esto no implica que me exija lo imposible. Más bien, es un recordatorio de que las semillas de la libertad ya están en mí. Mis votos riegan esas semillas, y esa pregunta aparentemente inocente me ha ayudado a evitar causar gran cantidad de daño.

Para que resultara más fácil recordar los Cinco Preceptos del budismo, elaboré esta versión muy simplificada de los Cinco Preceptos originales del budismo, que aun siendo sencilla abarca muchas facetas.

Consciente de la profundidad con la que se entrelazan nuestras vidas, prometo:

1. No hacer daño y venerar toda vida.
2. No robar y practicar la generosidad.
3. Evitar las conductas sexuales inapropiadas y practicar el respeto, el amor y el compromiso.
4. Evitar el discurso dañino y hablar con sinceridad y de forma constructiva.
5. Evitar el consumo de estupefacientes y cultivar una mente sobria y clara.

Los cinco votos anteriores proporcionan material suficiente para impulsar toda una vida de práctica. Pueden servir de brújula moral que nos muestra el camino y nos dice cuándo nos estamos desviando. Cuando los seguimos, por lo general nos permiten mantenernos firmes en el borde y evitar caer en el sufrimiento moral. Obviamente, no es una fórmula infalible. Somos humanos y no podemos mantener los preceptos a la perfección ni vivir siempre según nuestros valores. Pero a lo largo de muchos años he aprendido que necesitamos mantener la *intención* de practicarlos. Debemos hacer lo posible, ocurra lo que ocurra. Cuando no estemos a la altura, la humildad nos puede fortalecer, lo que nos ayudará a ser más compasivos con quienes hacen daño a otros.

Pase lo que pase, no tiene nada de malo nutrir nuestra humildad de modo que no nos quedemos enganchados en la trampa del juicio y de la indignación moral hacia aquellos cuyo comportamiento parece menos ético que el nuestro. Vivir según los votos es una invitación a asumir la responsabilidad de nuestro propio sufrimiento y de nuestro propio despertar, y normalmente entraña elecciones difíciles. Y a veces tenemos que hacer lo que nos resulta más duro.

Practicar la gratitud

Existe un voto más que me parece esencial para la integridad: el voto de practicar la gratitud. Sabemos que la integridad implica a la totalidad del espíritu y una gran bondad hacia el mundo. El Buda también afirmaba claramente que la gratitud es una expresión de integridad: ¿Qué categoría tiene una persona sin integridad? Una persona sin integridad es desagradecida e ingrata. Quienes defien-

den esta ingratitud, esta falta de agradecimiento son personas des-
corteses. Corresponde plenamente con el nivel de las personas sin
integridad. Una persona íntegra es agradecida. Quienes defienden
esa gratitud, ese agradecimiento son personas cívicas. Corresponde
plenamente con el nivel de las personas íntegras».[84]

He llegado a comprender que nuestra capacidad de sentir agradecimiento no depende necesariamente de las circunstancias de nuestra vida. En mi trabajo con comunidades pobres en lo material, y
con moribundos, he visto que la gratitud es un estado de la mente
y del corazón que es fundamentalmente generoso y abierto, y que
no se bloquea deseando que las cosas sean distintas, al menos en el
momento.

En nuestras Clínicas Nómadas en Nepal, nuestros amigos y pacientes nepalíes expresan su agradecimiento muy libremente, encar-
nando la cortesía y la integridad de la que hablaba el Buda. Recibir
este agradecimiento es una experiencia que está arraigada en la confianza mutua y en los sabores de la alegría.

Yo también me siento agradecida por los regalos que he recibido de mis pacientes moribundos. Un anillo de compromiso. Un
poema de Pablo Neruda. Un gorro de punto rojo. Una estatuilla del
Buda. Una servilleta doblada en forma de grulla. Un paquete de chi-
cles. Un cálido apretón de manos. Una sonrisa amable de agradecimiento. He sentido la bendición de cada uno de esos tesoros, que
reflejan la integridad, el humor, la generosidad y la confianza de
quien los regaló. Ellos también me han inspirado gratitud.

Sin embargo, a veces la «mentalidad de pobreza», un estado de
mente y de corazón que no tiene nada que ver con la pobreza material, bloquea nuestra capacidad de dar o recibir el agradecimiento.
Cuando estamos atrapados en la mentalidad de pobreza, nos centra-

mos en lo que nos falta; sentimos que no merecemos amor, o nos sentimos ajenos al amor e ignoramos todo lo que hemos recibido. La práctica consciente del agradecimiento es el camino de salida de la mentalidad de pobreza que corroe el corazón, y, con él, nuestra integridad.

Para contrarrestar cualquier desánimo que pueda sentir al final del día, me tomo tiempo para recordar con gratitud todo lo que he recibido. A veces recuerdo la puesta de sol que acabo de presenciar, o un correo electrónico de un estudiante al que no he visto en años, o esa luz en la mirada de los estudiantes que me indica que van bien, o incluso un momento difícil que me ha enseñado una buena lección. Recopilar esos instantes al final del día es una práctica de gratitud que me da un sentido del valor de la vida y de las relaciones. Es un tipo de recuento de bendiciones. Pero no puedo acaparar esas bendiciones. En mi corazón o de forma directa, las comparto con alguien que pueda utilizar lo bueno o el aprendizaje de mi día.

También intento escribir al menos a una persona cada día para agradecerle el buen trabajo que está llevando a cabo, las bendiciones con las que ha contribuido a mi vida o el amor que ha dado a otros. Como abadesa del Upaya Zen Center, algunos días tengo la dicha de escribir varios correos electrónicos y tarjetas de agradecimiento por el apoyo a nuestro centro. Creo que, igual que la compasión, la práctica de la gratitud beneficia tanto al que la da como al que la recibe, y enriquece la experiencia de la conexión.

La meditación también nutre el agradecimiento, ya que nos hace más conscientes y más apreciativos del momento presente. La meditación mejora nuestra capacidad de ver los dilemas morales con mayor claridad y nos otorga un grado de ecuanimidad emocional que respalda la gratitud. También nos ofrece la oportunidad de recordar nuestros valores y nuestras intenciones, y también nuestra promesa de ser beneficiosos para los otros. Además, nos hace conscientes de la impermanencia, que nos ayuda a soltar la queja: si el momento presente no es placentero, recordamos que cambiará, y podemos preguntarnos: ¿qué puedo aprender de esto?

Nuestros votos y nuestros compromisos, incluida la práctica del agradecimiento, consisten en vivir una vida de consciencia, de valentía y de no causar daño. Son para nosotros un modo de abrir nuestras vidas a la verdad más profunda de que no estamos separados de los demás; que compartimos un cuerpo común, una vida común, y una aspiración común al bienestar de todos. Cuando alcanzamos a saber esto, a vivir esto, a practicar esto, una alquimia de gratitud enciende nuestros corazones en la calidez y el honor de la integridad.

16. El descubrimiento en el borde de la integridad

En estos tiempos complicados, tenemos muchísimas oportunidades de transformar el sufrimiento moral en *resiliencia moral*, lo que la experta en ética Cynda Rushton define como «la capacidad de un individuo de mantener y restaurar su integridad en respuesta a la complejidad moral, la confusión, la angustia o los contratiempos».[85] Cuando tenemos resiliencia moral somos capaces de mantenernos firmes en nuestra integridad, incluso en medio de la adversidad moral.

Existe una práctica japonesa denominada *kintsukuroi*, que significa «reparación de oro». *Kintsukuroi* es el arte de reparar cerámica rota con polvo o platino en polvo mezclado con laca, de forma que el arreglo refleje la historia de la rotura. El objeto «reparado» refleja la fragilidad y la imperfección de la vida, pero también su belleza y su fortaleza. El objeto vuelve a su totalidad, a su integridad.

No sugiero que tengamos que buscar la rotura como un modo de ganar fortaleza, aunque ciertas culturas persiguen la crisis en sus ritos de paso para fortalecer el carácter y abrir el corazón. Lo que propongo, más bien, es que las heridas y el daño provocados por una caída desde la cresta hacia el sufrimiento moral pueden tener un valor positivo en las circunstancias adecuadas. El distrés moral, el dolor del daño moral y la indignación, e incluso la insensibilidad de la apatía moral, pueden ser los medios para la «reparación de oro», para desarrollar una capacidad más grande de mantenernos firmes en nuestra integridad sin vernos tambaleados por el viento.

Durante los años que he viajado a Japón, he sostenido en mis manos varias de esas vasijas exquisitamente reparadas. He visto que el «arreglo de oro» no es una reparación que se oculte. Deja ver claramente la naturaleza agrietada y rota de nuestras vidas. Combina la materia común con los metales preciosos para reparar la grieta, pero sin esconderla. Así es, creo yo, como se produce la transformación moral y aparece la integridad; no ya rechazando el sufrimiento, sino incorporando el sufrimiento a un material más fuerte, el material de la bondad, para que las partes rotas de nuestra naturaleza, de nuestra sociedad, y de nuestro mundo, se puedan reunir en el oro de la plenitud.

Parte IV: Respeto

«El respeto es uno de los grandes tesoros del ser humano;
nos vuelve nobles y nos abre al amor.»

Cuando tenía cuatro años, caí gravemente enferma y perdí la vista durante dos años. Cuando me recuperé, me costó mucho ponerme al nivel de los compañeros de mi edad. Era más pequeña y más delgada que la mayoría de los niños de primer curso. Un grupo de niñas tomó por deporte el acosarme y menospreciarme. No recuerdo sus palabras, pero sí la sensación de ser despreciada. También me acuerdo de que un día, al salir del colegio, me senté en el asiento de atrás de la furgoneta familiar y me eché a llorar. No entendía nada. Mi madre me consoló, pero sus palabras no sirvieron de mucho para calmar el aguijón del rechazo.

Las lecciones que aprendí al haber sufrido acoso han permanecido conmigo todos estos años. Últimamente mi preocupación por la falta de respeto va en aumento, pues la falta de civismo está en auge. Estoy concienciada sobre este tema no solo por aquellos episodios de mi infancia; también por mis experiencias de habitar un cuerpo de mujer, trabajar en el mundo académico y formar parte de varios comités de dirección. Es más, me alarma observar el abuso que padece la gente en nuestro país por el color de su piel, por su condición de inmigrantes, por sus capacidades físicas o por su orientación sexual. Resulta especialmente perturbador ver cómo se margina socialmente y se expulsa de nuestro país a quienes son percibidos como una amenaza. Me preocupa lo que eso está generando en el tejido mismo de nuestra sociedad, donde no se valora la dignidad, donde faltar al respeto se convierte en la norma y donde la falta de civismo parece erosionar nuestra sensibilidad moral.

Por otro lado, creo que la mayoría somos conscientes de la importancia del respeto en nuestro mundo actual. ¡La vida puede depender de ello! Respetar a los demás significa honrar su autonomía y su derecho a la intimidad, actuar con integridad y ser leales y honestos con ellos. También nos exige tener el suficiente conocimiento de uno mismo para darnos cuenta de que compartimos un destino común con los demás; todos somos humanos, y sufrimos, y moriremos.[86]

El antropólogo William Ury escribe en su libro The Third Side: *«Los seres humanos tienen multitud de necesidades emocionales: amor y reconocimiento, pertenencia e identidad, propósito y sentido de la vida. Si hubiera que resumir todas esas necesidades en una sola palabra, esta sería respeto».*[87] *Cuando nos sentimos respetados, nos sentimos valorados y «vistos». Cuando respetamos a otros, nos enraizamos en la humildad, la moralidad y el cuidado de los demás y de nosotros mismos. El respeto genera una empatía y una integridad sanas (ambos estados límite); también dota de dignidad y profundidad a nuestras relaciones humanas y nuestra relación con el planeta. Esta es la base del amor y la justicia, y el camino para transformar el conflicto en reconciliación.*

Por eso considero que el respeto es un estado límite. Cuando nos mantenemos en el risco elevado del respeto, expresamos lo mejor del corazón humano. Cuando nutrimos las raíces del civismo, la seguridad y la cordura, podemos liberarnos y liberar a los demás de la opresión interna y externa. Vemos las cosas y los seres en la profundidad de lo que son y los percibimos con compasión y con visión profunda.

Pero es muy fácil resbalar por el precipicio hacia el lodazal tóxico de la falta de respeto. Si nuestra personalidad o nuestros valores chocan con los de otra persona, podemos expresar nuestra falta de respeto con un menosprecio sutil o quizá no tan sutil. Cuando negamos la humanidad básica de otros, asfixiamos nuestra propia humanidad. Y cuando otros niegan nuestra humanidad con la falta de respeto, nos sentimos disminuidos, desempoderados y desmoralizados.

A escala individual, la falta de respeto intensifica los conflictos y genera sufrimiento a todas las personas implicadas. A escala sistémica, la falta de respeto erosiona la base misma de nuestra sociedad y de nuestro mundo. Si reconocemos que el respeto es un estado límite, podemos evitar ser absorbidos por el fango de la falta de respeto. Y si nos quedamos atrapados, quizá seamos capaces de encontrar nuestra compasión y nuestro valor en esas aguas oscuras. Con suerte, descubriremos que el respeto es uno de los grandes tesoros de ser humanos; un tesoro que nos ennoblece y nos abre al amor.

17. Desde la cima elevada del respeto

En una reunión sobre neurociencia celebrada en Dharamsala, vi a Su Santidad el Dalai Lama detenerse en medio de un emocionante discurso sobre ciencia, alcanzar una tarjeta y pasarla suavemente por la piel de su otro antebrazo. Después le entregó la tarjeta a Tsoknyi Rinpoche, que estaba sentado a su lado. Su Santidad había sentido a un pequeño insecto trepar por su brazo, así que lo recogió con la tarjeta y se lo dio a Tsoknyi Rinpoche para que lo dejara libre. En cuanto vio a Tsoknyi Rinpoche sacar con todo cuidado al insecto de la sala, Su Santidad regresó a su debate de alto nivel. Reflexioné sobre cómo Su Santidad parece tratar a todos los seres con respeto, incluso a los más pequeños de nosotros.

En el Programa de Capellanía de Upaya, exploramos qué es y qué no es respeto. Para sentir respeto, tenemos que estar arraigados en la integridad, la comprensión y el conocimiento de uno mismo. Respetar a los demás significa comunicarnos con honestidad y de forma constructiva, cumplir nuestras promesas, defender la dignidad y honrar las elecciones y los límites.

El respeto hacia los demás es un reflejo del respeto hacia nosotros mismos, así como del respeto hacia los principios éticos que dan forma a las sociedades sanas. Además, en mi trabajo con personal sanitario, educadores y estudiantes, también he aprendido que respetar *no* es reprimir una opinión constructiva para evitar el conflicto, ni tolerar los comportamientos de quienes violan la integridad.[88] El respeto y la integridad están conectados con los estados límite; están entrelazados, y a menudo el respeto necesita que «proclamemos la verdad ante el poder», que seamos claros sobre lo que percibimos que está causando un daño y que exijamos que se le ponga fin.

El respeto es también un ingrediente crítico en todo tipo de relaciones: si se daña el respeto y no se restaura, las asociaciones están en peligro. Durante mis años de abadesa de Upaya he aprendido que es fundamental que los miembros de la comunidad se traten entre sí como amigos y colaboradores, y no como competidores. Además, necesitamos cultivar una consideración profunda por el bienestar de los demás y confiar en el prójimo lo suficiente para ser capaces de hablar con respeto de cualquier situación de abuso. Por lo tanto, se trata de crear una cultura tanto de integridad como de respeto.

Respeto por los demás, por los principios y por nosotros mismos

El respeto presenta tres facetas: el respeto por los demás, el respeto por los principios y los valores, y el respeto por uno mismo. Respetar a otro significa reconocer su mérito y su valía. Podemos respetar a nuestros oponentes, y es de esperar que respetemos a nuestros allegados. Podemos estar en total desacuerdo con lo que dicen y hacen, y quizá no entendamos del todo quiénes son, pero a cierto nivel les valoramos como personas y nos damos cuenta de que todos hemos nacido vulnerables, y que probablemente moriremos vulnerables.

Incluso podemos respetar a quienes causan daño, si comprendemos la naturaleza de su situación más profunda. Hace unos años, yo no era precisamente una admiradora del vicepresidente de mi país. A menudo luchaba contra mi aversión hacia ese hombre. Un día, decidí enfocarme en él durante mi práctica de meditación. Le vi como un bebé, luego como un niño. Consideré el hecho de que un día iba a morir, y que la muerte quizá no fuera fácil para él, teniendo en cuenta todo el sufrimiento que había causado a otros. Reconocí que, aunque quizá no saldría a cenar con él, seguía siendo un ser humano, y que avergonzarlo no nos beneficiaría a ninguno de los dos. También me di cuenta de que si me pidieran que me sentara con él en su lecho de muerte, estaría allí para él. Al mismo tiempo, tenía muy clara la necesidad de tomar postura contra los principios que él representaba. Podía separar al hombre de sus obras. Podía abrir mi corazón a la persona y al mismo tiempo oponerme a sus acciones para con los demás.

Desde ese momento, he visto más claramente la verdad del sufrimiento en quienes abusan del prójimo. Esa visión me ha ayudado a evitar quedar atrapada en la ciénaga de la aversión cuando me encuentro con una persona que es un peligro para los demás. No soy apática respecto al daño que provocan, pero imaginarlos como un bebé o como un moribundo me pone su vida en perspectiva. Si soy blanco de su hostilidad, esta práctica me ayuda a tomar sus afrentas de manera menos personal; probablemente, su falta de respeto tenga más que ver con ellos que conmigo. Y del mismo modo que cuando trabajaba en la cárcel con personas que habían matado, sostengo la verdad de la equivocación de esta persona de igual manera que mi percepción de quiénes son en realidad, bajo las capas profundas de su sufrimiento. Al mismo tiempo los considero responsables de sus actos y de su propio despertar.

Dos manos juntas

Cuando respetamos a alguien, entendemos nuestra interconexión con esa persona. Mis amigos de Nepal ritualizan el respeto mutuo y la interconexión juntando las manos, inclinándose ante el otro mientras dicen «*Namasté*», que significa: «Me inclino ante ti» o «Me inclino ante la divinidad que hay dentro de ti». Este gesto es una expresión de la interconexión entre el yo y el otro, y un reconocimiento de lo que el otro es en realidad. He observado que una de las primeras cosas que aprende un niño nepalí es a juntar las manos en un gesto de conexión y de respeto, y después a ofrecer este gesto a la familia, a los amigos, y también a los desconocidos.

La primera vez que me encontré con Su Santidad el Dalai Lama en la década de los 1980, me di cuenta de que se inclinaba mucho cuando se acercaba a otros, como diciendo: «Te respeto». Tanto si se encuentra con un tibetano que acaba de cruzar la frontera como con un jefe de Estado, Su Santidad siempre ofrece la postración profunda de humildad, sin colocarse por encima de otros. Este gesto tan simple le ha granjeado el amor de millones de personas. «Mi religión es el amor», dice; esta inclinación profunda nos recuerda exactamente eso.

La segunda forma de respeto es el respeto de los principios morales. Se trata de conectar con nuestros valores más profundos y actuar desde ahí, incluso en circunstancias difíciles. La escritora Joan Didion ha denominado a este tipo de respeto *fibra moral*.[89] Desde una perspectiva budista, tener fibra moral implica defender nuestros principios y preceptos y reconocer la verdad de la originación dependiente: «Esto es porque eso es». Sentada delante de un profesor budista que le está hincando el cuchillo a un bistec, veo los vínculos de causa y efecto, ya sea el sufrimiento de los animales o el impacto de la industria ganadera en el cambio climático. En ese momento elijo conscientemente no contribuir a que haya más sufrimiento y pido un guiso de lentejas. Luego comparto con él mis opiniones sobre las opciones alimenticias.

El respeto hacia uno mismo, la tercera forma de respeto, consiste en librarse de las cadenas de la vergüenza y el reproche personal. Didion escribe que la fuente del respeto hacia uno mismo es «el carácter: la disposición a aceptar la responsabilidad de la propia vida». Según explica, «el respeto hacia uno mismo es una disciplina, un hábito mental que no se puede fingir, pero que se puede desarrollar, entrenar, fomentar».[90]

Didion continúa: «Tener ese sentido de la valía personal intrínseca en que, para bien o para mal, consiste el respeto hacia uno mismo es tenerlo todo en potencia: la capacidad de discriminar, de amar y de permanecer indiferente. No tenerlo supone estar atrapado dentro de uno mismo, paradójicamente incapaz tanto de amar como de ser indiferente».[91] Dicho de otra forma, cuando conocemos de verdad nuestra bondad básica, nos liberamos de la trampa del pequeño yo, ese que se ve a sí mismo aislado de sus conexiones, ese que está atrapado en la apatía. Es entonces cuando podemos entregarnos al abrazo del respeto hacia uno mismo, convirtiéndonos en un ser inclusivo que está interconectado con todos los seres.

Lavar los pies del prójimo

Cuando era pequeña, asistía a la escuela episcopal para niñas, donde el estudio de la Biblia era obligatorio. Hay una historia sobre Jesús que siempre me ha acompañado: la narración de cómo lavó los pies a sus discípulos en la fiesta de la Pascua, la noche antes de ser crucificado. Este acto de respeto y humildad supuso una profunda lección de amor y de servicio para sus seguidores.

El Jueves Santo de 2016, otro hombre se arrodilló ante unos refugiados en un albergue justo a las afueras de Roma. Los refugiados procedían de Eritrea, Mali, Pakistán y Siria, y sus credos eran igualmente diversos: musulmán, hindú, cristiano copto y católico. En medio de una ola de antinmigración en alza en Europa, el papa Francisco lavó los pies de las personas migrantes y de los solicitantes de asilo en ese día sagrado. Dijo: «Hoy, en este momento, mientras llevo a cabo el mismo acto que Jesús al lavar los pies de doce de vosotros, hagamos juntos un gesto de hermandad diciendo: "Somos diferentes, somos diferentes, tenemos diferentes culturas y religiones, pero somos hermanos y queremos vivir en paz"».[92]

Vivir en paz. Respetar a los demás. Estar al servicio de los más vulnerables de entre nosotros. Pensé en el acto de amor desinteresado y de compasión del papa Francisco cuando, en otoño de 2016, nuestro equipo de las Clínicas Nómadas que trabajaba en Dolpo, Nepal, decidió lavar los pies a nuestros pacientes. Sentí que era una forma más profunda de dar a aquellos aldeanos nativos a quienes estábamos sirviendo. En Asia, los pies se consideran impuros, y tocar los pies de otro constituye una expresión de humildad y de respeto. Nuestro equipo lavó los pies no a doce, sino a cientos de hombres y de mujeres. Al principio dudamos. ¿Era correcto hacer algo así? ¿Avergonzaríamos a la gente, o sería una forma de salvar las diferencias culturales y establecer una conexión amorosa con nuestros pacientes?

El primero en probar el agua caliente y enjabonar los pies de una mujer de mediana edad de Dolpo fue un joven abogado llamado Pete. Tocó los pies de esta mujer con tanto respeto y ternura que creo que ambos quedaron sorprendidos. Después se puso a trabajar un joven de California del Norte; Sean aportó mucha alegría a su servicio mientras lavaba los pies ajados de jóvenes y ancianos por igual. Tonio igual; alegría en su rostro mientras lavaba cuidadosamente los pies de jóvenes y ancianos. Bill, un conocido escritor sobre restauración artística, estaba de rodillas, lavando los pies a un hombre anciano que tenía los dedos retorcidos como una cuerda vieja.

Los que lavaban los pies iban recibiendo cuencos y más cuencos de agua caliente. Todos los días laborables, la clínica tenía preparados jabones, esponjas y cuencos. Al final, nuestro equipo había lavado cientos de pies; pies viejos, pies jóvenes, pies con juanetes dolorosos, pies doblados y artríticos, pies que quizá nunca habían sido lavados, y pies que habían recorrido muchas montañas. Fue como un acto de amor, de respeto, de humildad y de expiación.

Más tarde, le pregunté al jefe espiritual de la aldea, Dolpo Rinpoche, cuál era su impresión. Me dijo: «Me han contado lo que habéis hecho. Habéis logrado que la gente de Dolpo confíe mucho en vosotros. Nadie ha tocado los pies de nuestro pueblo. Pero vuestra gente no solo ha tocado los pies, sino también el corazón. Ha sido un acto muy budista. Pero hasta ahora, nunca había ocurrido en Dolpo. Nuestra gente no os olvidará jamás».

El agua es vida

Para los budistas, el agua representa claridad, pureza y calma en la mente y en el corazón, las cualidades que hacen posible la compasión. En muchas zonas de Asia se ofrece agua en los templos para recordarnos que nutramos esas cualidades en nosotros mismos. Esos lugares donde lavamos los pies se convirtieron en templos, y con el agua fuimos capaces de hacer una ofrenda de respeto a cada persona. También creo que, a nivel inconsciente, esa práctica fue para nosotros una forma de pedir perdón a todos los pueblos indígenas por los años de falta de respeto, abuso, explotación y genocidio a manos de los occidentales. Fue un acto de expiación.

Mientras nosotros lavábamos pies en Dolpo, gente de todas partes del mundo se concentraba en Standing Rock, Dakota del Norte, para protestar contra la construcción del oleoducto Dakota Access (DAPL por sus siglas en inglés). El oleoducto iba a discurrir por debajo de las fuentes de agua potable de Standing Rock, el río Missouri y el lago Oahe, poniéndolos en peligro. Mientras caminaba por el duro y áspero Himalaya, pensaba en la profunda veneración que el pueblo lakota y los pueblos nativos han mantenido hacia el agua: el agua como camino; el agua como dadora y portadora de vida; el agua como purificadora y nutritiva. El agua simboliza las lágrimas, la limpieza, la inmersión, lo femenino y la sabiduría. Y sin agua, nada crece, nada vive.

Cuando me desplazaba por las montañas con nuestro equipo, al observar las aguas cada vez más menguantes de los deshidratados Himalayas, oí en mi interior las palabras lakotas *mni wiconi* («el agua es vida»). Los lakotas dicen que estas aguas, la fuente de toda vida, son la sangre de nuestra abuela tierra. Reflexioné sobre Flint, Michigan, con sus aguas contaminadas por el plomo y el racismo. Recordé a mi amigo Wendell Berry cuando me hablaba de los ríos y los arroyos negros y enfermos en Kentucky, donde habían hecho explotar las montañas buscando su carbón.

Cuando volví de Dolpo, por amigos y estudiantes, me enteré de que las palabras *mni wiconi* resonaron por todos los campamentos de Standing Rock mientras los protectores del agua promovían una vuelta al respeto de lo sagrado, al respeto de las costumbres tradicionales, al respeto por nuestra tierra. Me conmovió oír que el movimiento Standing Rock fue iniciado por un grupo de adolescentes como modo de combatir la epidemia de drogas y suicidios en la cercana reserva india de Cheyenne River. Para enfrentarse a la fuerte marea de sufrimiento, estos adolescentes decidieron tomar las riendas de su propia sanación ayudando a los jóvenes de su comunidad a transformar la autodestrucción en acción compasiva. Estaban explorando conscientemente cómo el activismo sagrado podía ser una fuerza compensatoria, no solo contra la «serpiente negra» del DAPL, que amenazaba el agua potable de la reserva de Standing Rock, sino también contra la enfermedad del odio hacia uno mismo que afligía a su pueblo. Tomando la desobediencia civil de los activistas defensores del medioambiente como fuente de aprendizaje, empezaron a reconocer un tipo de obediencia más profunda al espíritu y a sus costumbres tradicionales.[93]

Una de mis estudiantes de budismo, Karen Goble, me presentó a Sophie Partridge, madre y escritora, que llegó desde Londres a Standing Rock en el frío cortante de diciembre para apoyar a los protectores del agua. Relataba que además de *mni wiconi*, la frase que escuchó con más frecuencia fue *mitakuye oyasin*, que significa «todas mis relaciones». Durante las oraciones y las reuniones, la gente utilizaba esta frase cuando querían hablar y al terminar de hablar. Los oyentes se lo repetían a su vez para ratificar que habían estado escuchando.

Mitakuye oyasin, una señal de respeto y de amor, es un reconocimiento de que todos estamos interconectados, como escribió Sophie, «con todo y con todos los demás [...], tanto con los gusanos y con las babosas como con las águilas [...], con las zarzas y las setas y las ortigas como con las secuoyas gigantes y los arcoíris». Estamos relacionados no solo con las personas que amamos, sino también «con esas personas con las que pondríamos un océano de por medio».

«Lo que hizo que mi experiencia en Standing Rock fuera tan poderosa –me escribió Sophie en un correo electrónico– es que las personas a las que respetaba de verdad *incluían* en sus oraciones a sus oponentes, a aquellos que les habían hecho daño, que les habían rociado con gas pimienta, que les habían mojado con manguerazos de agua fría como el hielo, que les habían disparado con balas de goma, que les habían metido en jaulas y tratado como criminales, que habían mentido sobre ellos; incluían genuinamente a todas estas personas en sus oraciones. Sus oraciones son para el agua y para la tierra. No es una guerra entre el bando bueno y el bando malo, con un enemigo a quien vencer. Todos necesitamos el agua. Estamos todos juntos en esto. Lo que es bueno para mis descendientes es bueno para los tuyos [...]; no somos diferentes en nuestras necesidades.»

La violencia que sufrieron las personas de los campamentos en Standing Rock (las descargas de gas pimienta y lacrimógeno, los perros de ataque, las balas de goma, el uso del agua como arma en las noches gélidas), pudo haber destrozado a esta comunidad. Al enfrentarse a la violencia, podían haber respondido con violencia. Pero la comunidad había hecho el voto de responder con la no violencia y con respeto.

Tiempo después leí que Eryn Wise, una dirigente del campamento de veintiséis años, vio en Facebook Live un vídeo donde aparecía su hermana cuando era rociada con gas pimienta. Corrió hacia el lugar donde su hermana estaba siendo atacada por la policía y se lanzó a la refriega abalanzándose sobre la policía, según *The New York Times*.[94] De repente había seis manos agarrándola por los hombros: eran los protectores del agua que la sacaban de allí. Wise vislumbró por un momento la cara de su hermano y pensó que estaba cubierta de pinturas de guerra. «Mi hermano estaba señalando por encima de mi hombro gritando: "¡Rezaremos por vosotros, rezaremos por vosotros!".» De repente se dio cuenta de que lo que cubría la cara de su hermano era gas lacrimógeno, pero que, aun así, estaba rezando por los atacantes. «Eso fue lo que me trajo de vuelta», dijo. Su hermano la mantuvo arraigada en el respeto.

Mitakuye oyasin, todas mis relaciones, comparte con el budismo la poderosa perspectiva de que todos los seres, todas las cosas están interconectados: aguas y montañas, policía y protectores del agua, pueblos indígenas y sus colonizadores. En Dolpo, y cuando regresé a Estados Unidos, reflexioné sobre una enseñanza de Eihei Dogen, el fundador de la Escuela Soto Zen. En el siglo XIII escribió: «La mente es las montañas, los ríos y la tierra; la mente es el sol, la luna y las estrellas».[95]

Esta perspectiva de una identidad inclusiva y de la verdad de la interconexión se manifiesta en el budismo de forma especialmente interesante en la práctica de *metta*, cuando enviamos bondad amorosa a un «enemigo». Cuando no respetamos a alguien, o sentimos desconfianza o incluso odio, podemos dar un salto hacia la cresta elevada del respeto y ver que todos estamos interconectados de una forma u otra; como mínimo, compartimos el sufrimiento. Después podemos entrar en nuestro corazón, como hicieron los protectores del agua una y otra vez, y rezar para que nuestros adversarios se

vean libres del sufrimiento. No tenemos por qué respetar sus acciones, pero podemos respetar la humanidad esencial de la persona y,
por lo tanto, su potencial de transformación. Es una manera de sanar
nuestra propia sensación de impotencia, nuestro sufrimiento y nuestra ira, y de mantenernos firmes en el respeto.

18. Caer por el borde del respeto: la falta de respeto

Durante mi primera visita al Tíbet en 1987, vi a soldados chinos hostigando a tibetanos que estaban realizando obras en las carreteras en el extremo occidental del país. Los soldados estaban ridiculizando a los trabajadores, insultándoles, mofándose de ellos. No pude evitar sentir ira, además de miedo. Minutos después, se me encogió aún más el corazón cuando vi a un anciano que acarreaba piedras dirigir una amable sonrisa a su torturador. Pensé: «¿Cómo puede hacer eso? ¿Dónde está su indignación? ¿No se siente humillado? ¿No se siente victimizado?».

Luego mi di cuenta de que con toda probabilidad ese anciano tibetano que trabajaba en la carretera había visto la verdad del sufrimiento de su torturador, la verdad de su vergüenza, y estaba respondiendo con compasión. Para mí fue una lección potente, y un recordatorio de que el respeto puede asumir muchas formas, entre otras la de una expresión de sabiduría profunda.

Este anciano tenía una visión de la no-separación que muy pocos alcanzan en nuestra cultura. Tendemos a ver al yo y al otro como si no estuvieran conectados. Con demasiada facilidad cosificamos al otro convirtiéndolo en el acosador o en la víctima, o dejamos que otros nos cosifiquen como víctimas, acosadores o salvadores. Probablemente, esta actitud de separación estaba en la raíz del comportamiento intimidatorio del soldado chino hacia el trabajador, y es la base de lo que considero nuestro actual déficit global de respeto.

Matamos insectos y comemos carne animal sin pensar. Sin darnos cuenta, tratamos a las personas sin techo con repugnancia y desdén. Compartimos una comida con nuestra pareja y nuestra atención está absorta en nuestro dispositivo digital. Hablamos con dureza al niño que reclama atención en clase cuando suena el timbre del recreo. Ante las exigencias de nuestro trabajo, desdeñamos bruscamente la queja del empleado o del votante. Y con mucha facilidad hablamos mal y denigramos a los que son diferentes.

A veces puede parecer que hay razones justificadas para nuestra falta de respeto. Cuando nuestros valores entran en conflicto con los valores de otros, cuando estamos en desacuerdo con sus decisiones, o cuando nos ofenden sus palabras o sus actos, podemos perderles el respeto. Cuando los demás son agresivos o amenazantes en sus interacciones, nuestro respeto puede verse socavado. Si alguien es irrespetuoso con nosotros, es difícil no responder de igual manera. Y aunque la falta de respeto puede asumir muchas formas diferentes, nunca es justificable.

Acoso

El acoso o intimidación es una de las manifestaciones más comunes de la falta de respeto. Intimidar es usar la fuerza, las amenazas o la humillación para dominar y menospreciar a otros. La mayoría podemos identificarnos con esta experiencia; ya sea en el patio del colegio, en los pasillos del ámbito académico, en la sala de juntas, en la habitación de un paciente, junto a la fuente o en la capital de nuestro país, muchos hemos experimentado o presenciado el sufrimiento que provoca el ridículo. Quizá hayamos intimidado a otros… o nos hayamos denigrado a nosotros mismos. Y quizá nos hayan menospreciado quienes se sienten en una posición menos afortunada que la nuestra. Asimismo, muchos hemos sido intimidados por quienes ocupan posiciones de poder; nuestros padres, nuestros profesores o nuestros jefes.

La intimidación puede ser intensa o sutil, agresiva o pasivo-agresiva. Podemos intimidar siendo despectivos, como si la persona que tenemos al lado no fuera digna de nuestra atención, o simplemente siendo groseros y desagradables. Las formas menos sutiles de intimidación son, entre otras, avergonzar, ridiculizar y humillar a otros. Nos pueden intimidar nuestros iguales, nuestros superiores o quienes están por debajo de nosotros en la jerarquía social. Se da a escala individual y societaria, y la pueden originar incluso los medios de comunicación.

Mi interés por la intimidación como forma de falta de respeto se volvió más específico cuando conocí a Jan Jahner, una enfermera experimentada que cursó el Programa de Formación en Capellanía Budista de Upaya. Jan me comentó que las enfermeras «se comen a sus crías y entre sí», una frase acuñada por la investigadora Kathleen Bartholomew. Me pareció un modo bastante alarmante de describir a unas profesionales que son conocidas por su compasión. Insté a Jan a que me contara cómo puede ocurrir algo así en la profesión de enfermería.

Jan me explicó que la *hostilidad horizontal* hace referencia al comportamiento irrespetuoso entre personas que comparten la misma categoría en una jerarquía organizativa o social. También conocida como *agresión entre iguales*, la hostilidad horizontal está presente en muchas estructuras. Los directores corporativos se menoscaban mutuamente, los iguales se rechazan y se excluyen entre sí, y los políticos se ridiculizan unos a otros; incluso los maestros espirituales hablan mal de otros. La escritora feminista Denise Thompson[96] define la hostilidad horizontal como «convertir en chivos expiatorios a quienes son accesibles porque no son muy diferentes en poder y en privilegio».

El acoso no solo tiene lugar entre iguales. Las personas de distinto rango dentro de una jerarquía pueden menospreciar incluso más a otros, en un fenómeno conocido como *violencia vertical*. En el lugar de trabajo, la mayor parte de los acosadores son jefes u otras personas que ocupan cargos de poder y privilegio. Y fuera del ámbito laboral, los profesores humillan a los estudiantes, los mandos militares se burlan con frecuencia de los soldados novatos, los padres pueden desvalorizar a sus hijos, los médicos pueden ser rudos con sus enfermeros, y los jefes de Estado insultan a los grupos minoritarios.

En mi experiencia personal y por las historias de otros, también he aprendido que la violencia vertical se puede dar asimismo de abajo arriba, cuando personas en una posición jerárquica inferior intentan hacerse con el poder de quienes están más cerca de la cima, o cuando quienes están privados de sus derechos se rebelan en respuesta al abuso desde arriba.

Hostilidad horizontal

Cada año, en el programa de Upaya de formación para personal sanitario, conozco a enfermeras y enfermeros que han sido heridos por compañeros y se plantean abandonar su profesión. Jan me contó que cerca de un 20% de ellos deja su trabajo no por dificultades con los pacientes o con los médicos, sino debido al acoso y la rudeza de los compañeros. El coste de la hostilidad horizontal para la profesión de enfermería, además del coste para los pacientes y las instituciones para el cuidado de la salud, es estremecedor.

En su tesis, Jan relató la historia de su propia experiencia de hostilidad horizontal en su trabajo. Era enfermera en urgencias cuando perdió a su hermano a causa del cáncer. Su rendimiento laboral se resintió por el profundo duelo y la distracción que conllevaba. Escribió:

> Lo que ocurrió, en un equipo que me tuvo en alta estima durante mucho tiempo, fue como una bola de nieve. En un contexto tan acelerado, errores menores o normales se convirtieron en sucesos importantes; las emociones se convirtieron en motivo de cotilleo e insinuaciones. Cuanta más atención prestaban a mi rendimiento, más aumentaba mi ansiedad, la sensación de estar sobrepasada y la sensación de temor. No me di cuenta de que mi vulnerabilidad incomodaba a la mayoría de mis compañeros, ni de que los ataques sutiles y el sabotaje eran una forma de autoprotección. Sabía que si pasaba cerca de un grupo de enfermeras y de repente se quedaban en silencio era porque el tema de conversación era yo, como había visto en otras ocasiones cuando se excluían de nuestro grupo a los auxiliares o a otros enfermeros. Me sentía observada, vigilada.[97]

Jan pidió seis semanas de baja y regresó sintiéndose mucho más estable y dispuesta a trabajar. Sin embargo, su equipo no estaba preparado para dejarla volver.

> Una infinidad de ataques sutiles, manifiestos y ocultos, y la frialdad en el trato me dejaron muy claro que tenía que buscar otro puesto en otra unidad. Ese mismo escenario donde había prosperado se había

vuelto hostil, y supe que «mi historia», fuera la que fuese en ese momento, se había difundido por todo el hospital. Me topaba con ella en los lugares más insospechados. Sentí como si algunas de las enfermeras de mi reducido hospital se estuvieran alimentando de mi estrés del pasado para mantener viva su versión de mi crisis. Eran como buitres, que buscando algo jugoso que atacar, se mantenían al acecho en las proximidades de mis esfuerzos para normalizar mi vida laboral.[98]

Finalmente, Jan cambió de división y se trasladó a un edificio del otro lado de la calle. Sus nuevos compañeros reconocieron su duelo como normal, y pudo prosperar en su puesto. Sin embargo, su sentido de autoestima había quedado dañado por su experiencia de agresión y rechazo por parte de sus compañeros, y durante años tuvo que darse ánimos y respirar hondo antes de entrar en el hospital. «De alguna forma, esos compañeros habían tocado algo muy interno y profundamente sensible en un momento de gran debilidad y vulnerabilidad», escribió.

¿Por qué está tan extendida la agresión entre colegas en el ámbito de la enfermería, una profesión conocida por su dimensión humanitaria? Un análisis del comportamiento de los grupos oprimidos nos da una idea de su presencia en el contexto de la enfermería y de la sociedad en general.

Aprendí mucho sobre la opresión entre iguales a principios de la década de los 1970, cuando el feminismo cobraba fuerza en Estados Unidos. Muchas de las que estábamos en el movimiento nos dimos cuenta muy pronto de las faltas de respeto que surgían entre nuestras colegas mujeres. De hecho, el término *hostilidad horizontal* nació dentro del movimiento feminista. Florynce Kennedy, conocida feminista, activista a favor de los derechos civiles y abogada, fue quien acuñó el término. Escribió: «La hostilidad horizontal puede expresarse en la rivalidad entre hermanos o en un duelo competitivo que destruye no solo la tranquilidad de la oficina o de la vida doméstica en los barrios periféricos, sino también a algunos grupos políticos radicales y, lamentablemente hay que reconocerlo, a algunos grupos de liberación de mujeres […]. [Es] ira mal dirigida, que debe centrarse correctamente en las causas externas de la opresión».[99]

Kennedy participaba activamente en el movimiento a favor de los derechos civiles en Nueva York en la época en que yo trabajaba como investigadora en Columbia. A lo largo de los años me la encontré en diversos actos del movimiento. Era dura y se expresaba bien, y no consentía que nadie le faltara al respeto. Hija de un portero que trabajaba en el Pullman, Kennedy era una niña negra que se crio en un barrio de mayoría blanca en la ciudad de Kansas. Cuando el KKK intentó expulsar a su familia, su padre les hizo frente con una escopeta. Ella luchó por la plaza que le correspondía como estudiante en la Facultad de Derecho de Columbia, donde era la única negra y una de las ocho mujeres de su clase. En 1965, fue arrestada cuando intentaba llegar a su casa en la calle 48 Este porque la policía se negaba a creer que viviera en ese barrio. Esta experiencia la convirtió en activista, y más adelante fundó el Partido Feminista.

Opresión internalizada

Sobre la hostilidad horizontal, Kennedy escribió: «Nos criticamos entre nosotras en lugar de criticar al opresor porque resulta menos peligroso».[100] Y muchas veces el opresor es más nebuloso; incluso invisible.

Pero la razón más insidiosa de la hostilidad horizontal, afirmaba Kennedy, es que las personas oprimidas pueden ser cómplices de su propia opresión. Escribió: «No puede haber un sistema de opresión realmente generalizado, como el de Estados Unidos, sin el consentimiento de los oprimidos». Cuando la opresión es el *statu quo*, hasta los que forman parte del grupo oprimido tienden a caer en roles que refuerzan el patrón de dominación. Por ejemplo, las mujeres internalizan el mensaje de que son más débiles que los hombres y de modo inconsciente se comportan de manera sumisa con ellos. Este fenómeno se conoce como *opresión internalizada*. Por definición, las personas marginadas sufren más acoso que los que ostentan el poder, y con frecuencia llevan esa intimidación a lo más profundo, donde se manifiesta como la intimidación interior de vergüenza y de falta de respeto hacia uno mismo.

La opresión internalizada, la violencia sistémica y diversas formas de abuso jerárquico generan marginación, y las condiciones perfectas para la hostilidad horizontal. «Divide y vencerás: eso es lo que intentan hacer con cualquier grupo que esté intentando lograr un cambio social», escribió Kennedy. «Se supone que los negros deben oponerse a los puertorriqueños. Las mujeres deben volverse contra sus madres y sus suegras. Todos tenemos que competir entre nosotros y con ello se beneficia la clase dominante».[101]

De joven aprendí que cuando los hombres acosan a las mujeres para mantener su dominación, suelen hacerlo a través del abuso directo, en un enfoque de arriba abajo: desde un trato condescendiente, paternalista, que sexualiza y avergüenza, o con comportamientos de «machista sabelotodo», hasta el propio abuso físico y sexual. En cambio, en el movimiento feminista he visto que las mujeres utilizan la agresión entre iguales y la violencia vertical de abajo arriba desde una posición de vulnerabilidad, en un intento de nivelar un desequilibrio de poder que experimentan. He observado cómo, con frecuencia, mujeres que se han sentido menos empoderadas han intentado derribar a mujeres que consideraban más poderosas. Lo vemos con demasiada frecuencia en mujeres políticas, académicas, directivas empresariales y líderes espirituales. Yo misma he sido tratada así, y es duro. Las mujeres que demuestran fortaleza pueden convertirse en objetivo, y no solo para los hombres y los medios de comunicación, sino también para otras mujeres. Aun así, no deberíamos olvidar el hecho de que acosar es más común entre los hombres que entre las mujeres. Según la Encuesta sobre el Acoso Laboral de 2014 del Workplace Bullying Institute,[102] dos tercios del total de los acosadores son hombres.

Jan explicaba el papel que desempeña el respeto hacia uno mismo en el fenómeno de la marginación en su experiencia de enfermera:

> Tradicionalmente, en el campo de la enfermería se seleccionaba a mujeres jóvenes que valoraran la atención al paciente, el servicio y el sacrificio personal. Las enfermeras se enfrentaban a la percepción muy extendida de ser menos (en madurez, en pensamiento crítico y en habilidades) que los médicos y sus homólogos sanitarios y en un sistema de atención sanitaria formado principalmente por médicos varones (de más edad). A veces esas enfermeras carentes de poder, autonomía y autoestima asumían los comportamientos de los marginados, buscando la valoración del poderoso y menospreciando su propio poder.[103]

En el caso de las enfermeras, además del estrés que supone afrontar urgencias médicas con riesgos físicos y emocionales, el estrés de sentirse marginado es otro factor que conduce a la agresión entre iguales. Para Jan, la hostilidad horizontal comenzó durante su proceso de orientación. Escribe que, aunque algunas de sus enfermeras mentoras escuchaban y guiaban, «otras solo miraban y esperaban la oportunidad de humillar con la excusa de "eliminar a los débiles", una actitud que seguramente provenía de su propio proceso de socialización en la profesión de enfermería».[104]

Violencia vertical

La intimidación descendente, o violencia vertical, prevalece tanto a nivel individual como social. Las personas con más privilegios suelen menospreciar a los que tienen menos, a través de comentarios, comportamientos y políticas que refuerzan las estructuras sexistas, racistas, clasistas, heterosexistas y la discriminación por edad. El Workplace Bullying Institute concluyó que las personas que no son de raza blanca sufren tasas de acoso laboral significativamente más altas que los blancos.[105]

La intimidación descendente fue una de las características principales de la campaña presidencial norteamericana de 2016. El candidato republicano se mofaba y menospreciaba abiertamente a todas las categorías de «otros»: mujeres, negros, musulmanes, personas con discapacidades, inmigrantes mexicanos y, obviamente, al otro candidato. Al venir de alguien en una posición tan elevada, algunos de sus seguidores se tomaron su ejemplo como un permiso para intimidar y amenazar a cualquiera que perteneciera a esos grupos, tanto durante la campaña como después. En una escuela secundaria en el oeste de Oregón, los estudiantes blancos empezaron a cantar: «¡Construyamos un muro, construyamos un muro!» en medio de clase de física. Poco después un estudiante colgó una pancarta casera que rezaba: «Construye un muro», mientras instigaba a los estudiantes latinos a que se fueran de allí.[106] En otros lugares insultaban a los niños musulmanes llamándoles «terroristas», «ISIS» y «bombarderos suicidas». El Southern Poverty Law Center publicó un informe que concluía que «la campaña está generando un grado de miedo y ansiedad alarmante entre los niños de color, y está exacerbando las tensiones raciales y étnicas en las aulas. Muchos estudiantes tienen miedo a ser deportados».[107]

Según Karen Stohr, en su artículo publicado en *The New York Times*, la intimidación descendente tiene consecuencias más graves que otros tipos de intimidación. «El desprecio expresado por los socialmente poderosos hacia los socialmente vulnerables es un peligro moral mucho mayor que el desprecio que fluye en sentido opuesto –escribe–. Como presidente, Trump ocupa una posición de un poder social excepcional. El desprecio alentado por ese poder se vuelve mucho más efectivo y, por lo tanto, mucho más amenazante para nuestros valores democráticos *básicos*».[108]

Mi alumna de capellanía Michele Rudy trabajó en Arizona con los *dreamers*, niños indocumentados a quienes se dio protección bajo el mandato de Obama. Me dijo que los *dreamers* estaban escondidos por miedo a las redadas de los Servicios de Inmigración y Control de Aduanas de Estados Unidos (ICE por sus siglas en inglés) en sus hogares, colegios y lugares de trabajo. «Los niños no quieren ir a la escuela –escribía Michele–. Una madre me contó que su hijo se pasó tres días sin salir de su habitación. La gente tiene un miedo legítimo a ser perseguida y a que les destrocen la vida».

Michele formó parte de un equipo creado para dar respuesta a ese momento. «Para empezar, los *dreamers* irán con sus familias a las iglesias evangélicas blancas para poner de manifiesto que son seres humanos, y dar a conocer todo lo que esto está suponiendo para ellos. Les resulta muy duro porque tienen que mostrar su dolor ante otros, ante personas que pueden estar en su contra, para que la gente despierte de su engaño. Pediremos a las iglesias que defiendan a los más vulnerables si estos son perseguidos.»[109]

El acoso también puede llegar de abajo arriba. Muchas veces imagino lo que tuvo que afrontar el presidente Barack Obama cada día de sus ocho años en el cargo, con faltas de respeto motivadas por cuestiones raciales que buscaban debilitar su posición. Obama siempre habló con respeto hacia todo el mundo, al menos en público. Como dijo la primera dama Michelle Obama: «Cuando ellos bajan, nosotros subimos».[110]

Como la mayoría de las personas en cargos de responsabilidad y de autoridad, yo he tenido mis propias experiencias de ser objeto de intimidación ascendente en el transcurso de los años. Seguro que la mayoría de los profesores se puede identificar con esto. La primera vez que me ocurrió fue en 1976, cuando enseñaba antropología en la New School for Social Research. Tenía 150 estudiantes en mi clase. Al fondo de la clase había tres mujeres mayores que se pasaban la clase haciendo comentarios despectivos sobre mí. Después de tolerar demasiado tiempo este trato, y siguiendo el consejo de mi jefe de departamento invité amablemente pero con firmeza a esas mujeres a que se sentaran en la primera fila.

Al principio se resistieron. Estábamos en el Nueva York de los años setenta, cuando «se llevaba» acosar a las figuras de autoridad. Seguí insistiendo amablemente, y al final accedieron. Al segundo día de tenerlas en la primera fila, parecía que habíamos alcanzado cierta paz.

Probablemente me había ganado algo de su respeto al no tolerar más tiempo sus insultos. Pero con el tiempo aprendí que esas mujeres procedían de entornos de abuso; estar en la New School significaba para ellas encontrarse en lugar seguro, y menospreciarme era su forma de elevarse. Pese a todo, al final conectamos, y creo que en el fondo eso es lo que querían. A veces, si quieres crear la posibilidad de conectar con alguien, te tienes que arriesgar a tener posibles problemas con esa persona. Aquellas mujeres me enseñaron que el origen del acoso ascendente suele ser la impotencia y la ira que siente la gente hacia los que están en el poder, y que a veces la nivelación del poder se puede producir por vías insospechadas.

Poder con y poder sobre

El respeto y la falta de respeto están estrechamente relacionados con la dinámica del poder: poder *con* (inclusivo) y poder *sobre (*exclusivo*).* El respeto puede ser una forma de poder sano, de poder inclusivo, como el respeto hacia nuestros padres, maestros, compañeros y hacia quienes podrían ser considerados menos afortunados. Cuando utilizamos nuestro poder para hacer avanzar a los que están en posición más frágil, actuamos desde el respeto y desde el poder *con*, inclusivo. Cuando utilizamos nuestro poder para favorecer nuestros propios intereses a expensas de los demás, estamos actuando desde la falta de respeto y desde el poder *sobre*.

El poder entraña muchos riesgos. El poder puede hacer que las personas se centren más en sí mismas, dando prioridad a sus propias necesidades sobre las de los demás. El poder puede desinhibir a la gente hasta el punto de ignorar las normas sociales de respeto, amabilidad, consideración y conciencia. Y el poder embriaga. Creo que muchas veces los acosadores están ebrios de poder y son adictos a explotar las diferencias de poder a su beneficio, a fin de controlar el entorno y manipular a los demás.

Incluso en grupos donde los compañeros comparten el mismo nivel social, se pueden desarrollar sutiles diferencias de poder en función de factores como el carisma, las cualidades de liderazgo, la altura, la edad, el atractivo y la fuerza física. Los acosadores saben cómo transformar esos ligeros desequilibrios de poder en grandes desigualdades, aprovechándose de la vulnerabilidad.

A escala global, el poder *sobre* se manifiesta como racismo, sexismo y demás «ismos». Cuando la falta de respeto se institucionaliza en los sistemas y en las estructuras sociales, se convierte en *opresión sistémica*. La opresión sistémica es lo que llevó a los políticos de Flint, Michigan, a decidir que estaba bien poner en peligro el agua potable de una población en su mayoría negra si el propósito era ahorrar dinero; durante años corrió plomo con efectos neurotóxicos por las tuberías de los hogares de familias con hijos. Posiblemente, la opresión sistémica estaba detrás de la decisión de alejar el DAPL de Bismarck, de población mayormente blanca, y redirigirlo hacia el subsuelo del río Missouri, la fuente de suministro de agua de los siux de Standing Rock. No hay duda de que también desempeñó un papel en 2016, cuando al final una mujer no pudo romper el techo de cristal en Estados Unidos y convertirse en presidenta. Está en la raíz de las leyes sobre la «libertad de culto», las «leyes sobre el uso de los baños» y otras políticas que legalizan la discriminación contra el colectivo LGBTQ. También se manifiesta de formas más sutiles que revelan las mentalidades que impregnan las profundidades del iceberg, como por ejemplo las microagresiones tipo «No te veo como negro».

La opresión sistémica y la falta de respeto se activan cuando convertimos a los demás en «el otro». La académica y crítica feminista india Gayatri Chakravorty Spivak define ese proceso de *otredad* como «el procedimiento por el cual el imperio puede definirse a sí mismo contra aquellos a quienes coloniza, excluye y margina».[111] En Estados Unidos, esta colonización se ha manifestado al pie de la letra, adueñándose de las tierras indígenas y al convertir en «el otro» a los nativos americanos, y en sentido figurado marginando a las personas de color, a las personas con discapacidades, al colectivo LGBTQ e incluso a la población carcelaria. Cuando somos sujetos de la marginación, la vergüenza y la «otredad», no resulta nada fácil mantener el respeto hacia uno mismo. Quizá nuestra baja autoestima no sea consecuencia de trastornos de la personalidad, sino de haber interiorizado las actitudes opresivas de la sociedad.

Despojados de dignidad

Y luego está nuestro sistema penitenciario industrial, un lugar donde la falta de respeto y la humillación son la norma. Cuando trabajé como voluntaria en el sistema penitenciario de Nuevo México, desarrollé un programa de veinte semanas para prisioneros que incluía diversas formas de meditación, entre ellas la práctica de *metta* (bondad amorosa); el programa también hacía hincapié en la ética y en la comunicación.

La mañana en que iba a enseñar la práctica de *metta*, escoltaron a un nuevo prisionero esposado a la capilla donde se impartía la clase. Era un hombre enorme, de aspecto rudo, con la cara surcada de cicatrices y las palabras HERMANDAD ARIA tatuadas en la parte posterior de su cabeza rapada. Le eché un vistazo y por un momento pensé que quizá sería mejor cambiar la lección de ese día. Recuerdo su nombre, era John; también le conocían como «el motorista nazi». El funcionario le quitó las esposas, abandonó la capilla y pronto se le pudo ver en la garita de seguridad de cristal, a la que solo se podía acceder desde fuera de la sala donde nos reuníamos.

Comenzamos con una ronda de presentación. John no dijo nada; solo miraba a un lado y a otro con rabia y con desprecio. Cuando empezamos haciendo algunos ejercicios de estiramiento, permaneció callado y sin moverse, como un hierro frío. Luego me centré en la parte de entrenamiento mental, sugiriendo que los estudiantes podían cerrar los ojos o dejarlos abiertos, según se sintieran más cómodos. Yo tenía los ojos bien abiertos, como los del nuevo prisionero.

Comencé con la meditación guiada, pidiendo a los estudiantes que se asentaran en el cuerpo y pensaran en algún conocido que realmente hubiera sufrido. Después empecé a recitar lentamente las frases de *metta*. «Que estés seguro; que estés en paz…» No había pasado ni un minuto cuando John saltó con toda su corpulencia, y gritó: «Tú, p———! ¡No sabes de qué c——— estás hablando!» Con la cara congestionada, siguió despotricando e insultando.

No tuve tiempo de pensar en cómo cambiar la situación. Capté la mirada inyectada en sangre de John y le dije con una especie de humildad cómica y firme: «Estoy de acuerdo con lo que dices, ¡pero no me gusta cómo lo dices!».

Inmediatamente, la sala se fundió en una estentórea carcajada. En un momento apareció el guardia, que probablemente esperaba encontrarme agachada en una esquina o tomada como rehén. Pero estaba bien. Creo que mis años de práctica me ayudaron a estar alerta y receptiva ante la casi catástrofe que había contribuido a crear. Parece que mis palabras, al menos esa vez, habían sido acertadas.

Me sentí agradecida por acabar la sesión de una pieza y rodeada de risas. Pero el hecho es que fue una situación dura, tanto para John como para mí.

Vi a John al cabo de más de un año. Entretanto, había asesinado a uno de los presos. John, que estaba acusado de un delito capital y considerado muy peligroso, estaba a punto de quitarse la ropa para que le registraran antes de ser escoltado hasta su celda. Nuestros ojos conectaron por un momento, y pude sentir su rabia mientras los guardas se preparaban para ese ritual de humillación. Pensé en nuestro breve y complicado intercambio del año anterior, y se me ocurrió que sin duda había estado sometido a mucha degradación desde que le había visto, y que también habría provocado grandes dosis de rabia.

En nuestra reunión anterior él me había cosificado; y posiblemente yo también le había cosificado a él con mi comentario defensivo y gracioso, que probablemente le avergonzó delante de sus compañeros. Y eso no me lo había planteado hasta ese instante en que le vi en el corredor de la prisión, cuando miré por un momento su torso desnudo, marcado y tenso, cargado de crispación eléctrica. Nadie parecía dar importancia al hecho de que hubiera una mujer cerca. Noté cómo se me encogía el pecho mientras me alejaba apresuradamente de esa escena humillante. Y sentí que seguramente, se había perdido cualquier oportunidad de redención de este hombre gigantesco.

A John le estaban despojando de su dignidad y de todo lo demás. Por muy matón que fuera, los funcionarios de prisión que lo manejaban ejercían una opresión aún más potente, imponiendo su falta de respeto y su dominación con un sentido de profunda indiferencia, como si estuvieran manipulando un objeto inanimado.

Cuando recorría el pasillo, sentí náuseas. En ese momento estaba presenciando violencia vertical y opresión sistémica al mismo tiempo; una dinámica que también podemos encontrar en nuestros ejércitos, en los hospitales, los colegios, las instituciones religiosas y en el gobierno. Podía sentir la rabia de John generada por su indefensión; también pude percibir la mezquindad fría y dominante de los guardias, y sentí que había ganado algo de comprensión y de visión sobre cómo se fabrica un acosador.

Angulimala

La opresión internalizada es un elemento que aparece tanto en la violencia vertical como en la hostilidad horizontal. Los que sienten opresión internalizada pueden intentar someter o hacer daño a quienes perciben como de nivel inferior a través de la dominación de arriba abajo. O se pueden convertir en hostigadores de abajo arriba, desafiando a quienes consideran de rango superior, como hizo John. Los acosadores y los tiranos también pueden estar imitando inconscientemente un comportamiento aprendido o tratar de compensar una injusticia percibida.

En mi trabajo en el sistema penitenciario, aprendí que las personas no tiranizan porque se sientan más fuertes que los demás; lo hacen porque se sienten *más débiles*, y muchas veces porque sufren vergüenza no reconocida. Les asusta su propia vulnerabilidad, y atacar a otros se convierte en un método de protección.

Cuando trabajaba «dentro», muchas veces reflexionaba sobre el relato budista sobre el asesino en serie Angulimala, que demuestra cómo se puede transformar el odio si se dan las circunstancias adecuadas. En los tiempos del Buda, el mero nombre de Angulimala hacía temblar a muchos, pues la palabra significaba «un collar de dedos»: los dedos de las personas a las que Angulimala había matado. Según narra el *Sutra Angulimala*, este hombre era «brutal, sanguinario, y se dedicaba a matar y a degollar, sin mostrar compasión por ningún ser viviente».[112] Con su inclinación hacia el asesinato estaba arrasando pueblos enteros, regiones enteras.

Un día en que el Buda salió a pedir limosna, aldeanos, pastores y granjeros le advirtieron de que Angulimala rondaba cerca, y que debía buscar refugio. El Buda no escuchó sus consejos; al contrario, siguió pidiendo limosna tranquilamente. Pronto oyó el sonido de unas pisadas corriendo tras él, y después un grito iracundo ordenándole que se detuviera. El Buda continuó caminando despacio, sin preocupación, ejerciendo un misterioso poder que lograba mantener a distancia a Angulimala, por mucho que corriera. Enfadado y frustrado, el asesino le gritó al Bendecido: «¡Detente, contemplativo! ¡Detente!».

El Buda replicó: «Yo ya me he detenido, Angulimala, de una vez por todas. Eres tú el que no se ha detenido».

Sorprendido, finalmente Angulimala pudo alcanzar el paso del Buda. Este le miró con una mirada pacífica y clara. Más sorprendido aún, Angulimala le preguntó por qué no tenía miedo. El Buda le miró como si fuera un viejo amigo.

Angulimala dijo: «Monje, dices que te has detenido hace mucho tiempo, pero sigues caminando. Dices que yo no me he detenido. ¿A qué te refieres?».

El Buda respondió que había dejado de hacer daño al prójimo, y que había aprendido a venerar la vida de los demás.

Angulimala replicó que si los seres humanos no se preocupaban por el prójimo, ¿por qué tenía que preocuparse él? No descansaría hasta haberlos exterminado a todos.

El Buda respondió serenamente que sabía que Angulimala había sufrido a manos de otros; que su profesor le había hecho daño y que sus compañeros de estudios lo habían denigrado. «La ignorancia puede hacer que los humanos sean crueles –explicó el Buda–, pero los seres humanos también pueden ser comprensivos.»

Después el Buda miró profundamente a los ojos de Angulimala, y le explicó que sus monjes habían hecho la promesa de practicar la compasión y de proteger las vidas de los demás. «El camino para transformar el odio y la agresión en amor es el camino del Dharma».[113]

El Buda le dijo a Angulimala que estaba en el camino del odio, y le alentó a escoger el perdón y el amor. Al escuchar esto, Angulimala se estremeció en lo más profundo. Se dio cuenta de que había ido demasiado lejos por el camino del mal, y le preocupó que quizá ya fuera demasiado tarde para volver atrás.

El Buda le respondió que nunca es demasiado tarde, y le animó a dirigirse hacia la orilla de la comprensión. Prometió que cuidaría de él si se entregaba a una vida de amabilidad y compasión. Angulimala sollozó y, soltando sus armas, prometió abandonar el odio y la agresión y se convirtió en discípulo del Buda.

La primera vez que leí este *sutra*, sentí que probablemente, para Angulimala hacer daño a otros era una reacción al hecho de haber sido tiranizado por sus compañeros y su maestro cuando era un niño. La historia me resultaba familiar. En la prisión de máxima

seguridad había conocido a muchos hombres como él. Pero Angulimala experimentó la bendición de la transformación porque el Buda
le percibió en toda su profundidad. Sí, Angulimala era un asesino en
serie. Pero también tenía la fuerza de la bondad en su interior, y el
Buda vio quién era realmente y apeló a eso.

Cuando pensé en la historia de Angulimala, me di cuenta de que
había perdido mi oportunidad con John. John había asesinado a tres
hombres. Era un tipo duro, pero, mirando más a fondo, podía sentir
que estaba roto. No había forma de volver atrás y nunca volvería a
verle, pero se ha quedado conmigo, como una lección del fracaso.

Otro día en la cárcel, uno de los presos me dijo: «Esta es la primera vez en mi vida que alguien me trata con respeto y con amabilidad». Al mirarle a los ojos se me hizo un nudo en la garganta.
No tenía palabras. Pero la mirada que me devolvió era transparente.
Con el tiempo, este hombre se convirtió en un preso modelo, se
abrió camino hacia la libertad interior, y con el tiempo también hacia la libertad exterior.

Causas y efectos

Desde la perspectiva de la originación dependiente, podemos ver
que las faltas de respeto hacia los demás surgen debido a múltiples
causas y condiciones. Desde el punto de vista de la personalidad, los
acosadores sienten una falsa sensación de seguridad que tiene su origen en sentimientos de inferioridad, vergüenza no reconocida, falta
de conciencia personal y el mecanismo de defensa de cosificar a
otros. Desde el punto de vista de la motivación, puede existir una razón aparentemente justificada para la falta de respeto; por ejemplo,

cuando los demás hacen algo que viola nuestro sentido de moralidad e integridad. Desde el punto de vista externo, las culturas organizativas competitivas y la opresión institucionalizada alimentan la falta de respeto.

También debemos tener en cuenta que los efectos emocionales, físicos y espirituales de la falta de respeto pueden ser extremadamente graves. En un estudio sobre la brusquedad en la profesión médica, se apuntaban cinco motivos: carga de trabajo, falta de apoyo, seguridad del paciente, jerarquía y cultura.[114] Aun así, cuando somos blanco de la falta de respeto, la hostilidad, el acoso y la rudeza, podemos sentir ira, vergüenza, humillación, cinismo e impotencia: una espiral de emociones que pueden desembocar en el odio y el daño hacia uno mismo. Desde el punto de vista físico, podemos experimentar insomnio, fatiga, y las respuestas asociadas al estrés de lucha, huida y parálisis. También podemos acabar desarrollando enfermedades relacionadas con nuestras vulnerabilidades concretas.

También existen consecuencias interpersonales. Si somos blanco de la falta de respeto, puede que ataquemos al causante o podemos castigarle. Puede que nos retiremos de la situación hasta el punto de abandonar nuestro trabajo o nuestra comunidad. O quizá intentemos tomarnos la revancha buscando objetivos a quienes acosar, como hizo Angulimala, alimentando con ello el ciclo de poder tóxico. Y puede que nuestros mecanismos de adaptación, como, por ejemplo, el abuso de sustancias, desemboquen en aislamiento social, problemas de salud mental e incluso en un comportamiento delictivo. Y cuando sus actos les pasan factura, los acosadores también pueden experimentar algunas de esas consecuencias mentales, físicas e interpersonales.

Si nos encontramos atrapados en el lodazal de la falta de respeto tenemos que salir de ahí lo más rápidamente posible. En el caso de Angulimala, esa fue la crisis que necesitaba para conectar más profundamente con quien era en realidad. Igual que las causas nos pueden hacer caer por la pendiente de la falta de respeto, también los efectos nos pueden traer de vuelta al camino del respeto, el civismo y la consideración. Así fue con Angulimala, y así puede ser con nosotros.

19. El respeto
y los otros estados límite

Según las definiciones convencionales, *respeto* significa «una actitud de consideración o de deferencia». El respeto es fruto de la integridad y de la empatía. Nace de nuestros puntos de vista, nuestros valores y nuestras emociones. La etimología de la palabra *respeto* resulta interesante. En latín, *respectus* quiere decir «mirar atrás y considerar». Por el contrario, la *falta de respeto* sugeriría «menospreciar» y no considerar en profundidad. Cuando respetamos conscientemente al prójimo, un principio o incluso a nosotros mismos, experimentamos una pausa natural, un volver atrás para reflexionar más a fondo. Desde este punto de vista, el respeto no es solo un sustantivo, sino también un verbo: un proceso.

Cuando pienso en el proceso de respetar y en cómo afecta a los otros estados límite, recuerdo la experiencia de Susan, una médica militar que me pidió consejo sobre cómo mantener el respeto hacia sí misma y hacia sus valores y principios, pues podía imaginar cuáles iban a ser sus funciones bajo una nueva administración política que para ella ejemplificaba el lado tóxico de nuestro sistema político. Me confió que muchas veces, formar parte del ejército le había creado un conflicto por el sufrimiento que causaba la guerra. Al mismo tiempo, también sentía que tenía una misión más profunda. Dijo: «Me preocupa ser parte integrante de un sistema perjudicial, pero al mismo tiempo también siento que estar cerca me ofrece la oportunidad de cambiar el sistema desde dentro de una forma más eficiente y más potente que obrar por el cambio desde fuera del ejército».[115]

Durante su última misión en Afganistán, Susan sintió que su papel de médica era el «Recto medio de vida», un concepto budista que se refiere a un trabajo que es ético, que le ofrecía la oportunidad de «llevar la luz donde hay oscuridad» y ofrecer una atención respetuosa a quienes han sufrido las heridas y el trauma de la guerra. Pero también me comentó que al ser una persona que llevaba dentro el instinto de ayudar, a veces se descubría tambaleándose bajo el influjo del altruismo patológico. En ocasiones también se sentía sobrepasada por el sufrimiento que encontraba (angustia empática) y por la intensidad de las exigencias del trabajo (quemarse), y le suponía un conflicto trabajar en una institución cuyo *ethos*, a su modo de ver, estaba en cierto modo arraigado en la violencia (sufrimiento moral).

En sus cartas reconocía que para preservar su autoestima tenía que considerar desobedecer en caso de que le pidieran que cumpliera órdenes ilegales. A pesar de este compromiso, se debatía. «Podría seguir formando a la siguiente generación de médicos para que proporcionaran algo más que atención médica, para reducir y afrontar el dolor y la rabia que presencian con una compasión más profunda. Podría seguir siendo la voz disidente e inquisidora dentro de un sistema que se perpetúa a sí mismo. Pero ¿es suficiente? ¿Y si mi presencia es un consentimiento implícito? ¿Será una aprobación tácita del *statu quo*?»

Me senté con las palabras de Susan. Podía sentir su conflicto por el hecho de proporcionar un cuidado muy necesario a los heridos y moribundos y al mismo tiempo sentir que estaba violando su integridad y el respeto hacia sí misma. Mi estilo no es aconsejar, sino más bien preguntar. Pensé en mi padre y en lo que su daño moral y su posterior pérdida de respeto personal me habían enseñado. También pensé en mis alumnos que habían sufrido el trauma del combate. Y recordé mi experiencia de voluntaria en el complejo penitenciario industrial, una institución donde la falta de respeto, el acoso y la violencia son la norma establecida.

Escribí a Susan:

> Yo también me he planteado preguntas similares sobre tu situación y también sobre la mía, en mi trabajo de voluntaria en el sistema penitenciario. ¿En qué medida contribuimos a la violencia estructural al estar dentro de instituciones que causan daño? Creo que hay que explorarlo en profundidad. Nuestras motivaciones (planes de jubilación, posición social, etc.) podrían llevarnos a hacer concesiones y acabar degradándonos psicológicamente al hacernos en cierto modo cómplices del daño ocasionado a otros, y, con ello, dañándonos a nosotros mismos. Por otro lado, ¿existe alguna forma de estar dentro del sistema y representar y defender los valores que orientan nuestra vida? Profundiza en las preguntas que te planteas y, además, piensa en tu vida dentro de cinco años, de diez años... ¿Qué ves? ¿Quién quieres ser? ¿Quién eres ahora? Y si te quedara un año de vida, ¿qué querrías hacer con tu vida?

En los días siguientes a esta correspondencia, pensé en Susan con frecuencia. Son muchos los factores que pueden poner en riesgo el respeto personal y el respeto por nuestros principios, incluyendo nuestro propio idealismo, nuestra respuesta inconsciente a las expectativas sociales, nuestros deseos de seguridad material, los compromisos que ya hemos asumido y que tememos romper, nuestra falta de conciencia de la gravedad del daño en un sistema del que somos parte y el altruismo fuera de lugar.

Susan no tardó en volver a escribir. Había seguido los acontecimientos de Standing Rock, y las acciones de los religiosos y de
la gente de fe y sus valerosos esfuerzos por proteger la tierra le sirvieron de inspiración. Tenía muy claro que se negaría a participar
en cualquier intervención militar contra los protectores del agua de
Standing Rock. Respetaba profundamente a los protectores del agua
por adoptar una postura no violenta, y le parecía alarmante la violencia que se había ejercido contra ellos.

De momento, Susan tenía intención de seguir en su puesto de
médica «al lado de quienes están más directamente inmersos en el
abismo del sufrimiento creado por la guerra». Pero tenía un nuevo
grado de compromiso con la disidencia, que implicaba alzar su voz
de manera proactiva. Escribió:

> Estoy dejando a un lado el deber de mantener la boca cerrada para
> acatar la ley militar. Acepto el riesgo de ser sancionada, de que me
> sometan a un consejo de guerra o me despidan por hacerlo. Hay mo-
> mentos en que tengo que decir la verdad, por encima del mandato
> de no implicarme en debates políticos debido a mi posición. Tengo
> que reconocer que es un gran riesgo y que me genera intranquilidad,
> pero también confío en que manifestará nuevas formas de estar en
> este momento difícil.

Cuando vi a Susan semanas más tarde, había tomado una nueva decisión: había dado los primeros pasos para solicitar un cargo militar
oficial como objetora de conciencia. Me contó que los militares la
estaban presionando sutilmente para que abandonara su solicitud
de objeción de conciencia, insinuando que tenía problemas psicológicos. Me miró, y ambas sonreímos. Yo sabía que no solo esta-

ba perfectamente sana, sino que además había tomado su decisión aplicando el respeto personal y el respeto por los principios, con la integridad como guía.

En la exploración de dilema, Susan había seguido un atento proceso de discernimiento. Había respetado su propio proceso de deliberación y había evitado precipitarse a una conclusión rápida. En un momento determinado, se dio cuenta de que estaba dispuesta a incurrir en el riesgo de infringir la legislación militar y soportar el menosprecio de sus colegas, a fin de estar en armonía con sus valores. Finalmente, sintió que la única opción era solicitar su derecho de objeción de conciencia. Supe que no había tomado a la ligera esa decisión.

Aprendí de Susan y de otros que el respeto y la falta de respeto cohabitan con los otros estados límite en un ecosistema complejo. La falta de respeto hacia los demás a menudo revela una falta de altruismo, de empatía y de integridad saludables. Activar conscientemente estas cualidades nos puede ayudar a regresar al respeto. La falta de respeto también genera sufrimiento moral, que, como Susan, experimentamos como una violación de nuestra integridad. Los lugares donde trabajamos y servimos pueden ser terrenos abonados para la intimidación, y si sufrimos acoso, nos quemaremos más rápido. Si están quemados, los cooperantes, el personal militar y los cuidadores serán más proclives a proyectar sus frustraciones sobre sus compañeros, sus superiores e incluso sobre aquellos a quienes sirven, tratándoles sin respeto.

Por el contrario, el respeto imbuye fuerza a los otros cuatro estados límite. El altruismo es una expresión poderosa del respeto. La empatía puede ser una puerta al cariño incondicional hacia los demás. Los principios morales y éticos que generan individuos, organizaciones y sociedades sanas tienen el respeto entretejido en su meollo. Y la implicación se puede potenciar con el respeto. Muchas veces pienso en la gran regla de oro compartida por tantas culturas con expresiones tan diversas: trata a los demás como te gustaría que te tratasen a ti. Esta máxima encarna el respeto hacia los demás, el respeto hacia los principios y el respeto hacia uno mismo.

20. Prácticas que respaldan el respeto

¿Cómo manejar la falta de respeto de forma hábil, tanto si notamos que brota en nuestro interior como si somos sus destinatarios? ¿Qué prácticas que estén fundamentadas en el respeto podrían ayudarnos a cultivar más respeto?

El triángulo dramático

En el Programa de Formación en Capellanía Budista de Upaya, enseñamos a nuestros estudiantes el triángulo dramático de Stephen Karpman, que utilizamos como un modelo social para el análisis de las dinámicas interpersonales relacionadas con la falta de respeto, el miedo y la desautorización. Ya sea en el trabajo, en la vida familiar o con nuestras amistades, antes o después todos nos vemos atrapados en el triángulo dramático. No es un modelo budista en sí, pero tiene una orientación budista. Nos ayuda a tomar conciencia de nuestras respuestas habituales basadas en el miedo a las interacciones tóxicas. El modelo también ofrece una perspectiva que nos ayuda a ver quiénes somos en realidad con mayor profundidad.

El triángulo dramático describe los papeles de perpetrador, salvador y víctima en los que se ven atrapadas las personas. Normalmente, el drama comienza cuando un perpetrador hostiga a una víctima o cuando la víctima percibe o incluso busca un ataque de un perpetrador. Al sentirse amenazada o menospreciada, la víctima solicita la ayuda de un salvador, o bien un salvador se ofrece voluntario para resolver la situación. Los salvadores suelen creer que actúan desde un espacio de altruismo, pero a menudo lo hacen desde una forma patológica de altruismo que refuerza el ego del salvador y perpetúa la dependencia de la víctima.

A medida que los actores representan su papel, el triángulo pierde estabilidad; tarde o temprano la dinámica cambia y con ella, también lo hacen los roles. Por ejemplo, si el salvador empieza a sentirse molesto por las necesidades de la víctima, puede cambiar al papel de víctima, y la víctima se convierte en el nuevo perpetrador. O el salvador puede explotar de ira y convertirse en un perpetrador. El perpetrador puede alegar que está siendo perseguido, y asumir el papel de víctima. De hecho, cualquier actor puede cambiar a cualquier otro papel.

La conexión entre el triángulo dramático y la intimidación es evidente. Perpetradores y víctimas son ingredientes necesarios para que se cree hostilidad horizontal o vertical, condiciones que atraen a los salvadores. Es más, una persona que se siente tiranizada o acosada puede pasar fácilmente a interpretar el papel de perpetrador, avergonzando y culpando al perpetrador original. O un salvador puede aparentar respeto para asumir el papel del perpetrador.

La base que subyace al triángulo dramático es la conexión entre la responsabilidad personal y el poder. La víctima no asume la responsabilidad de su propio poder, sino que intenta conseguir un salvador que la rescate. El salvador se responsabiliza, no de sí mismo, sino de quien identifica como víctima. El perpetrador también rechaza asumir la responsabilidad de sus propias acciones, y niega su contribución al sufrimiento.

Para romper esta dinámica disfuncional, tenemos que intentar ver la situación desde un punto de vista mucho más amplio, y asumir nuestra parte de responsabilidad en el conflicto. Durante el Programa de Formación en Capellanía Budista de Upaya, Fleet Maull proporciona una buena guía para salir del triángulo dramático: ser conscientes de las situaciones que nos provocan y mantenernos enraizados; no tomarnos las cosas personalmente; mantener unos buenos límites internos y externos; establecer y mantener acuerdos claros; renegociar los acuerdos en caso necesario; ver las cosas con perspectiva, y trabajar con las cualidades siguientes: vulnerabilidad, rendición de cuentas, responsabilidad personal, confianza, conexión y valentía.

Los Cinco Guardianes del Habla

Para trabajar con el triángulo dramático, tenemos un recurso muy poderoso: las Rectas Palabras, una práctica budista que constituye una de las bases para la conexión y el cariño. Cuando los maestros zen de Estados Unidos empezaron a explorar más en detalle el papel del discurso en los sistemas en que vivimos, nos dimos cuenta de la frecuencia con que se da la falta de respeto y el menosprecio en las estructuras familiares, en los centros de trabajo y en nuestras comunidades religiosas. Empezamos a utilizar los Cinco Guardianes del Habla, una serie de preguntas derivadas de las enseñanzas del Buda, como herramienta para la comunicación apropiada. Practicarlos implica que, antes de abrir la boca, siempre nos planteemos lo siguiente:

1. ¿Es verdad?
2. ¿Es amable?
3. ¿Es beneficioso?
4. ¿Es necesario?
5. ¿Es el momento adecuado?

Estas preguntas son una manera de considerar más a fondo si lo que queremos decir es necesario en ese momento y si realmente va a ser útil. ¿Es este el momento en que hacen falta nuestras palabras para cambiar una situación para mejor? ¿O nuestra opinión podría ser recibida como intimidante, irrespetuosa o debilitante?

No obstante, al responder estas preguntas, he tenido que recordar un elemento muy importante de las Rectas Palabras que Thich Nhat Hahn enfatizó a lo largo de los años. En casos de injusticia, menosprecio, daño, abuso o violencia, tenemos la responsabilidad de denunciar el daño en nombre de la compasión. Nhat Hahn interpreta el precepto budista del habla correcta con estas palabras: «No digas cosas que no son ciertas para beneficiarte o para impresionar a los demás. No pronuncies palabras que puedan causar odio o división. No difundas noticias si no sabes si son ciertas. No critiques ni condenes aquello de lo que no estás seguro. Habla siempre honesta y constructivamente. Ten el valor de denunciar las situaciones de injusticia, aunque hacerlo suponga una amenaza para tu propia seguridad».[116] Las Rectas Palabras son las palabras valientes. Un discurso compasivo y valiente estará arraigado en el respeto auténtico. También es una de las maneras de salir del triángulo dramático.

Ponerse en el lugar del otro

La empatía, la amabilidad, la visión profunda y la compasión son antídotos poderosos contra la falta de respeto. Consciente de ello, he descubierto que la práctica de «ponerse en el lugar del otro» resulta de gran ayuda para profundizar en el respeto, y para nutrir la sabiduría y fortalecer la resiliencia cuando uno se ve sometido a la falta de respeto.

Esta práctica fue descrita por Shantideva, el monje budista del siglo XVIII que escribió *Una guía para el estilo de vida del bodhisattva*.

Primero empezamos recordando nuestra aspiración a ser beneficiosos para los demás, y que todos y cada uno de los seres quieren librarse del sufrimiento.

Después vemos honestamente que nuestro egoísmo y nuestro egocentrismo no nos han aportado una felicidad verdadera. Lo que ha nutrido nuestro bienestar ha sido el respeto, el amor y ocuparnos de los demás.

Si analizamos en profundidad, deberíamos ver que todo lo que nos beneficia proviene de otros, ya sean nuestros cuerpos, la comida que ingerimos, la ropa que llevamos, la casa donde vivimos, incluso el aire que respiramos.

Después es importante entender que desde cierto punto de vista, no hay diferencia entre el yo y el otro, y que todos los seres y todas las cosas son totalmente interdependientes y dignos de respeto y cuidado.

Aunque habitualmente casi todos nos centramos en nosotros mismos, ahora vamos a centrar nuestra atención y nuestro amor en el otro.

Para esta parte de la práctica de intercambiar el aprecio por nosotros mismos por el aprecio a otro, trae a la mente la presencia de
alguien que esté sufriendo. Imagina que tú eres esa persona, que
vives su vida, que soportas sus dificultades.

Imagina su sufrimiento como humo negro e inspíralo. Con la
espiración, envía a esa persona todas tus buenas cualidades.

Cuando haya transcurrido cierto tiempo haciendo esta práctica,
vuelve a tu inmenso corazón y descansa en la presencia incondicional.

Finaliza la práctica dedicando el mérito al beneficio de los demás.

Esta práctica es una forma potente de cultivar el amor y el respeto hacia los demás.

21. Descubrimiento en el borde del respeto

En el budismo intentamos examinar a fondo las raíces del sufrimiento de cada persona. Podemos reconocer el Angulimala en el acosador, en el tirano, en el maltratador: el que necesita de las circunstancias adecuadas para descubrir de nuevo quién es en realidad.

Y luego está Mara, el «diablo», que aparecía una y otra vez en la vida del Buda, intentando intimidarle. Como escribe Thich Nhat Hahn, el Buda respondía: «Hola, viejo amigo. Yo te conozco»; y Mara huía.[117] En otra versión de la historia, el Buda enumeraba a Mara las fortalezas personales que utilizaría para derrotarle: «Porque tengo fe y energía, / y también sabiduría [...]. Tus prietos escuadrones, que el mundo, / con todas sus virtudes, no ha podido derrotar, yo romperé con sabiduría / como una piedra rompe una vasija de barro».[118] Tras derrotar a Mara, el Buda recibió el apodo de «Victorioso», en el sentido de que había superado todos los obstáculos. Tenía el poder de transformar las aflicciones de su propia mente.

Mara es un personaje que representa nuestra angustia, nuestro odio, nuestro aferramiento, nuestra confusión, nuestros engaños, nuestro miedo. Quizá, cuando nos encontremos con nuestro propio Mara, podamos decir, con cierto grado de compasión: «Hola, viejo amigo. Yo te conozco». Resistimos el impulso de tiranizar, permaneciendo arraigados en la comprensión y el respeto. También podemos utilizar la fórmula de fe, energía y sabiduría del Buda para superar nuestro Mara personal y encontrar la libertad.

En el *Padhana Sutta*, Mara se queja: «Durante siete años seguí al Buda a cada paso. / Con el Buda despierto, no tuve oportunidad. / Como un cuervo que sobrevuela una gruesa piedra de color / pensando "quizá encuentre un tierno manjar" / y se aleja decepcionado, /con disgusto renuncio a Gotama».[119]

¡No le des al tirano ningún manjar con el que deleitarse! ¡Se una piedra gruesa de color! Tanto si el tirano se encuentra dentro como si es un agresor externo, primero debemos mirar profundamente en nuestro interior. Podemos intentar cultivar una compasión valerosa hacia el sufrimiento y el engaño del tirano. De esta forma podemos ganar la visión clara que necesitamos para evitar alimentar nuestros propios estados opresivos de la mente. También podemos cultivar compasión por nosotros mismos y aprecio por nuestras fortalezas. Si el respeto hacia nosotros mismos es robusto, no necesitamos denigrar a otros.

Cuando nos encontramos en el borde tambaleándonos hacia el abismo de la falta de respeto, nuestra propia sensación incómoda puede ser suficiente para hacernos mirar hacia dentro y descubrir nuestra compasión hacia los demás, descubrir cómo podemos transformar las relaciones y las instituciones difíciles con la fuerza del respeto y del amor. Estas experiencias pueden ser una vía de entrada para modificar nuestras respuestas habituales, aprender a comunicarnos hábilmente y de manera compasiva, y para darnos cuenta del poder sanador de la interconexión con nuestros congéneres humanos y con todos los seres. Cuando aprendemos a elevar a los demás, también nos elevamos a nosotros mismos.

Parte V. Implicación

«No te puedes iluminar a fuerza de actividad.»

Hace años, en Upaya, reparé en un joven trabajador mexicano que apilaba lenta y cuidadosamente los ladrillos de adobe que se iban a utilizar en la remodelación de uno de nuestros edificios. Durante toda la obra siguió trabajando con esa misma calidad de atención plena, y a menudo tenía una leve sonrisa en el rostro, tanto cuando instalaba una tubería como cuando enlucía una pared. Al final del proyecto, invité a José a que se quedara en Upaya de encargado de mantenimiento.

José se deslizó en la corriente de la vida cotidiana de Upaya, inspirando a algunos de nuestros residentes e invitados. Un día en que trabajaba con José en una obra de jardinería, pensé en un diálogo entre el maestro zen japonés del siglo XVII Basho y uno de sus monjes. «¿Cuál es la esencia de tu práctica?», preguntó el monje a Basho. El maestro respondió: «Lo que haga falta». Como Basho, José parecía implicado en lo que hiciera falta, no solo funcionalmente, sino también existencialmente, como si su trabajo fuera una práctica espiritual. Tanto si estaba resolviendo problemas de fontanería o fallos eléctricos, como si estaba previniendo inundaciones, José parecía trabajar con una conexión total y sin estrés.

Evidentemente, no trabajaba en un aula llena de adolescentes rebeldes. Ni afrontaba el dolor intratable de un moribundo ni las exigencias emocionales de un votante en paro. Quienes trabajan en entornos donde el sufrimiento es el pan de cada día corren el riesgo de quemarse y de sentirse descorazonados. Aun así, creo que en todas las profesiones se puede tener una implicación sana.

Una colega mía es profesora de primaria en un barrio desfavorecido. Empieza sus clases con una meditación. Las paredes están tapizadas de dibujos infantiles. En los alféizares de las ventanas se alinean plantas pujantes. Sus alumnos tienen los mejores resultados en matemáticas de su grupo de edad, y ella lo atribuye a cómo empiezan cada jornada: me dice que las jornadas también son buenas para ella. Soy muy amiga de un político del Cinturón Industrial que está siempre pendiente de las necesidades de sus electores. Me dicen que casi siempre tiene la sonrisa en los labios, aunque tenga que vérselas con las complejidades de Washington. Medita desde hace muchos años.

Y luego está la directora general que ha hecho que las prioridades de su empresa sean el reparto de beneficios y la visión compartida. Al mismo tiempo ha criado cuatro hijos sanos y tiene un aspecto lozano. Y también está el poeta-granjero de Kentucky que se atiene a sus principios de responsabilidad medioambiental, a pesar de que estén destruyendo las cumbres de las montañas cercanas. A diferencia de la tecnología, su alma ama la tierra, y la poesía lo mantiene equilibrado, cuerdo y prolífico.

He aprendido de todos ellos, pero quizás especialmente de José. A lo largo de mi amistad con él, llegué a ver que nuestra identidad profunda no reside tanto en lo que hacemos, sino en cómo gestionamos lo que hacemos: cómo nos implicamos en nuestro trabajo, tanto si consiste en poner ladrillos como en promulgar leyes o en sentarnos con los que se están muriendo.

El término de implicación es el que utiliza la doctora Christina Maslach para referirse a una relación sana con nuestro trabajo y el servicio a los demás, y en cambio quemarse es el cansancio y el desaliento resultante de una relación malsana con nuestra vocación. Cuando empecé a examinar la implicación y el burnout *o síndrome del trabajador quemado, me di cuenta de que la implicación es un estado límite.*

Cuando nos mantenemos sobre el suelo firme de la implicación, nuestro trabajo nos da fuerzas. Nuestro servicio a los demás puede tener sus momentos exigentes, pero en general estamos absortos en lo que hacemos, y nos gratifica. Nuestro medio de subsistencia mejora nuestra calidad de vida, e idealmente también la vida de los demás. Pero si trabajamos demasiadas horas, en circunstancias insoportables, a cambio de una retribución emocional demasiado escasa –o cuando sentimos que nuestros esfuerzos no logran cambiar las cosas para bien para los demás– esos factores nos pueden empujar al límite de lo que podemos soportar. Desde ahí, es fácil caer por el precipicio, al paisaje desolador del síndrome del trabajador quemado, donde nos sentimos hastiados y desmoralizados.

La violencia del exceso de trabajo se puede volver habitual y acabar quemándonos, desgastándonos, hundiéndonos en una ciénaga de la que puede ser difícil escapar. Algunos se pasan años atrapados en ella, incapaces de reavivar su pasión. Pero si encontramos la salida del agotamiento y volvemos a ganarnos el sustento de una forma que nutra tanto a los demás como a nosotros mismos, también encontraremos resiliencia, y quizás incluso sabiduría.

22. Desde la cima elevada de la implicación

En el budismo, hay un relato muy conocido sobre el maestro zen Pai-chang Huai-hai, que vivió bajo la dinastía china Tang. Como todo buen ciudadano chino, trabajó cada día de su vida, excepto el día en que sus monjes le escondieron las herramientas. Para entonces, Pai-chang tenía una edad muy avanzada, y sus monjes pensaron que podía tomarse la vida con más calma. Pero a Pai-chang no le hizo gracia la broma. Protestó argumentando que sin trabajo no tenía virtud. «Un día sin trabajar es un día sin comer», proclamó, y estuvo en huelga de hambre hasta que sus monjes cedieron y le dejaron volver al trabajo. El aforismo de Pai-chang se convirtió en un principio rector del Zen durante más de 1.200 años: una ética del trabajo zen, una ética de la implicación, una ética de *ser* «lo que sirva».

Energía, dedicación, eficacia

Según la doctora Maslach,[120] afamada experta del síndrome del trabajador quemado (*burnout*), la implicación en nuestro trabajo se caracteriza por la energía, el compromiso y la eficacia. Cuando estamos implicados, sentimos que nuestro trabajo nos alimenta. Tenemos capacidad y medios para conseguir resultados. Tenemos la sensación de que nuestro trabajo supone una diferencia para los demás, para nosotros mismos y tal vez para el mundo. Aunque es normal experimentar nuestra proporción justa de frustración y resistencia, nuestro compromiso con nuestro trabajo –y, con suerte, nuestro amor por nuestro trabajo– nos da fuerza y sabiduría para navegar sobre las olas de las horas menos gratificantes.

Durante un programa que impartí con el monje benedictino David Steindl-Rast, él dijo que el antídoto del desgaste no era necesariamente tomarse unas vacaciones. «¡Es la incondicionalidad!», exclamó, sonriendo jovialmente. Me gusta la palabra *incondicionalidad* porque implica que te vuelcas de todo corazón. Señala una sensación de auténtica conexión con el trabajo que hacemos, de amor por él. En otra conversación, el hermano David contó que la implicación era su propia estrategia personal para evitar quemarse.

El poeta David Whyte relata una conversación decisiva que tuvo con el hermano David, quien le aconsejó,

> Estás tan sumamente cansado porque una buena mitad de lo que haces en esta organización no tiene nada que ver con tus verdaderas facultades, o con el punto al que has llegado en tu vida. Solo estás aquí a medias, y estar a medias aquí te acabará matando. Necesitas algo a lo que puedas dedicar todas tus facultades […]. El cisne no supera su timidez a base de darse golpes en la espalda, de moverse más rápido o de intentar organizarse mejor. Lo hace avanzando hacia el agua elemental a la que pertenece. Es el simple contacto con el agua el que le confiere gracia y presencia. Solo tienes que tocar las aguas elementales de tu propia vida, y lo transformarán todo. Pero tienes que dejarte caer a esas aguas desde el acantilado donde te encuentras, y eso puede ser duro. Sobre todo si piensas que te puedes ahogar.

El hermano David prosiguió:

Para dejarte caer [...], hace falta coraje, y la palabra coraje viene de la palabra corazón. Debes hacer algo que sientas de corazón, y debes hacerlo pronto. Abandona todo este esfuerzo, y déjate caer, aunque sea torpemente, en las aguas del trabajo que quieres para ti. ¿Sabes?, está bien ganarse la vida con algo secundario hasta que tu trabajo haya madurado, pero cuando ha madurado hasta alcanzar una plenitud transparente, hay que recoger los frutos. Ya has madurado, y estás esperando a que te cosechen. Tu agotamiento es una forma de fermentación interna. Estás empezando, muy despacio, a pudrirte en la viña.[121]

¡Pudrirse en la viña, qué pena! Para evitar ese desagradable destino, debemos bajar a las aguas del trabajo que queremos para nosotros y para el mundo, y transportarnos al espacio de plenitud, de incondicionalidad en nuestra forma de servir.

Según la doctora Maslach, quienes tienen una relación de implicación con su trabajo, quienes le encuentran un sentido de propósito y capacidad, son menos proclives a quemarse. Se han dejado caer en las aguas de la vida. La investigadora Ayala Pines estudió a agentes de seguros, trabajadores cuya ocupación le puede parecer aburrida al observador normal. Descubrió que los agentes que habían sobrevivido a una experiencia traumática relacionada con el seguro, como un incendio o una inundación, podían trabajar mucho tiempo seguido sin quemarse porque sentían una profunda vocación hacia su profesión y creían que su trabajo realmente servía a la gente.[122]

¿Cómo es posible que un mismo trabajo queme a unos y a otros no? Me inspiró la historia de una familia que parece alentada únicamente por una vocación que muy pocos de nosotros seríamos capaces de manejar. En 2012, Cori Salchert y su marido, Mark, empezaron a adoptar a los que llaman «niños de hospicio», niños con trastornos que les limitan la vida. Los Salchert ya tenían ocho hijos biológicos propios, pero se sentían llamados a hacerse cargo de esos niños que habían sido abandonados por sus padres, al sentirse incapaces de asumir su complicado cuidado o de presenciar el fin de la vida de su hijo.

Cori Salchert, que había sido enfermera de duelo perinatal en Sheybogan, Wisconsin, tenía experiencia sobre cómo asumirlo. También tenía corazón para ello. El primer niño de hospicio que adoptó su familia fue una niñita sin nombre, con dos semanas de vida, que había nacido con graves anomalías cerebrales. La llamaron Emmalynn; vivió cincuenta días antes de morir en brazos de Cori. «Emmalynn vivió más en cincuenta días que algunos en toda una vida», dijo Cori.[123]

Después la familia adoptó a Charlie, un niño de dieciocho meses que dependía del soporte vital. A pesar de todos sus aparatos, la familia se lo llevaba de excursión siempre que podía. «Va a morir, eso no va a cambiar –dijo Cori a *Sheboygan Press*–. Pero podemos cambiar su forma de vivir, y la diferencia para Charlie es que recibirá amor antes de morir».[124]

La suya es una historia de altruismo y también de implicación valiente, desinteresada. La familia Salchert realmente nada en las aguas de la vida, incluso cuando son testigos de la agonía y de la muerte. ¿Cómo consigue no quemarse esta familia extraordinaria? Cori habla del fuerte sentido de propósito de su familia, y del poder de la fe cristiana. También se tienen unos a otros:[125] toda la familia se ha abierto a la práctica del amor incondicional y de la conexión, dos factores que mantienen el desgaste a raya.

A menudo recuerdo estas palabras del gran poeta sufí Jalal ad-Din

Muhammad Rumi: «Dejad que la belleza que amamos sea lo que hacemos. Hay cientos de maneras de arrodillarse y besar la tierra». Lo que esta familia ha hecho por esos niños que iban a morir es hermoso. Y ese tipo de belleza no está separada de la incondicionalidad.

La bendición del quehacer

No me cabe duda de que los Salchert están increíblemente ocupados. Cuidar a niños que se van a morir requiere mucho tiempo e incontables pequeñas tareas. Sin embargo, en nuestra cultura, la actividad es un arma de doble filo: puede ser una manifestación de implicación saludable, una forma de servir profundamente y un resultado de la inspiración y la fe. O se puede convertir en una adicción, con listas de cosas pendientes que se alargan sin cesar, citas, distracciones. O puede ser las dos cosas a la vez.

La actividad incesante, desde cierto punto de vista, es una forma de comportamiento de búsqueda que se ve instigado por la dopamina. La dopamina es un neurotransmisor que nos hace estar motivados, querer y perseguir. Amplifica nuestros niveles de excitación y nos vuelve más curiosos. Podríamos llamarlo el carburante que alimenta el motor de búsqueda de nuestro cerebro. También puede mejorar nuestros procesos mentales y dar energía a nuestras vidas emocionales. La neurociencia demuestra que, más aún que alcanzar metas, el acto de perseguirlas puede mejorar la satisfacción humana a través de la producción de este neurotransmisor.[126]

La investigación reciente sobre norteamericanos de mediana edad o más sugiere que estar ocupado e implicado puede tener efectos beneficiosos para el funcionamiento de la mente. En un estudio, las personas de más de cincuenta años que llevaban vidas activas obtuvieron mejores resultados en todo un abanico de funciones cognitivas, como las velocidades de procesamiento cerebral, el recuerdo de hechos concretos, las capacidades de razonamiento, y el vocabulario.[127]

Ese estudio me recuerda al filántropo Laurance Rockefeller, que trabajó casi todos los días de su vida y también practicó meditación durante largos años. Hasta después de cumplidos los noventa, estuvo activamente implicado en ámbitos que iban desde la conservación hasta el capitalismo de riesgo, desde los negocios hasta el budismo. Un día, con noventa y cuatro años de edad, como siempre fue a trabajar al Despacho 5600 del Centro Rockefeller. Al final de la mañana, se sintió mal y regresó a casa a descansar. Poco después, murió pacíficamente. Agudo, motivado, curioso y con sentido del humor hasta el final.

Tuve la suerte de conocer al señor Rockefeller en sus últimos años de vida. Cuando fundé el Centro Zen Upaya, me orientó sobre cómo estructurar lo que acabaría convirtiéndose en una institución muy sólida y próspera. De Laurance aprendí que, para evitar quemarse, es importante fomentar cualidades como el aprecio, la gratitud, el humor y la curiosidad, así como la apertura a todo lo que acontezca y la disposición a correr riesgos. También me enseñó que es importante no tener grandes expectativas respecto a nosotros mismos ni a los demás, y no apegarse a los resultados, sino simplemente hacer todo lo posible para beneficiar a los otros. Sus lecciones me han resultado valiosísimas, y le han dado forma a mi liderazgo cuando Upaya fue creciendo hasta convertirse en una gran organización.

Durante muchos años, he estado profundamente implicada en ocuparme de este lugar y de su gente, y en mantener una práctica de meditación comprometida, además de enseñar por todo el mundo y desarrollar proyectos de servicio. Ha sido bueno para mi salud. Amo mi trabajo. Valoro a mis alumnos, mis estudios, mi práctica. Es una vida plena y real para una persona de mi edad. Según la investigación, incluso el estrés que sentimos cuando damos una charla o tenemos que cumplir un plazo de un proyecto tiene efectos beneficiosos para el cuerpo, similares a los del estrés del ejercicio: moviliza las células inmunitarias y puede mejorar la memoria y el aprendizaje. Hasta ahí, todo bien.[128]

Creo que cuando somos capaces de infundir en nuestro trabajo un sentido de conexión y de propósito, de dedicación e incondicionalidad, de fe y júbilo, podemos mantenernos en el borde de la implicación sana. Sin embargo, si nuestro trabajo adquiere una cualidad compulsiva y adictiva y nos quedamos atrapados en el bucle de la dopamina, combinado con el sabor a moho seco del miedo en la boca, la doctora Maslach nos advierte que el cinismo y el desgaste no tardan en presentarse.

El trabajo trata de nuestra energía. Incluso la palabra *trabajo* tiene la misma raíz que la palabra *energía*. A través de nuestro trabajo, damos energía al mundo, a los demás, y a nosotros mismos.

A mis alumnos les digo: «Sube al risco poderoso del trabajo valioso y da lo mejor de ti. Utiliza bien tus días para beneficiar a los demás y darte alegría a ti mismo». En mi opinión, en esta vida hay pocas cosas tan gratificantes como hacer un trabajo sano y dedicado por amor a los demás y al mundo.

Así que, ya seas profesional sanitario, profesor, empresaria, trabajador de derechos humanos, albañil, artista, madre o practicante zen sentado en un cojín, te digo lo mismo: ¡a por ello! Pero siempre con todo el corazón…, y deja que «la belleza que amamos sea lo que hacemos».

23. Caer por el borde de la implicación: quemarse

Cuando nuestra implicación se desequilibra y nuestro trabajo parece impulsado por el miedo, el escapismo o la compulsión, somos vulnerables al síndrome del trabajador quemado: una experiencia desoladora de cansancio, pesimismo, cinismo e incluso enfermedad física, acompañada de la sensación de que nuestro trabajo beneficia poco o nada a nadie, incluidos nosotros mismos.

Intentando comprender la experiencia de desgaste que sufren con frecuencia mis colegas, leí sobre la vida del hombre que hizo famoso el término de *burnout*, «quemarse». Cuando contemplaba los detalles de su historia personal, pensé que, aunque el doctor Freudenberger no sufriera *burnout* personalmente, sin duda estuvo implicado en la investigación y la cartografía del proceso hasta el punto de la obsesión.

Herbert Freudenberger nació en Alemania en el seno de una familia judía justo siete años antes de que Hitler llegara al poder. Después de que embargaran la fábrica de la familia y los nazis dieran una paliza a su abuela, Freudenberger se marchó de Alemania solo, con doce años de edad y usando el pasaporte de su padre. Navegó hasta Nueva York y se fue a vivir con una tía política, que, cuando comprendió que el padre de Herbert no podría pagar el cuidado de su hijo como había prometido, encerró al niño en una buhardilla y le hacía dormir en una silla de respaldo recto. Herbert Freudenberger escapó de esa situación insoportable a los catorce años, y vivió en las calles de Manhattan hasta que lo recogió un primo.

Cuando sus padres consiguieron llegar a Estados Unidos, Freudenberger entró a trabajar en una fábrica para mantenerlos.[129] Mientras tanto, asistía a clases nocturnas en la Universidad de Brooklyn, donde conoció al eminente psicólogo Abraham Maslow. Maslow le animó a estudiar psicología y se convirtió en su mentor. Freudenberger continuó sus estudios hasta licenciarse y doctorarse mientras seguía trabajando en la fábrica.

De esta forma, en 1958, Freudenberger abrió una consulta de psicoanálisis, con mucho éxito. En la década de los 1970 empezó a colaborar con una clínica gratuita para drogadictos en East Harlem, donde trabajaba como voluntario después de toda una jornada de trabajo en la consulta. En la clínica gratuita y en otras comunidades terapéuticas, Freudenberger observaba lo que les ocurría a los terapeutas de salud mental y toxicomanías cuando se sentían desmoralizados por los resultados de sus pacientes. En 1974, probablemente inspirado por la novela de Graham Greene *Un caso acabado,* introdujo el término *burnout.* Este trabajo le convirtió en uno de los psicólogos más famosos de la nación.

Freudenberger era un hombre motivado que trabajó catorce o quince horas al día, seis días a la semana, hasta tres semanas antes de su muerte a la edad de setenta y tres años. Como comentó su hijo Mark Freud a *The New York Times*, «Por desgracia, nunca superó sus primeros años de vida. Era un hombre muy complicado, con un profundo conflicto debido a esa crianza difícil. Tuvo muy poca infancia. Era un superviviente».[130] Podríamos preguntarnos si no sería él mismo su verdadero sujeto de estudio del síndrome del *burnout,* o si era capaz de mantenerse dentro del terreno saludable de la implicación. En cualquier caso, el síndrome del trabajador quemado se convirtió en su causa y su identidad profesional.

Freudenberger propuso varias definiciones de *burnout*, como «un estado de agotamiento físico y mental causado por la vida profesional del sujeto» y «la extinción de la motivación o el incentivo, en especial cuando la propia devoción a una causa o relación no produce los resultados deseados». Según Freudenberger y su colega Gail North, el proceso de quemarse tiende a seguir ciertos pasos: nos sentimos obligados a demostrar nuestro valor entregándonos completamente al trabajo. Trabajamos tanto que surgen conflictos con la familia y los colegas. Cometemos errores debidos a la falta de sueño. El trabajo duro se convierte en nuestro nuevo sistema de valores. A medida que nuestra perspectiva se estrecha, negamos los problemas que van aflorando. Los demás se dan cuenta de nuestra situación, pero nosotros no lo vemos. Nos apartamos de nuestros seres queridos y nos aislamos socialmente, cada vez más. Nos sentimos apáticos y cada vez más despersonalizados. Para llenar nuestro vacío interior, recurrimos a comportamientos adictivos. Nos sentimos deprimidos, podemos estar mental o físicamente hundidos y, en casos extremos, podemos llegar incluso a considerar el suicidio.[131]

¿Quién se quema?

En 1981, la doctora Maslach participó en el desarrollo de un cuestionario detallado llamado el Inventario de Burnout de Maslach (MBI por sus siglas en inglés). Considerado la norma para medir el desgaste en psicología, el MBI contiene preguntas sobre la sensación que tiene la persona que sufre de los tres factores principales: agotamiento emocional, cinismo e ineficacia[132] (estos factores son opuestos a los que utiliza para definir la implicación: energía, dedicación y eficacia).

Estos factores se correlacionan en cierta medida con la profesión y el estilo de vida. El primer factor, el agotamiento emocional, tiende a afectar a personas que ejercen oficios muy exigentes emocionalmente, como la asistencia sanitaria, el trabajo social, el activismo y la educación. También afecta a las personas que gozan de menos apoyo social, entre ellos las solteras, así como a quienes padecen depresión y ansiedad.

El segundo factor, el cinismo, tiende a cobrarse sus víctimas entre los más idealistas de nosotros, como los más jóvenes, que son más propensos a la desilusión cuando la realidad no está a la altura de sus expectativas. Cualquiera de nosotros puede ser propenso a sufrir el tercer factor, un sentimiento generalizado de ineficacia: como si no lográramos lo que nos proponemos, por mucho que nos esforcemos. A partir de ahí, es fácil resbalar por la pendiente hasta creer que nuestro trabajo simplemente es irrelevante, punto. Esos son los ingredientes de la crisis, sobre todo si nuestra autoestima y nuestra identidad están vinculadas a nuestro trabajo. Si nuestro trabajo es irrelevante, ¿qué sentido tiene nuestra vida?[133]

Ignoro lo que es sentirse impotente, frustrado y cínico como resultado del trabajo, pero he escuchado cientos de relatos de personas que han caído en la terrible red de esos síntomas: trabajadores sociales, vigilantes de prisiones, profesores, personal de emergencias, médicos y enfermeras. El síndrome del trabajador quemado es un riesgo laboral en cualquier profesión y en cualquier país. Las estadísticas de los profesores de la escuela pública de la ciudad de Nueva York indican que el 45% de ellos deja su empleo en un plazo de cinco años.[134] La prevalencia del síndrome en el sector médico ha conducido a una tasa de suicidios alarmantemente alta: los médicos varones son 1,4 veces más propensos a quitarse la vida que los varones de la población general; y las médicas, 2,3 veces más.[135]

También se queman los empleados de empresas sometidos a un gran estrés, como los directores generales, abogados, trabajadores de altas tecnologías y los banqueros de Wall Street; todos los que se llevan trabajo a casa cada noche y sienten una gran presión por conseguir resultados. Con la ubicuidad que han creado los teléfonos inteligentes, mucha gente siente que no puede escapar del trabajo ni siquiera para dormir a gusto una noche entera. La investigación demuestra que cuando trabajamos solo por dinero, y no por una serie de valores más altos, como ayudar a los demás o por satisfacción creativa, tendemos a quemarnos más rápido.[136]

Quemarse es tan frecuente que se ha convertido en un sector económico en sí; en el Reino Unido ha florecido todo un ramo de *coaches*, terapeutas, asesores y médicos para tratar el síndrome del trabajador quemado y el trauma laboral.

Adictos al quehacer

Estar atareado se ha considerado una virtud al menos desde los tiempos de san Jerónimo, el santo católico que acuñó la frase: «El demonio da trabajo a las manos ociosas». El protestantismo también considera que el trabajo es intrínsecamente virtuoso. Su famosa ética del trabajo hace hincapié en la productividad como forma de mantener al demonio a raya. A través de estas y otras influencias, el trabajo se ha convertido en un aspecto central de nuestras identidades culturales e individuales en la América moderna. El tipo de trabajo que hacemos, las horas que le dedicamos y lo que logramos trabajando son determinantes esenciales de la forma en que muchos se ven a sí mismos. Nuestros egos y nuestro sentido de valía personal se ven atrapados en todo esto. «¿A qué te dedicas?» suele ser la primera pregunta que le hacemos a una persona cuando la conocemos, y tendemos a formarnos una opinión sobre ella en función de su respuesta.

El trabajo es tan importante para nosotros que la adicción al trabajo se ha convertido en un símbolo de estatus en el lugar de trabajo, y los compañeros de trabajo con frecuencia compiten entre sí para ver quién se quedó hasta más tarde anoche en la oficina o quién ha trabajado más horas durante el fin de semana. De hecho, en muchos entornos laborales y de servicio se espera esa adicción al trabajo, tanto en Occidente como en Oriente. Es una forma de adicción especialmente insidiosa, porque está aceptada socialmente: a fin de cuentas es productiva, y muchos creen que el trabajo tiene un valor moral intrínseco. La adicción al trabajo y a la actividad se ha convertido para muchos en un principio rector, una especie de religión, pero una que, en mayor o menor medida, carece de verdadera espiritualidad.

Thomas Merton escribió:

> Existe una forma generalizada de violencia contemporánea a la que sucumben más fácilmente los idealistas: el activismo y el exceso de trabajo. Las prisas y la presión de la vida moderna son una de las formas, quizá la más extendida, de su violencia innata. Dejarse arrastrar por una multitud de preocupaciones en conflicto, ceder a demasiadas exigencias, implicarse en demasiados proyectos, querer ayudar a todo el mundo en todo, es sucumbir a la violencia. El frenesí de nuestro activismo neutraliza nuestro trabajo por la paz.

> Destruye nuestra propia capacidad interna de paz. Destruye la productividad de nuestro trabajo, porque mata la raíz de sabiduría interna que hace que el trabajo sea fructífero.[137]

También valoro las palabras del profesor y escritor Omid Safi: «Vivimos en una cultura que celebra la actividad. Dejamos que nuestro sentido de quiénes somos se confunda con lo que hacemos para ganarnos la vida. El espectáculo público de estar ocupados es nuestra forma de demostrarnos unos a otros que somos importantes. Cuanto más cansados, agotados, desbordados nos vea la gente, más pensarán que debemos ser de algún modo [...] imprescindibles. Que contamos».[138]

Hace años, tenía un despacho en la Librería del Congreso, cerca del despacho del doctor George Chrousos, endocrinólogo especializado en el estrés. Le pregunté si la gente podía desarrollar adicción a sus propios neurotransmisores. Me contestó con un «sí» rotundo. Dijo que nuestro caldo bioquímico de neurotransmisores activa nuestra anticipación y la persecución compulsiva de recompensas en el bucle de la dopamina y puede estresarnos fácilmente.

Años después, conocí al doctor Kent Berridge en una reunión de Mind and Life en Dharamsala. Nos enseñó un vídeo de sus experimentos con ratas, en los que les estimulaban el ansia de agua salada, aunque no les gustara de forma natural. Las ratas se habían quedado atrapadas en el ciclo de la adicción. El doctor Berridge comentó que el consumo conduce a más consumo, aunque no sea placentero.

De forma similar, nuestro ajetreo aviva nuestro apetito por más ajetreo, aunque nuestra actividad compulsiva se vuelva menos satisfactoria y más estresante con el paso del tiempo. Siempre queremos más y nunca tenemos bastante, y mientras seguimos esta rutina hedónica, nuestra atención se puede quedar completamente acaparada por nuestro continuo afán de estimulación (incluso una estimulación desagradable o nociva) y podemos retirarnos de la intimidad y la conexión.

Cuando el trabajo se apodera de nuestras vidas y nuestras mentes, nos volvemos como el fantasma hambriento, un arquetipo del budismo tradicional que describe a una persona atrapada en la rutina hedónica del ansia y la adicción. Es una criatura voraz de piernas esqueléticas, cuello delgadísimo, tripa hinchada, boca diminuta y un apetito que jamás puede ser satisfecho. Aún más inquietante, todo lo que el fantasma hambriento se mete en la boca se convierte en veneno. La adicción al trabajo nos arrastra al territorio maligno del fantasma hambriento. Es como si siguiéramos metiendo a empellones más y más horas de trabajo y actividad incesante a nuestras bocas diminutas, hinchándonos la barriga con los productos químicos venenosos del *burnout*.

Beber el veneno del estrés laboral

Una encuesta de Gallup de 2015 comprobó que el 48% de los norteamericanos sienten que no tienen tiempo suficiente para hacer lo que de verdad quieren hacer. Esa tasa se ha mantenido más o menos estable durante los últimos quince años. Y un 90% de las madres trabajadoras dice tener prisa parte del tiempo o todo, según la encuesta de ese mismo año del Pew Research Center.

Para algunos de nosotros, esta presión internalizada por rendir empieza en la universidad, o incluso en el instituto. Parece que nos gusta lo que Hermann Hesse llamó la «prisa agresiva».[139] Nos cargamos de clases, pasamos noches enteras redactando trabajos y preparando exámenes. Este patrón continúa durante nuestros años de formación, como las residencias médicas con sus guardias nocturnas y sus turnos dobles. Durante nuestra vida profesional o de servicio, el horario se suele alargar. Al principio, a muchos de nosotros en realidad nos gusta. Una inmersión centrada, junto con la falta de sueño, nos puede poner en un estado alterado que nos hace sentir activos. El estrés libera dopamina,[140] y cuando se nos pasa el subidón, necesitamos otra descarga. De modo que es fácil ver por qué en Estados Unidos diez millones de personas trabajan más de sesenta horas a la semana, y el 34% de los trabajadores no se toman ni un solo día de las vacaciones que les corresponden.[141]

En los tiempos del inglés antiguo, *bisig* significaba «atento, inquieto». La palabra *busy* («atareado», «ocupado») evolucionó en una dirección distinta, pero creo que en ella aún persiste algo más que una sensación de inquietud. Nos sentimos presionados por la falta de tiempo, y esa falta de tiempo nos pone en un estado crónico de aceleración que al final, irónicamente, acaba volviéndonos menos eficientes en nuestro uso del tiempo. El cerebro humano tiene una respuesta muy concreta ante la escasez: la percepción de que tenemos escasez de algo nos hace obsesionarnos con ello hasta el punto de que el resto de nuestras capacidades y aptitudes se resienten.[142] La falta de tiempo provoca la descarga de cortisol, una hormona de lucha-o-huida que a la larga produce efectos nocivos en el cuerpo, entre ellos el debilitamiento del sistema inmunitario. Al igual que la dopamina, al principio el cortisol nos activa y acelera, pero conduce más rápidamente al agotamiento. Una vez más, a corto plazo el cuerpo responde muy bien al estrés, pero cuando el estrés se cronifica, puede causar una gran variedad de problemas de salud.

El estrés laboral crónico probablemente nos empuje al borde del desgaste y de su primo el *agotamiento vital*, una constelación de síntomas físicos y emocionales que conjuga el agotamiento físico con sentimientos de desesperanza. El agotamiento vital a menudo precede a una patología cardiaca, probablemente como factor causal[143] de la misma. También está relacionado con trastornos autoinmunes, con la depresión y con el deterioro cognitivo.[144]

Muchas veces, el desgaste también está estrechamente relacionado con las condiciones del lugar de trabajo. Según Maslach, las condiciones que lo favorecen son trabajar con muy poco apoyo social, autonomía o control; trabajar en un entorno injusto o al servicio de valores que no respetamos; y trabajar por una gratificación financiera, social o emocional demasiado escasa. Maslach invitaba a estudiar los entornos de trabajo y su relación con el desgaste. Como escribió en 1982: «¡Imagina investigar la personalidad de los pepinillos para descubrir por qué se encurten, sin analizar los barriles de vinagre donde han macerado!».[145] Sin embargo, Maslach insistía en que el agotamiento no suele ser solo «culpa» de la institución, sino también del encaje entre la institución y el individuo.

Para los centros de trabajo, puede resultar casi beneficioso que acabemos exhaustos; así nos mantenemos tan atontados que no tenemos motivación para cambiar las condiciones y políticas que propician que acabemos así. O pueden recompensarnos por bebernos el propio veneno del estrés y la aceleración laboral, pagándonos las horas extraordinarias y la productividad o fijando objetivos de producción altos, entre ellos cuotas de pacientes. Es una forma de opresión sistémica, por el daño que las instituciones y sus políticas infligen a las personas que trabajan para ellas.

24. La implicación y los otros estados límite

Todos los estados límite pueden contribuir al desgaste. El altruismo patológico y la angustia empática nos pueden agotar, igual que el sufrimiento moral y la exposición a la falta de respeto. Cuando nos identificamos excesivamente con el sufrimiento (angustia empática) y trabajamos demasiado para poner fin al sufrimiento (altruismo patológico), nos solemos quemar. Cuando nuestra integridad se ve comprometida (sufrimiento moral) o nos enfrentamos con la falta de respeto hacia los demás o hacia nosotros mismos, lo normal es acabar desgastados. O cuando sufrimos una opresión sistémica o una violencia estructural basada en el privilegio y el poder, el resultado puede ser la cólera, la futilidad y, también, acabar quemados.

Cada año, viajo a Japón y enseño prácticas de desarrollo de la compasión a personal sanitario. Normalmente, tengo ante mí una sala llena de médicos y enfermeras que trabajan duro. Me dicen que están siempre de guardia, que están activos al menos sesenta horas por semana, y que sienten que nunca pueden hacer bastante por sus pacientes o por las instituciones en las que trabajan. Este personal sanitario tiene que responder a elevadas expectativas internas y externas, algo que también les ocurre a sus colegas coreanos y chinos; en esos tres países, la muerte por exceso de trabajo es bien conocida.

Algunos de los profesionales sanitarios japoneses me han contado que se identifican demasiado con los pacientes que sufren. Eso les hace deslizarse por la pendiente resbaladiza de la angustia empática, donde experimentan agotamiento emocional, despersonalización e irrelevancia, síntomas característicos del síndrome del trabajador quemado. No son pocos los que me han dicho sentir distrés moral por los valores de su institución, las acciones de sus compañeros de trabajo o las intervenciones médicas que están obligados a realizar. Desilusión, cinismo y futilidad son secuelas frecuentes que conducen al síndrome del trabajador quemado. Las enfermeras son especialmente vulnerables al acoso de los médicos, de sus colegas e incluso de los pacientes. Por supuesto, ser blanco de faltas de respeto y hostilidad en el lugar de trabajo puede desembocar en síntomas físicos y psicológicos del síndrome del trabajador quemado.

Hace unos años me senté con enfermeras japonesas que sufrían el acoso de un paciente de cáncer. Las enfermeras estaban horrorizadas. Venía durando demasiado tiempo, y la agresión de ese paciente día tras día las tenía totalmente agotadas. Hablaron abiertamente de su desesperación por no ser capaces de seguir soportando abusos constantes de alguien a quien intentaban ayudar. Estaban hartas, quemadas, acabadas.

Las enfermeras japonesas son muy entregadas. Agotan sus recursos para atender a sus pacientes. Pero a esas enfermeras ya no les quedaban recursos, y parecía que estuvieran sentadas en un cementerio. El altruismo patológico, la angustia empática, el sufrimiento moral y la falta de respeto las habían machacado, y todas y cada una de ellas estaban desmoralizadas y quemadas. También se sentían culpables y avergonzadas por no ser capaces de manejar la situación. Me dijeron que se sentían como si hubieran fallado a su paciente, al hospital, a sus compañeros y a sí mismas.

Solo pasé un breve tiempo con ellas. Después de escuchar a cada una de esas mujeres hablar abiertamente de su agotamiento y su desesperación, revisé GRACE, la práctica de cultivo de la compasión cuando interactuamos con los demás. Les sugerí que antes de ver al paciente, se arraigaran, hicieran una pausa ante la puerta de la habitación y respiraran con atención plena. También podrían evocar por qué habían elegido cuidar de los que mueren, y tomarse un momento para acordarse de ser conscientes de su potencial de reactividad y también del sufrimiento mental y físico del paciente; eso podía poner las cosas en perspectiva. Una vez que reconocieron que el miedo que le tenían era comprensible, pudieron considerar que el acoso también es una manifestación del sufrimiento. Él estaba muriendo de cáncer y estaba aterrado. Tenía dolor y no podía con él. Había perdido su poder personal, la capacidad de controlar el curso de su vida y la forma en que estaba muriendo.

Hacia el final del encuentro con aquellas enfermeras, también les sugerí que lo visualizaran cuando era un bebé, indefenso y asustado. Lo había sido hacía mucho tiempo, y quizá volvía a serlo y volvía a sentirse así ahora que estaba tan enfermo.

Además, podían plantearse no tomarse sus ataques como algo personal, y darse cuenta de que ponerse a la defensiva probablemente empeoraría las cosas. También era importante practicar la escucha profunda con él y entre ellas. Quizá eso les diera pistas sobre cómo poner límites y cuidar de sí mismas y unas de otras en las tormentas de falta de respeto que sufrían.

Más adelante, supe que el rato que pasamos juntas había servido al grupo. Cuando entró en la unidad de cuidados paliativos el siguiente paciente con un comportamiento similar, supieron disipar sus sentimientos de miedo y futileza, y abordar a este segundo paciente con más equilibrio y con compasión.

Otra historia de *burnout* es la de mi socia Maia Duerr, que trabajó durante diez años dentro del sistema de salud mental estadounidense y acabó quemándose, pero no por las relaciones con sus pacientes o colegas, ni por su horario laboral, sino en comprensible respuesta a ese sistema de salud mental tan tenso. «Fui testigo de la puerta giratoria de pacientes que salían del hospital a la vida normal para volver a ingresar poco después –escribió–. Me parecía que estábamos pasando por alto algo fundamental. Mi trabajo me exigía proponer planes de tratamiento para la "rehabilitación" de mis pacientes, pero me preguntaba cómo afecta a la salud mental de una persona el hecho de ser evitado, temido, compadecido, encerrado y medicado hasta la inconsciencia, además del reto psiquiátrico que afrontara».[146]

Los valores y las condiciones del lugar de trabajo de Maia estaban violando su integridad. Padecía un sufrimiento moral justificable. Sus clientes sufrían falta de respeto y, desde el punto de vista de Maia, malos tratos. Además, no podía cambiar el sistema en el que servía. Las condiciones de trabajo tóxicas eran insostenibles para ella, y acabó quemándose. Dejó el trabajo, pero cuando ya había pagado un duro precio personal.

El poder, la ambición, la competitividad, la adicción al trabajo, el resentimiento y el miedo también alimentan el desgaste. Estas fuerzas impulsoras son también venenos para el ego que pueden aparecer en los estados límite; el poder, la ambición y el resentimiento en la falta de respeto, y también en la indignación y en la apatía moral; la adicción en el altruismo patológico y en el sufrimiento moral, y el miedo en el altruismo patológico, la angustia empática, el sufrimiento moral y la falta de respeto.

La «cultura de la emergencia» que acaba quemando tiene muchos factores contributivos. Aun así, hay formas de que recobremos la confianza y la propia humanidad: conocer nuestro trabajo como una práctica de atención plena; mantener nuestras vidas abiertas no solo al mundo exterior, sino también al interior; cerciorarnos de que existen valores alineados con nuestro trabajo, ¡y humor, juego y ratos de descanso! El poeta romano Publio Ovidio Nasón escribió en su *Arte de amar*, II, 351: «Tómate un descanso; un campo que ha descansado da una cosecha abundante».

Una última sugerencia: una vez escuché al profesor de la Facultad de Empresariales de Harvard Bill Georg ofrecer un enfoque importante y a menudo desdeñado para transformar el *burnout* relacionado con la falta de relevancia de nuestro trabajo. Dijo que, cuando vemos el impacto positivo que producimos con nuestro trabajo, el cinismo, el cansancio y las sensaciones de ineficiencia se pueden disolver, y podemos sentirnos inspirados para trabajar de forma más abierta, dedicada, equilibrada y útil para los demás y para nosotros. Esa puede ser la medicina que module el fuego que nos quema y lo convierta en la pasión para implicarnos de todo corazón.

25. Prácticas que respaldan la implicación

Cuando tenía veinte años, trabajé en un entorno de investigación en la Universidad de Columbia. El estrés que había en esa oficina no era poco. Yo estaba acostumbrada a trabajar catorce horas al día, siete días por semana, y podía completar a mano las pruebas de chi cuadrado (una prueba estadística) a la velocidad del rayo. ¡Lo que hacía me fascinaba, pero la forma en que lo hacía no era muy sostenible!

Durante mi temporada en Columbia, empecé a practicar Zen como forma de manejar el estrés, y esperaba combinar la práctica contemplativa con la acción social. Todos los estudiantes de Zen tienen que trabajar en la cocina antes o después. Cuando empecé mi trabajo en una cocina zen, supuse que el propósito de cortar las zanahorias era despachar la tarea lo más rápida y eficientemente posible, como hacer una prueba de chi cuadrado a una velocidad vertiginosa. Poco a poco me fui dando cuenta de que no se trataba de eso exactamente. Desde la perspectiva Zen, cortar las zanahorias consiste en cortar las zanahorias y nada más. Cuando hube cortado varios miles de zanahorias, descubrí que la práctica de «cortar zanahorias y nada más» tiene mucho que ofrecer.

La práctica de trabajo

Me es fácil comprender que, visto desde fuera, cortar zanahorias pueda parecer una tarea aburrida. Pero mi colega zen Roshi Zoketsu

Norman Fischer describe ese trabajo corriente como un vehículo de meditación y una ofrenda a los demás. Cuando tratamos nuestro trabajo como una ofrenda, lo entregamos libremente a beneficio de los demás, dice Norman. Escribe que «el trabajo como ofrenda es como extinguir el yo en la actividad del trabajo [...], hacerlo completamente, sin guardarse nada. No hay ninguna sensación ni de observador ni de práctica. Solo está el hacer lo que haces plenamente, de buen humor».[147] Creo que eso es lo que quiere decir el hermano David cuando utiliza el término *incondicionalidad*: no guardarse nada realmente. Ser uno con lo que hacemos. Quemar y extinguir el yo. Abandonar el yo. De ese modo, trabajamos para la vida, en lugar de trabajar para vivir.

La expresión japonesa *mujodo no taigen*, que significa «actualizar el Camino en nuestra vida diaria», nos da una idea de esto. Los practicantes de Zen aprendemos que el trabajo es un medio de realizar las tareas diarias de forma atenta y unificadora. Un día, la tarea de cocina deja de ser trabajo y se convierte en práctica, en una forma de cultivar el corazón y la mente mientras servimos a los demás. La zanahoria, el cuchillo y yo somos una misma cosa: estamos plenamente conectados, y esa conexión incluye a quienes comen la comida, al hortelano que ha cultivado la zanahoria, al camionero que la ha transportado al mercado, y al sol, la lluvia, la tierra y a todo en realidad.

Un fragmento de historia de Asia nos puede dar más contexto para comprender el trabajo como medio de práctica. En tiempos del Buda, la palabra sánscrita *bhavana*, «cultivo», designaba la agricultura –labrar la tierra, plantar las semillas, regar, escardar, cosechar– para alimentar a la familia y a la aldea. El Buda expandió el uso de *bhavana* para incluir el cultivo del campo de la mente a través de la meditación. La metáfora está presente incluso en el hábito de los monjes, que imita el diseño de un campo de arroz.

Cuando hace dos mil años los monjes budistas hicieron su primer viaje de la India a China, los monjes indios no trabajaban. Se dedicaban a ir de aldea en aldea pidiendo limosna. Eso no resultaba aceptable en China, donde la ética del trabajo instaurada por Confucio valoraba el trabajo colectivo. Las metáforas agrarias del Buda prendieron bien en China, pues encajaban con la ética del trabajo de los chinos: «cultivar la mente», plantar las semillas de las enseñanzas del Buda y «el campo de liberación».

La práctica contemplativa budista se combinó con la ética del trabajo china, dando lugar a lo que ahora llamamos *práctica del trabajo*; es decir, utilizar el trabajo como medio de cultivar la sabiduría y la compasión. Los monjes de los grandes monasterios chinos cultivaban la tierra para alimentarse. Llamaban a su actividad diaria «meditación agraria». La agricultura era un trabajo virtuoso, lento, bueno, como el trabajo virtuoso, lento y bueno de cultivar la mente.

¿Y cómo son nuestras vidas hoy? Me gusta lo que dice el profesor budista Clark Strand de «meditar dentro de la vida que tienes». No separa la meditación como si fuera algo aparte de nuestra vida y de nuestro modo de subsistencia. «El lugar donde meditas es determinante de lo útil que será tu meditación. Pero al hablar de "lugar" no me refiero necesariamente a qué habitación de la casa, o si vives en un lugar tranquilo o no. Me refiero sencillamente a que debes meditar dentro de la vida que tienes. Si eres contable, medita dentro de la vida de un contable. Si eres policía, medita dentro de eso. Donde quiera que desees iluminar tu vida, medita precisamente en ese punto».[148]

Por lo tanto, para evitar o transformar el quemarnos, quizás lo primero que debamos hacer es meditar dentro de la vida que tenemos…

Practicar un Recto medio de vida

¿Qué tipo de vida llevamos? De los factores del noble óctuple sendero del buda (Recta visión, Recto pensamiento, Rectas palabras, Recta acción, Recto medio de vida, Recto esfuerzo, Recta atención y Recta concentración), el Recto medio de vida es uno de los más directamente relacionados con la implicación y el quemarse. Encierra varias preguntas: ¿cómo podemos realizar un trabajo que sea bueno para nosotros, nuestra familia, nuestra comunidad, nuestra tierra, y las generaciones futuras? ¿Cómo puede convertirse nuestro trabajo en un camino de despertar de nuestro sufrimiento y nuestros engaños?

El Buda definió el Recto medio de vida en función del trabajo que *no* debemos hacer. «Un seguidor laico debe abstenerse de cinco tipos de negocios –escribió en el *Vanijja Sutta*–. Negocios de armas, tráfico de seres humanos, negocios de carne, negocios de alcohol y drogas, y negocios con veneno.» Me gusta la forma en que Thich Nhat Hahn explica cómo practicar el Recto medio de vida: «Tienes que encontrar la manera de ganarte el sustento sin transgredir tus ideales de amor y compasión. La forma en que te sustentas puede ser una expresión de tu ser más profundo, o puede ser una fuente de sufrimiento para ti y para los demás».[149]

Thich Nhat Hahn dice que deberíamos elegir un trabajo que esté alineado con nuestros valores, ya se trate de enseñar a los niños, atender a los que están muriendo o dirigir una empresa de forma compasiva y generosa. Alinearnos con nuestros valores se refiere no solo a *qué* hacemos y *por qué* lo hacemos, sino también a *cómo* lo hacemos. Debemos asegurarnos de hacer nuestro trabajo con integridad. Incluso si elegimos un oficio que contribuya a aliviar el sufrimiento ajeno, podemos acabar haciendo ese trabajo desde la esfera del altruismo patológico o de la angustia empática, el conflicto moral o la falta de respeto; y esas expresiones tóxicas de los estados límite pueden hacer que nos quememos fácilmente.

Sea cual sea nuestra función, ya seamos enfermeros, médicos, profesores, terapeutas o directores generales, a veces no nos damos cuenta de que estamos sufriendo, y de que no estamos dándonos tiempo suficiente para reponernos de los aspectos nocivos de nuestro trabajo. Cuando veamos que estamos cayendo por ese borde, tenemos que dar un paso atrás y considerar profundamente cómo, al perder nuestro equilibrio y nuestro amor por lo que hacemos, podemos estar alimentando nuestro propio sufrimiento y el sufrimiento de otros.

La práctica de no trabajar

Durante mis años de trabajo con los que mueren, con frecuencia podía meditar dentro de la vida que llevaba. Atravesaba el vestíbulo del hospital prestando atención a mi respiración y a cada paso. Me sentaba junto a la cama, descansando en mi respiración y en la presencia de la persona que estaba muriendo. Me sentaba en reuniones de equipo, en contacto interior con la razón por la que hacía ese trabajo, enraizándome a través de la atención a la respiración y al cuerpo. Así podía ofrecer más atención y cuidado a los asistentes a la reunión.

Y a veces no podía encontrar mi compostura; se me escapaba, como una marea que se retira rápidamente de la orilla del momento presente, y me sentía agotada y desanimada. No exactamente quemada, pero casi. Durante esos momentos, tenía que cuidarme. Dormía la siesta, caminaba por el monte, leía un libro, meditaba, o quizás incluso lo mejor de todo me quedaba holgazaneando sin hacer nada. ¡Básicamente, tenía que pulsar el botón de reiniciar, que suponía apagar la máquina!

También había momentos en que la cascada de acontecimientos era demasiado para mí y no podía manejarla. Cuando murió mi padre, y poco después también un amigo cercano, y además trabajaba con varias personas que estaban muriendo, tuve que dar un paso atrás y tomarme un respiro de mi trabajo durante un tiempo. No estaba quemada, pero me había vuelto muy sensible a la enfermedad, la agonía y la muerte, y necesitaba tiempo para llorar las pérdidas que había sufrido. Estaba agradecida por tener la oportunidad de tomarme tiempo para mí, a diferencia de muchos médicos a quienes a menudo se les dice que deben «superarlo» y volver cuanto antes al trabajo.

El tipo de pausa que me tomé tras la muerte de mi padre es imprescindible para la mayoría de nosotros si queremos asumir un compromiso sostenible de implicarnos en el sufrimiento de los demás. Debemos conocer la pérdida en nuestra propia vida para poder conocer la pérdida en las vidas de los demás. Necesitamos tiempo para aprender de nuestras propias dificultades, y tiempo para renovar nuestra energía, nuestra motivación, nuestra perspectiva. También tenemos que tomarnos un tiempo donde no tengamos objetivos, y dejar que las cosas maduren solas.

A veces son imprescindibles las pausas prolongadas, como la que me tomé tras la muerte de mi padre, pero otras veces las micropausas son suficientes para ayudarnos a recobrar el equilibrio que necesitamos para mantenernos en el terreno firme de la implicación.

Con demasiada frecuencia, ni siquiera nos damos cuenta de que estamos perdiendo pie y resbalando hacia el abismo.

Para hacer una micropausa, podemos empezar por observar las sensaciones del cuerpo. Si interrumpimos nuestra aceleración para llevar la atención a la inspiración y la espiración, podemos sintonizar con las señales del cuerpo de que algo no va bien. Con solo llevar la atención a la respiración, ya hemos cambiado el contexto neuroquímico de nuestra experiencia, y puede empezar a desvanecerse parte de la ansiedad que activa los aspectos malsanos de nuestro empuje. Entonces podemos recordar, aunque sea brevemente, nuestra intención de servir sin hacer daño. Esta intención también se declina en no hacernos daño a nosotros mismos.

Podemos aprender mucho a través de la introspección. Podemos ser curiosos. ¿Por qué me exijo tanto? ¿Por qué no dejo este lugar de trabajo tóxico? ¿Hay algo que pueda hacer para cambiar mi experiencia interna de las condiciones de mi lugar de trabajo, de forma que me hagan menos daño? ¿Cómo puedo desarrollar resiliencia en estas circunstancias desafiantes?

Podemos intentar entender e investigar. Queremos observar nuestros sesgos y ejercer el discernimiento sin juzgar. Podemos ser radicalmente honestos sobre nuestras motivaciones, y al mismo tiempo evitar la obsesión o la crítica. También podemos ser conscientes de que nuestra curiosidad consiste en alimentar las condiciones que permiten que surjan la sabiduría y la compasión. Y aunque el exceso de trabajo parece derivar de una adicción a los neurotransmisores relacionados con la búsqueda y el placer, este comportamiento de indagación nos puede llevar a investigarlo a través de nuestra experiencia fisiológica, que puede darnos una valiosa idea de nuestro cuerpo y nuestra mente y de por qué nos tratamos tan duramente.

También debemos tomarnos tiempo para parar y descansar. No solo porque necesitemos tiempo para el duelo o para sanar, sino simplemente porque la falta de objetivos es una parte natural de la vida, y muchos de nosotros hemos olvidado cómo es estar sin un objetivo, y soltar y deambular. En una sociedad tan profundamente motivada por los objetivos, aflojar puede ser un verdadero desafío. Pero, en realidad, «perder» el tiempo puede ser exactamente lo que necesitamos. Quizá no estemos perdiendo el tiempo, sino *siendo* tiempo.

Un conocido dicho zen es: «Ningún sitio donde ir, nada que hacer». Es una invitación a dejar de perseguir nada, ni siquiera la iluminación. Así que me invito a mí misma a soltar…, y tanto si aflojo sentándome en el *zendo* de Upaya como si salgo de mi pequeño despacho a dar un paseo por el prado cerca de mi retiro, ¡es un tiempo bien regalado, y no bien gastado! Cuando consideramos el tiempo como si fuera un recurso que se «gasta», la belleza, la sorpresa y el alimento que proporciona el descanso no son muy accesibles.

Estar sin objetivos, ignorar al dios de la eficiencia y perdernos un rato: esas son las lecciones que me enseñaron Thoreau y mi madre. «Hasta que no nos hayamos perdido –dijo Thoreau–, en otras palabras, hasta que no hayamos perdido el mundo, no empezaremos a encontrarnos a nosotros mismos, y a darnos cuenta de que somos la extensión infinita de nuestras relaciones.»[150] O como solía decir mi madre: «Joanie, no tenemos que ir a ninguna parte. Ya estamos aquí». La playa que había cerca de nuestra casa de Florida nunca me pareció más bonita que en esos momentos. Ningún sitio donde ir, nada que hacer… Perdidos y encontrados en el momento… Practica solo esto… Quizá sea aquí donde encontremos la incondicionalidad y nuestra verdadera libertad.

26. Descubrimiento en el borde de la implicación

Hace poco, un estudiante me dijo: «Roshi, pareces haber hecho tantas cosas en tu vida. ¿Cómo lo consigues?». Me detuve, sonreí y contesté: «Los días buenos, descanso mucho».

No quería decir que duermo la siesta cada día, aunque a mi edad lo hago de vez en cuando. Tampoco me refería al tipo de descanso que deparan unas buenas vacaciones. Ni al tipo de descanso escapista. Hablaba más bien del tipo de descanso que se encuentra en la experiencia de estar relativamente a gusto en medio de las cosas, incluso de las situaciones muy difíciles; la comodidad que da la falta de resistencia a lo que tenemos delante y el estar presente y en calma. En la meditación budista cultivamos esta combinación de no resistencia y de calma. En mi propia práctica de meditación, he aprendido que prestar atención plena a un objeto (como la respiración) genera calma y bienestar, además de poder y descanso. Cuando fortalecemos esas cualidades, normalmente podemos abordar la vida con la «incondicionalidad» del hermano David.

En el budismo, estar ocupado y preocupado no es fuente de mérito. No te puedes iluminar a fuerza de estar activo. De hecho, estar atareados nos distrae de lo que está sucediendo en el momento presente, pues necesitamos quietud para percibirlo. Esta perspectiva se refleja en un maravilloso diálogo entre dos maestros zen de la dinastía china Tang, Yunyan y Daowu.

Yunyan está barriendo el suelo y Daowu, que es más viejo, dice:

–¡Demasiado atareado!

–Deberías saber que hay alguien que no está ocupado –contesta Yunyan.

–Entonces, ¿es que hay dos lunas?

En ese momento Yunyan levanta la escoba y dice:

–¿Qué luna es esta?[151]

Esta historia aparece por primera vez en una compilación de *koans*[152] del siglo XIII. Yunyan, el más joven, está barriendo el suelo. Quizá en su forma de barrer haya un ápice de agitación y de engreimiento.

Cuando Daowu le desafía por estar demasiado atareado, probablemente Yunyan deja de barrer. Pero entonces le da a Daowu la típica respuesta zen: «Hay alguien que no está ocupado». Es el tipo de respuesta que puede dar un estudiante de Zen novato; recién sacada de un libro malo sobre Zen.

Daowu ve que esa respuesta es una forma zen de escabullirse, y no deja que Yunyan se salga con la suya. Yunyan, el barrendero, ha dividido el mundo en dos «¿Quieres decir que hay dos lunas?», le desafía Daowu. ¿Que hay uno que hace y otro que no hace? ¿Que hay una persona activa y una persona quieta?

Yunyan se da cuenta de su error. Levanta la escoba del suelo, cesando su actividad, y la sostiene ante Daowu. «¿Qué luna es esta?», pregunta.

En ese momento, Yunyan se ha elevado por encima de las diferencias, la dualidad y el yo/el otro. Comprende que la realidad no está dividida entre el que hace y el que no hace, en hacer y no hacer. La realidad es solo este momento, sin escoba en el suelo, sin hacedor, sin acción, sin nadie que esté atareado, sin que haya nada en qué ocuparse. Y despierta.

Encontré el Zen relativamente pronto en mi vida. Y también recibí una educación protestante. Por ello, he pasado mucho tiempo inmersa en la noción del trabajo como virtud. Para mí, ha sido importante ver el trabajo como un ejercicio espiritual: un espacio donde el hacedor, el hacer y el hecho no están separados; un espacio donde no estoy atareada; un espacio donde puedo despertar.

El difunto profesor zen Katagiri Roshi escribe en *Each Moment is the Universe:* «Tendemos a ver la práctica en términos de tiempo; como si subiéramos una escalera peldaño a peldaño. Esa no es la idea budista de la práctica. Cuando subes una escalera, lo haces con los ojos puestos en el futuro. Con ese enfoque de la práctica, no hay paz, no hay seguridad espiritual; solo una esperanza para el futuro […]. La acción refinada no es así. Desde el principio, reside en la paz y la armonía».[153]

Katagiri Roshi explica que el maestro zen Dogen (fundador de la escuela Soto Zen) utilizaba un término peculiar relacionado con el concepto de santuario. «Aquí, *santuario* significa el universo –prosigue Roshi–. Estés donde estés, el universo entero sostiene y soporta tu vida. El propósito principal de la vida humana es mantener ese santuario. No es subir una escalera para desarrollar tu propia vida personal.»[154]

Katagiri Roshi describe la unidad del corazón, la mente, el cuerpo, el mundo y este momento como un santuario, un espacio de no resistencia, un lugar de refugio. Es en ese momento cuando Yunyan levanta la escoba ante Daowu. Ese momento exacto es ese lugar. Sin buscar, sin huir. Descansando en el medio…, por eso practicamos, para poder actualizar el despertar dentro de la vida que tenemos.

Juego

Quizás de quien más podamos aprender sobre el proceso de quemarse es de quienes han caído por el borde, pero han encontrado el camino de regreso a la salud. Como Shonda Rhimes, creadora y productora ejecutiva de la serie de televisión *Anatomía de Grey*, que dio una charla TED en 2016 sobre su adicción a dejarse llevar y cómo se quemó.[155] Para producir setenta horas de emisión por temporada, trabajaba quince horas al día, siete días a la semana… y disfrutaba cada minuto. Llama a ese espacio al que accedió «el rumor». «El rumor suena como la carretera abierta, y podía conducir por ella para siempre –dijo–. El rumor es música y luz y aire. El rumor es el susurro de Dios, directamente en mi oído.»

Pero un día el rumor cesó. «¿Qué haces cuando la actividad a la que te dedicas, el trabajo que adoras, empieza a adquirir un regusto a polvo…? Cuando el rumor se detiene, ¿quién eres? ¿Qué eres? ¿Qué soy? Si la canción de mi corazón deja de sonar, ¿puedo sobrevivir en el silencio?» Durante ese periodo gris y silencioso, empezó a aceptar las invitaciones a jugar de su hija. Y a veces ocurría algo importante: cuanto más jugaba con sus hijos, más volvía el rumor. Lo que necesitaba Rhimes era jugar, lo contrario de su trabajo tan estresante. Y necesitaba más tiempo con sus hijos, pues se había estado perdiendo su desarrollo cuando trabajaba tanto.

Se dio cuenta de que el rumor no estaba asociado al trabajo solamente; también lo estaba a la alegría y al amor. Dijo: «Ahora no soy ese rumor, y el rumor no es yo: ya no. Ahora soy pompas y dedos pringosos y cenas con los amigos. Soy el rumor. La vida es el rumor. El amor es el rumor. El rumor del trabajo sigue siendo parte de mí, pero no es todo mi ser. ¡Estoy tan agradecida!».

Hoy, siempre que sus hijos le piden que juegue con ellos, dice que sí. Normalmente, su lapso de atención no supera los quince minutos, así que es fácil encontrar ese tiempo, incluso cuando diriges cuatro programas de televisión. «Mis chiquitines me enseñan a vivir», dice. Atribuye al juego el mérito de salvar su carrera.

Conexión

Como ocurre con todos los estados límite, quedar atrapados en la ciénaga del desgaste también nos puede servir. Una crisis de valores nos puede hacer reflexionar sobre el curso que ha tomado nuestra vida. Quemarse es una aflicción que nos puede señalar el camino de regreso a nuestra vida interior, y animarnos a trabajar sobre los esquemas mentales que nos han empujado a la autodestrucción y la desconexión de los demás. Nos puede mostrar qué se ha torcido, y si escuchamos más de cerca las necesidades del corazón y del cuerpo, de nuestros seres queridos y del mundo, algo nuevo y hermoso puede crecer del lodo. Y podemos alcanzar la alegría por el poder de la implicación, a través de la sanación del descanso, el juego y la conexión.

Omid Safi, director del Centro de Estudios Islámicos de la Universidad de Duke, saca a la luz una dimensión de la implicación que se abre al corazón humano. Escribe:

> En muchas culturas islámicas, cuando quieres preguntar a alguien cómo le va, le preguntas en árabe *Kayf haal-ik?* o, en farsi, *Haal-e shomaa chetoreh?* ¿Cómo está tu *haal*?
>
> ¿Qué es ese *haal* por el que preguntas? Es el estado pasajero de

tu corazón. En realidad, preguntamos: «¿Cómo se siente tu corazón en este preciso momento, en esta respiración? Cuando pregunto ¿cómo estás?, eso es exactamente lo que quiero saber.

No pregunto cuántas cosas tienes apuntadas en tu lista de tareas pendientes, no pregunto cuántos mensajes hay en tu buzón de entrada. Quiero saber cómo está tu corazón, en este preciso momento. Dímelo. Dime que tu corazón está alegre, dime que te duele el corazón, dime que tu corazón está triste, dime que tu corazón está sediento de contacto humano. Examina tu propio corazón, explora tu alma, y luego dime algo de tu corazón y tu alma.

Dime que recuerdas que sigues siendo un ser humano, y no solo un hacedor humano. Dime que eres más que una máquina que comprueba los puntos que tiene en la lista de tareas pendientes. Ten esa conversación, esa mirada, ese tacto. Sé una conversación sanadora, una conversación llena de gracia y de presencia.

Apoya tu mano en mi brazo, mírame a los ojos y conecta conmigo un segundo. Dime algo de tu corazón, y despierta mi corazón. Ayúdame a recordar que yo también soy un ser humano pleno y completo, un ser humano que también está sediento de contacto humano.[156]

Un día en el sur de Francia, me detuve junto a una huerta donde estaba trabajando Thich Nhat Hahn. Lo hacía muy, muy despacio. Me acerqué a él, levantó la vista de sus malas hierbas, sonrió y dijo: «No podría escribir poesía ni enseñar si no cuidara del plantel de mostaza». Estaba conectando con la tierra como forma de conectar con la vida y con este instante, así como con la escritura y la enseñanza. Y en ese momento también estaba conectando conmigo. Me estaba mostrando su *haal*. Se me ocurrió que, aunque Thay había escrito más de cien libros, nunca parecía estar atareado.

Estar muy atareados nos puede llevar al borde del abismo. Pero incluso cuando nuestras vidas están muy llenas de actividad, podemos mantenernos firmes en la implicación sin caer por el borde del quemarse. Debemos estar atentos a no ir demasiado lejos y a dar un paso atrás cuando sea necesario para recuperar nuestro equilibrio. Puede resultar tan sencillo como inspirar y luego espirar lentamente entre pacientes o reuniones. Cambiar de estado. O tan sencillo como cuidar de los plantones de mostaza o enlucir una pared de adobe.

Quizá no sea del todo malo que el quemarse provoque agotamiento vital y derrumbamiento, porque el quehacer crónico y la adicción al trabajo no son una forma sana de vivir nuestros días. Toda esa actividad nos distrae de lo que es real, e incluso puede ser una manera de evitar elegir un medio de subsistencia acorde con nuestros valores. Y a menudo nuestra obsesión por el trabajo y el servicio no es más que una forma de eludir la verdadera intimidad con nuestros seres queridos y con las verdaderas necesidades del momento presente y el mundo más amplio. El agotamiento vital y el desgaste se convierten en el freno de emergencia que nos obliga a cambiar de marcha, a decelerar e incluso a detenernos. Nos exige renovar nuestras aspiraciones espirituales más profundas y mirar en profundidad lo que apoyamos, lo que nos importa, nuestros valores, y cuál es nuestra verdadera vocación. Encontrar alegría y belleza en el camino del servicio. Creo que eso es lo que quería decir Dogen con las palabras «dar vida a la vida».

Parte VI. Compasión en el borde

«Mientras permanezca el espacio /
y mientras permanezcan los seres vivientes, /
que yo también permanezca /
para disipar el sufrimiento del mundo.»[157]

SHANTIDEVA, capítulo 3, versos 21-22
(adaptado de STEPHEN BATCHELOR)

Cuando estamos al límite, en peligro de caer por el precipicio hacia el sufrimiento, la compasión es el medio más poderoso que conozco para mantener nuestros pies bien plantados en la tierra y nuestro corazón bien abierto. Cuando oía los gritos de la niña nepalí mientras le limpiaban las quemaduras, la compasión me ayudó a mantenerme arraigada en la empatía y a alejarme poco a poco de la angustia empática. Cuando me he enfrentado a la violencia sistémica de la guerra, el racismo, el sexismo y el deterioro medioambiental, la compasión me ha recordado mis valores y me ha ayudado a actuar desde la integridad, en lugar de quedarme sumida en una indignación moral crónica. Durante mis años de acompañamiento a moribundos y cuando he trabajado como voluntaria en una cárcel de máxima seguridad, ha sido la compasión lo que me ha evitado quemarme. La compasión ha resultado ser mi mejor aliada en los momentos más difíciles. No solo ha fortalecido mi vida, sino que también ha beneficiado a aquellos a quienes he servido.

También yo he recibido compasión; mi vida se ha visto profundamente afectada por los momentos en que otros me han mostrado una gran bondad. Hace muchos años yacía en la cama de un hospital, temblando de miedo antes de entrar en quirófano. Un amigo budista se sentó junto a mí. Cuando llegó el equipo para llevarme al quirófano, mi amigo me apretó la mano y mirándome fijamente me dijo: «Recuerda quién eres realmente». Su contacto y sus palabras fueron como una ola de alivio que me recorrió entera, y me dejé caer en un espacio que era mayor que mi terror a la cirugía, más amplio que mi miedo a morir. Cuando me llevaban por el pasillo, las palabras del difunto Roshi Hakuun Yasutani refulgieron en mi mente luz: «Al surgir del cuerpo indiferenciado no causal, la compasión brota ardiendo».

Cuando, como mi amigo, ofrecemos compasión, esta brota ardiendo como un cometa desde nuestro corazón. Ese es el espíritu de Avalokitesvara, el bodhisattva *de la compasión, que escucha los llantos del mundo y responde con un corazón sin límites, que no se hunde como una piedra pesada en las aguas del sufrimiento, sino que se rompe, abriéndose como una geoda al espacio interior único, irradiando luz para quienes luchan en la oscuridad.*

Durante décadas he viajado por las geografías de la compasión, explorando su estructura y los procesos más profundos que entran en juego en este paisaje poderoso. He analizado estudios científicos sobre la compasión, he recibido enseñanzas de expertos budistas, he compartido relatos de cuidadores, me he sentado con prisioneros y moribundos, he formado a educadores y empresarios en enfoques de compasión y he utilizado mi práctica de meditación como medio de investigación. Y además están los retos que la vida me ha planteado; los peligros que también han llegado repletos de posibilidades.

La compasión se define como el sentimiento de preocupación genuina por el sufrimiento del prójimo junto con el deseo de mejorar su bienestar. La compasión también nos ayuda a afrontar nuestro propio sufrimiento y el ajeno con una respuesta apropiada. Y, sorprendentemente, la compasión es la vía de salida de los aspectos tóxicos de los estados límite: el altruismo patológico, la angustia empática, el sufrimiento moral, la falta de respeto y el quemarse. ¿Por qué? Porque la compasión propicia nuestras mejores capacidades humanas: el equilibrio de la atención y el cuidado, la intención desinteresada y la claridad, y la acción ética, como ninguna otra respuesta puede hacerlo.

27. La supervivencia del más amable

En una conferencia a la que asistí en Dharamsala, India, Su Santidad el Dalai Lama dijo: «La compasión no es un asunto religioso, es un asunto humano. No es un lujo [...], es imprescindible para la supervivencia humana».[158] Suscribo plenamente las palabras de Su Santidad: que la compasión es una necesidad para la supervivencia humana. Y quiero llevarlo un paso más allá: estoy convencida de que la compasión ayuda a la supervivencia de *todas* las especies de nuestro planeta.

Más adelante, Su Santidad escribió: «Por muy capaz y diestro que sea un individuo, si se queda solo no sobrevivirá. Por muy vigoroso e independiente que uno se pueda sentir en los momentos más prósperos de la vida, cuando uno está enfermo, o es muy joven o muy viejo, dependerá del apoyo de los demás [...]. Creo que en todas las escalas de la sociedad (familiar, tribal, nacional e internacional); la clave para un mundo más feliz y más próspero es el crecimiento de la compasión».[159]

El naturalista inglés Charles Darwin estaría de acuerdo.[160] En *El origen del hombre* escribió sobre la importancia de la simpatía (lo que hoy llamaríamos compasión), explorando la tendencia de humanos y animales a ayudarse en momentos de dificultad. Compartió la historia del encargado de un zoo que fue atacado por un babuino agresivo. «Hace unos años un cuidador del jardín zoológico me mostró unas heridas profundas y mal curadas en el cuello, que le había infligido un babuino violento cuando estaba arrodillado en el suelo cerca de la jaula. Había un monito americano que era buen amigo de su cuidador, que vivía en la misma jaula y temía terriblemente al gran babuino. Sin embargo, en cuanto vio a su amigo en peligro, corrió al rescate y con sus gritos y sus mordiscos distrajo al babuino el tiempo suficiente para que el hombre pudiera escapar».[161]

Darwin reconocía que ese tipo de heroicidades son más probables cuando el rescatador y el rescatado forman parte del mismo grupo. Ese monito era buen amigo del guardián y probablemente se sintió motivado a arriesgar su vida para salvarlo de morir a manos del babuino. Darwin escribió: «En primer lugar, es innegable que los impulsos instintivos tienen diversos grados de fuerza en la humanidad. Un salvaje arriesgará su propia vida para salvar la de otro miembro de su comunidad, pero será totalmente indiferente ante un extraño. Una madre joven y tímida arrostrará sin vacilar el mayor peligro por salvar a su hijo, pero no por salvar a cualquier criatura de su especie».[162]

Pero Darwin también reconoció que las circunstancias extraordinarias pueden inspirar a las personas (y a los seres) a sentir una gran compasión por los desconocidos. «Muchos hombres civilizados […] que jamás han arriesgado su vida por otros, pero que tienen desarrollado el valor y la simpatía, en un momento dado, y despreciando el instinto de la propia conservación, se arrojan a las aguas de un torrente para salvar a un semejante suyo que se ahoga, aunque sea un desconocido. En este caso, lo que impulsa al hombre es el mismo instinto que al monito que hemos mencionado antes a salvar a su guardián del enorme y temible babuino».[163]

Darwin planteó la hipótesis de que la evolución selecciona esos rasgos, perpetuándolos en los descendientes. «Sea cual fuere el modo complejo en que se haya originado [la simpatía], al ser verdaderamente importante para todos los animales que se defienden con reciprocidad, precisamente por selección natural ha de haber aumentado, puesto que las comunidades que contuvieran el mayor número de individuos con la simpatía desarrollada vivirían mejor y tendrían una prole más numerosa».

Darwin podría haber llamado a este fenómeno «la supervivencia del más amable». Es una teoría que contradice el feroz paradigma de «la supervivencia del más fuerte», comúnmente atribuido a Darwin (aunque en realidad es una simplificación exagerada de la selección natural por parte de Herbert Spencer). Darwin concluyó su exploración con la idea de que la «simpatía» no solo es esencial para nuestra supervivencia; también constituye la base de nuestro sentido de moralidad personal y de los sistemas éticos que orientan el bienestar social.

Más recientemente, el etólogo y primatólogo holandés Frans de Waal ha planteado que es posible encontrar las raíces de la compasión en nuestra historia evolutiva. De Waal ha documentado numerosos actos de amabilidad y de conducta moral entre no humanos, como, por ejemplo, simios, perros, pájaros e incluso ratones. Podríamos preguntarnos: si los ratones lo hacen, ¿por qué no nosotros?[164]

Ciencia y compasión

Tanto si la compasión está profundamente arraigada en nuestra biología como si surge desde nuestra consciencia; tanto si es instintiva, intencional o una prescripción social, las investigaciones científicas nos dicen que la compasión potencia el bienestar de quienes la reciben y también beneficia a quienes son compasivos. Incluso beneficia a los que simplemente observan un acto de compasión. La compasión es una de esas experiencias que afectan profundamente al corazón humano, tanto si la damos como si la recibimos o solo la presenciamos.

Parece que la compasión también mejora la salud física. Las fuertes conexiones sociales asociadas con la compasión parecen reducir las inflamaciones, fortalecer la función inmunológica, acelerar el restablecimiento tras la enfermedad y aumentar la longevidad, según un metanálisis de numerosos estudios conducido por la investigadora Julianne Holt-Lunstad y sus colegas.[165] Según un estudio realizado por la doctora Sara Konrath, los voluntarios vivían más que sus iguales no voluntarios si las razones de ese voluntariado eran altruistas y no egocéntricas.[166]

Otro estudio indicaba que la comunicación no verbal de la compasión calmaba el sistema nervioso autónomo de los pacientes y regulaba su ritmo respiratorio y su variabilidad cardiaca.[167] Las investigaciones también sugieren que recibir compasión reduce el dolor postoperatorio y acorta el tiempo de recuperación postquirúrgica,[168] mejora las consecuencias de los traumatismos,[169] prolonga la vida de pacientes con enfermedades terminales,[170] mejora el control glucémico,[171] reduce la mortalidad en mayor medida que dejar de fumar[172] y potencia la función inmunológica.[173] Al generar todos esos beneficios para la salud, las interacciones compasivas con los pacientes incluso podrían reducir los costes sistémicos de la atención sanitaria y los costes provocados por el estrés en los médicos.[174]

¿Qué les ocurre a quienes llevan mucho tiempo practicando la meditación cuando se ven expuestos al dolor y al sufrimiento? Los neurocientíficos Richard Davidson, Antoine Lutz y sus colegas de la Universidad de Wisconsin descubrieron que la meditación para expandir la consciencia parece reducir la anticipación negativa del dolor. En el mismo estudio, estos meditadores experimentados vivieron el dolor con menos aversión y se recuperaron más rápidamente tras estímulos desagradables.[175] En otro estudio, el doctor Davidson y sus colegas aprendieron que cuando generaban compasión, los meditadores experimentados respondían más intensamente a las vocalizaciones humanas cargadas de emociones que los meditadores novatos. También observaron que la capacidad de empatía cognitiva y afectiva era mayor en los meditadores expertos que en los noveles.[176] Estos descubrimientos son importantes para comprender cómo el entrenamiento mental puede potenciar la resiliencia cuando se está sometido a estímulos desagradables, y que además ayuda a sintonizar mejor con el sufrimiento de los demás.

En un estudio dirigido por la neurocientífica doctora Helen Weng, también en el laboratorio del doctor Davidson, jóvenes adultos entrenados para aumentar su experiencia de compasión se comportaron de forma más altruista cuando participaron en un juego económico en el marco del experimento. Cuando evocaban sentimientos de compasión mientras miraban imágenes de personas que estaban sufriendo, también mostraban mayor actividad en las áreas del cerebro asociadas con la empatía y la comprensión de los demás y con la regulación de las emociones y las emociones positivas.[177]

Durante mis años acompañando a personas moribundas, he visto que la presencia compasiva reduce el miedo que experimentan las personas que están muriendo y les sirve de apoyo cuando se acercan a la muerte; también tiene un efecto profundamente positivo sobre quienes están al servicio de los moribundos, sobre todo si el cuidador tiene una práctica contemplativa.

Hace años, el doctor Gary Pasternak, director médico del Mission Hospice en San Mateo, California, y meditador de largo recorrido, me envió un correo electrónico que no he olvidado jamás.

Me quedo hasta muy tarde gestionando el alta de los pacientes en el hospital. Justo cuando pienso que ya soy demasiado viejo para pasar tantas noches sin dormir, aparece una persona que yace ante mí con toda su crudeza y su vulnerabilidad y mientras mis manos exploran las heridas profundas de su pecho y mis oídos se abren a sus palabras, y se me vuelve a partir el corazón otra vez […]. Y esta noche una amable mujer de treinta y seis años con un cáncer de mama salvaje y catastrófico me habla de su aceptación y de lo que espera para sus hijos, y habla con una autenticidad y una autoridad pasmosa. Y su aceptación me llega como la humildad más profunda que una persona puede experimentar y entonces de nuevo, una vez más, recuerdo por qué me quedo tantas noches y me dispongo a acompañar a los que mueren.

Las palabras de Gary reflejan respeto y tranquilidad de corazón, además de humildad y valor. Desde dentro del mundo médico de las distracciones, de la falta de tiempo y de sueño, fue capaz de bajar el ritmo y abrirse a la vida y a la muerte, a la escucha y al amor. Y en medio del dolor de su paciente y del suyo propio, recordó quién era realmente. Eso es compasión: la capacidad de abordar la verdad del sufrimiento con el deseo de aliviar ese sufrimiento. Y luego despertar con humildad al precioso regalo de servir a los demás desinteresadamente.

Parece que sentir compasión también reduce la depresión y la ansiedad, porque ensancha nuestro horizonte más allá de las estrecheces del pequeño yo. Como escribió la doctora Emma Seppälä: «Las investigaciones demuestran que la depresión y la ansiedad están ligadas a un estado de egocentrismo, una preocupación por "mí, yo y lo mío". En cambio, cuando hacemos algo por otro, ese estado de autocentramiento pasa a ser un estado de centramiento en el otro».[178]

Sin ser científico, el productor de cine George Lucas tiene una opinión similar sobre la compasión. Cuando le preguntaron de qué trataba realmente su película *La guerra de las galaxias*, respondió: «Hay dos tipos de personas en el mundo, las personas compasivas y las personas egoístas. Las egoístas viven en el lado oscuro; las compasivas, en la luz. Si eliges el lado de la luz, serás feliz porque la compasión, ayudar a los demás, no pensar en ti mismo y pensar en los otros te da una alegría que no puedes obtener de otra manera».[179]

Cuando miro las caras de nuestros residentes en Upaya mientras sirven comidas a las personas sin hogar, veo respeto y cariño en sus ojos, y ausencia de lástima, de importancia personal y de miedo. Cuando miro a los médicos que trabajan en las Clínicas Nómadas de Upaya, observo lo mismo. Hace poco oí a una de mis estudiantes de capellanía, Cathy, una enfermera que sirve a moribundos pertenecientes al colectivo LGTBQ, hablar del profundo beneficio que experimenta cuando abre un espacio de seguridad para este grupo.

Hay otro aspecto poderoso de la compasión que está relacionado con el carácter moral. Albert Schweitzer lo comprendía perfectamente cuando escribió: «Solo puedo sentir reverencia hacia todo aquello que llamamos vida. Solo puedo sentir compasión hacia todo aquello que llamamos vida. Este es el principio y el fundamento de toda ética».[180] Albert Schweitzer ratificaba la perspectiva de Arthur Schopenhauer de que «la compasión es la base de la moralidad». Las investigaciones han descubierto que ser compasivos refuerza nuestros principios morales y da sentido a nuestra vida. Según los psicólogos investigadores Daryl Cameron y Keith Payne, cuando reprimimos la compasión, sentimos que nuestra identidad moral está en riesgo.[181]

El psicólogo y especialista en liderazgo ético Jonathan Haidt ha llevado a cabo estudios sobre moralidad, cultura y emoción que sugieren que ver a alguien ayudando a otro genera un estado de «elevación moral» que nos inspira a hacer lo mismo.[182] El profesor James Fowler, de la Universidad de California, San Diego, que estudia los mecanismos del contagio, también confirma que ayudar es contagioso. *The New Yorker* publicó un artículo sobre las Clínicas Nómadas de Upaya en Dolpo, Nepal. El artículo, escrito por Rebecca Solnit, ha inspirado a médicos de todo el mundo a servir en nuestros dispensarios médicos en Nepal, y cada vez hay más y más médicos y enfermeros nepalíes que se unen a nuestras clínicas, movidos por el deseo de servir a los demás. Un joven abogado norteamericano lava los pies a un paciente nepalí. Otros miembros del equipo, conmovidos, piden permiso para sumarse a él; el amor y el respeto se vuelven contagiosos en cuestión de segundos. La bondad inspira, eleva y, afortunadamente, se contagia.

Durante mucho tiempo he sentido que la compasión es esencial para ser plenamente humanos. Es una clave para reducir la opresión sistémica y para nutrir una cultura de respeto, civismo y pertenencia. Además, es un factor determinante del éxito de las culturas, las organizaciones y los seres humanos. Con el objetivo de ayudarnos a comprender la necesidad de compasión, la ciencia está demostrando sus beneficios y validando la importancia de la compasión para nuestra supervivencia y nuestra salud fundamental; un descubrimiento que ya vivieron Jesús, el Buda y Mahoma hace miles de años, y mi abuela hace un siglo. Quizá, a algunos de nosotros, la ciencia nos vuelva a explicar quiénes somos en realidad.

28. Las tres caras de la compasión

Durante muchos años me he preguntado si se podría contemplar la compasión desde una perspectiva distinta de la que conocemos la mayoría de nosotros: el tipo de compasión centrada en el sufrimiento ajeno, en especial de los miembros de nuestro grupo. Hice un gran avance en mi búsqueda de esta comprensión cuando leí *Diálogos en el sueño*, del maestro zen del siglo XIV Muso Soseki. Soseki analiza el tipo de compasión que nos resulta más familiar, cuando dirigimos nuestra compasión hacia otros. Los psicólogos sociales denominan a este campo de la compasión «compasión referencial». También se refiere a otras dos caras de la compasión: la compasión basada en la visión profunda y la compasión sin objeto, que es no-referencial y universal.[183]

Compasión referencial

La mayoría de nosotros sentimos compasión hacia aquellos con quienes compartimos conexiones cercanas, como nuestros padres, hijos, cónyuges y hermanos, y nuestras mascotas. También tendemos a sentir más fácilmente compasión hacia nuestros amigos, colegas, vecinos y miembros de nuestra cultura o nuestro grupo étnico. Podemos sentir una conexión más fuerte con quienes han sufrido de formas que nosotros hemos experimentado. Como de pequeña estuve ciega, hace mucho tiempo me di cuenta de que siento una compasión y una identificación muy vívida con las personas ciegas.

La compasión referencial también puede abarcar más allá del círculo de nuestros conocidos e incluir a desconocidos, como los refugiados, las víctimas de la violencia policial o los animales en peligro de extinción.

Este tipo de compasión queda plasmada en la historia de una mujer de La Patrona, un pueblo pequeño cerca de la ciudad de Veracruz. Un día, hace más de veinte años, dos hermanas, Bernarda y Rosa Romero Vázquez, regresaban de comprar leche y pan para el desayuno. Se detuvieron en un paso a nivel al ver aproximarse un tren de mercancías. Les sorprendió ver a personas encaramadas en los techos y los laterales de los vagones, y a jóvenes agarrados a los ejes de los vagones.

Un hombre que colgaba de uno de los primeros vagones les gritó: «¡Madre, tenemos hambre!». Mientras pasaba un vagón tras otro, les fueron llegando más gritos: «¡Madre, tenemos hambre!». Antes de que pasara el último vagón, Bernarda y Rosa lanzaron sus alimentos recién comprados a quienes pudieran agarrarlos.

Cuando Bernarda y Rosa regresaron a su casa esa mañana, tenían miedo de recibir un castigo por haber regalado el desayuno de la familia. En cualquier caso, tenían que contarle a su madre, Leonila Vázquez Alvizar, lo que había ocurrido. En lugar de castigar a las hermanas, la familia se reunió para pensar qué se podía hacer, y así surgió un plan.

Desde 1995, cuando las hermanas lanzaron por primera vez comida a los migrantes en camino, casi cada día ellas y otros habitantes de La Patrona acuden a esperar junto a las vías llevando alimentos para quienes se suben al tren en busca de esa libertad tan esperada.

«La Bestia» es el mote que designa a una red de trenes que ha transportado a miles de personas hacia el norte, a través de México hasta nuestras fronteras. Cuando La Bestia circula por su ruta a través de Veracruz y cerca de La Patrona, las mujeres del pueblo, «Las Patronas», que es como las llaman, corren por las vías del tren con abultadas bolsas de plástico llenas de frijoles recién cocinados, arroz y tortillas. Mientras el tren avanza, lanzan sus ofrendas a los hambrientos migrantes que viajan de polizones.

Me contaron que algunas noches el tren reduce su marcha para que a Las Patronas les resulte más fácil entregar sus bolsas de alimentos. Pero cuando se hace de día, el tren pasa a toda velocidad por el pueblo, y mujeres de todas las edades aguantan firmemente las violentas corrientes de viento generadas por ese tren que avanza a toda velocidad, para llegar a los desesperados y hambrientos. Es un acto de pura compasión.

A lo largo de los años, han ofrecido decenas de miles de comidas. Hasta el momento, el flujo de migrantes hacia el norte continúa, a pesar de la violencia, de los muros fronterizos, de los centros de detención y de los señores de la droga. La Bestia ha transportado su carga humana hacia el norte, día tras día, y Las Patronas han ido a su encuentro con comida en las manos.

Las Patronas han construido un dispensario y un pequeño albergue para los migrantes agotados que saltan al tren. La cocina se ha ampliado y ahora son más los que cocinan y preparan bolsas de comida, entre ellos hombres del pueblo. También trabajan con organizaciones de todo México, presionando al gobierno para que ofrezca más protección a los migrantes. La Patrona Norma Romero dijo: «Mientras Dios me dé vida y siga existiendo la migración, yo estaré aquí ayudando».[184]

Y como relataba Guadalupe González a la BBC: «Nunca pensamos que pudiera convertirse en algo tan grande. Creo que ha sido porque surgió de la nada, de lo poco que cada uno puede dar».[185] Sus palabras dan en el blanco.

El mismo reportaje de la BBC sobre Las Patronas contenía una observación conmovedora: «Las Patronas tomaron su nombre de su pueblo. Pero este tiene además una connotación religiosa más amplia, pues *patrona*, patrón, significa "santo protector". Este nombre no podría ser más adecuado[186] para los migrantes que consiguen atrapar una donación que podría salvarles la vida de manos de una mujer que nunca volverán a ver».

Cuando mis amigos mexicanos de Santa Fe me cuentan de Las Patronas, y cuando sigo su obra humilde y milagrosa a través de los reportajes de los medios de comunicación, me conmueve la inmensa compasión y la valiente determinación de esas mujeres que aparecen día tras día, cocinando y repartiendo frijoles, arroz y tortillas a quienes viajan hacia el norte. Para mí representan lo mejor del corazón humano. Compasión, altruismo, determinación, dedicación y compromiso, y el poder de transformar el sufrimiento, contra todo pronóstico.

Compasión basada en la visión profunda

La compasión referencial está profundamente valorada en nuestra sociedad, y eso es bueno. Y, sin embargo, hay tipos de compasión que nos resultan menos familiares. Soseki escribe sobre la compasión basada en la visión profunda, un concepto que también existe en el budismo tibetano. Este tipo de compasión es más conceptual.

El debate de Soseki se centra en la impermanencia y en la originación dependiente. Desde mi perspectiva de contemplativa y cuidadora, la compasión basada en la visión profunda también incluye la comprensión de que la compasión es una respuesta moralmente imperativa ante el sufrimiento; y de ello se deduce que ignorar el sufrimiento puede acarrear graves consecuencias para uno mismo, para el prójimo y para la sociedad.

Cuando vemos a alguien en situación de necesidad, nos sentimos moralmente compelidos a actuar. No pasamos de largo. No sentimos indiferencia ni apatía moral. Responder al sufrimiento con compasión es hacer «lo correcto»; es una afirmación del respeto y la dignidad humana. Si experimentamos el sufrimiento de los demás desde esta perspectiva, y si esta comprensión viene respaldada por nuestra bondad natural y nuestra aspiración a aliviar el sufrimiento, nuestro corazón se inundará de una compasión sabia.

Hace poco, estaba sentada junto a la cama de una mujer que estaba muriendo de cáncer de hígado. Sus piernas estaban tan hinchadas por el edema que se le había abierto la piel de las espinillas. Era la víspera de su último aliento, aunque en ese momento yo no lo sabía. Era una amiga cercana y llevaba años luchando contra el cáncer. Experimenté una inmensa compasión hacia ella, una compasión referencial, al verla sacudida por la confusión y el dolor; cuando tomé su mano entre las mías y le hablé suavemente, sentí el deseo abrumador de aliviar su sufrimiento. Del mismo modo, bajo el prisma de la compasión basada en la visión profunda, fui capaz de contemplar su situación en términos de la verdad de la impermanencia, de comprender que su sufrimiento era un momento específico en el tiempo y que estaba compuesto por elementos que no eran sufrimiento. También sentí en lo más profundo de mi corazón que responder a su sufrimiento era una necesidad moral. Estas perspectivas me evitaron sucumbir a la angustia empática y me ayudaron a sostener ese espacio para ella de un modo menos reactivo; y en última instancia, a estar con ella con un amor más grande.

Compasión no referencial

Soseki también sugiere un tercer tipo de compasión que es imparcial. La podemos llamar *compasión no referencial*, es decir, compasión sin objeto. Esta tercera forma es compasión auténtica, dice Soseki.

En una ocasión, yo misma experimenté esta variante. Estaba enseñando en Toronto y me alojaba en una casa particular. Al salir de la ducha resbalé en el suelo mojado y me caí, fracturándome el fémur y el trocánter. Supe que me había ocurrido algo realmente malo cuando vi el ángulo que formaba mi pierna. Unos latidos más tarde me invadió un dolor insoportable. Como buena sureña, grité educadamente: «¡Ayuda! ¿Alguien puede ayudarme?». Mi voz sonaba tan fina como un junco, y casi no podía ni respirar. En cuestión de minutos, apareció Andrew, mi anfitrión, me sostuvo cuidadosamente la espalda mientras permanecía sentada en el suelo, y pidió a voces a su mujer que llamara a una ambulancia. No me podía mover y casi no podía hablar, pero Andrew sabía lo que tenía que hacer. Como un árbol, le dio apoyo a mi columna y permaneció totalmente quieto, para que yo pudiera soltarme y dejarme ir en los lapsos entre tremendos latidos del dolor.

Cuando llegaron los servicios de emergencia, un joven médico entró en el cuarto de baño y me dijo que me iban a colocar en una camilla. Mi mente y mi cuerpo retrocedieron ante sus palabras: ya estaba a punto de desmayarme y podía sentir cómo me bajaba la presión sanguínea con la intensidad del dolor. Miré fijamente a los ojos del joven médico y le dije: «Antes de que me mueva necesito algo para controlar el dolor». El médico me respondió con una voz monótona que no estaba autorizado para administrar morfina. «Pues consiga a alguien que lo esté», dije. No estaba bromeando. El joven marcó el teléfono para llamar a alguien que tuviera permiso para hacerlo.

Tras diez minutos eternos, llegó un médico de más edad. Se arrodilló junto a mí y me tomó la presión, que no podía estar más baja. Asintió con la cabeza y con una jeringa extrajo un líquido claro de una botellita. Extendió mi brazo, pero las venas se habían hundido con la conmoción y la punción de la aguja no daba con ellas.

Lo intentó en el otro brazo, después en ambas muñecas, y luego no recuerdo dónde; solo me acuerdo del sudor que resbalaba por su rostro mientras trataba de ayudarme, el gesto de su boca y la piel tensa alrededor de sus ojos.

El médico joven estaba de pie apoyado en la pared del baño, con semblante pálido y los ojos en blanco, como si se fuera a desmayar. Parecía muy angustiado al verme asaetada seis veces por la jeringuilla. Mi corazón se abrió hacia él, y en ese momento también se abrieron mis venas, bombeando sangre a todo mi cuerpo. La aguja entró, y sentí alivio suficiente como para poder moverme.

Mientras los servicios de emergencia bajaban la camilla por la larga escalera, mi cuerpo, inclinado peligrosamente en un ángulo muy pronunciado, se deslizó unos centímetros y volvió a quedarse paralizado. Por fin llegué a la ambulancia y circulamos a gran velocidad por las calles de Toronto hacia el hospital, con el sonido de la sirena a todo volumen. Era un viernes 13 y lucía la luna llena de junio.

El médico de más edad se inclinó hacia mí, y sentí que llevaba un peso encima. Sin pensar, le toqué la rodilla y le pregunté si estaba bien. La verdad es que era una pregunta un poco rara por mi parte, dadas las circunstancias en las que me encontraba, pero surgió de la nada, esa nada que está presente durante la meditación profunda, la nada que está presente cuando el dolor ha eclipsado al yo.

Con los ojos humedecidos, me dijo con voz casi inaudible: «Mi mujer se está muriendo de cáncer de pecho». En ese momento, no existía nada más que ese ser humano doliente a mi lado y la calidez inexplicable que sentí en el cuerpo, en el corazón, en la atmósfera entre los dos. En ese momento, mi dolor se desvaneció por completo. Le miré a los ojos, que estaban húmedos y sin barreras.

Mientras escribo estas líneas, recuerdo las palabras de la cantautora Lucinda Williams: «Sé compasivo con todas las personas que encuentres, porque no sabes qué batallas están luchando ahí dentro, donde el espíritu se encuentra con el hueso». En la ambulancia, yo no tenía ni idea, y esa es la cuestión…

En urgencias me colocaron un gotero de morfina, un catéter, me aplicaron una compresa fría en la cabeza y me dejaron en un pasillo. Mi nuevo amigo se sentó en silencio junto a la camilla durante varias horas, hasta que me llevaron a radiología. Le vi una vez más después de que me operaran. Ignoro su nombre, nunca se lo pregunté, ni pensé en averiguarlo; pero ahí estábamos. Él había venido junto a mi barca, y yo me había acercado a la suya.

Retrospectivamente, me di cuenta de que en medio de mi propia situación crítica, me había abierto a una experiencia de compasión universal. La experiencia no se refería a él, ni tampoco a mí. El surgimiento de una preocupación y un amor ilimitado por otro había disuelto mi sentido del yo, y con ello se había disipado mi dolor. «Al surgir del cuerpo indiferenciado no causal, la compasión brota ardiendo».[187]

A lo largo de los años, cuando he compartido la historia de la caída que sufrí en ese cuarto de baño de Toronto, docenas de personas han respondido con relatos similares en los que su propio sufrimiento terminó espontáneamente cuando sintieron una compasión inesperada por otra persona. ¿Qué tipo de compasión era esa? No era premeditada ni intencional. Surgió de mis huesos, por muy rotos que estuvieran, y me proporcionó alivio, un alivio sorprendente. Y creo que también tuvo un efecto en el médico.

Durante una de las últimas visitas a mi viejo amigo Ram Dass, hablamos de la compasión. Me recordó unas palabras del *Ramayana*, la epopeya india. Ram, que es dios, pregunta a Hanuman, el dios mono que encarna el servicio desinteresado: «¿Quién eres tú, Mono?». Hanuman responde: «Cuando no sé quién soy, te sirvo. Cuando sé quién soy, *soy* tú». Mi viejo amigo y yo nos sonreímos mutuamente. ¿Acaso no es esta la expresión más profunda de la compasión?

Asanga y el perro rojo

Meses después, me pregunté qué había hecho posible esta experiencia. Una historia del budismo tibetano me da una pista sobre cómo podemos nutrir la compasión universal. Asanga, un yogui del siglo IV, pasó muchos años meditando en una cueva. Meditaba sobre Maitreya, el Buda de la bondad amorosa, con la esperanza de recibir de él una visión y una enseñanza. Aunque Asanga practicó año tras año, Maitreya nunca apareció.

Un día, al cabo de doce años de permanecer sentado en su cueva practicando y esperando que apareciera Maitreya, Asanga decidió que ya había pasado tiempo suficiente en la cueva. Con su bastón en la mano, abandonó su refugio de ermitaño y echó a andar montaña abajo. Cuando avanzaba por la estrecha senda, vislumbró que más adelante había algo tendido en medio del estrecho paso montañoso. Al acercarse distinguió a un perro rojo, tumbado inmóvil en el polvo claro. Cuando se acercó más, vio que los cuartos traseros del perro estaban cubiertos de feas llagas abiertas. Al mirarle con más atención, descubrió que las llagas estaban plagadas de gusanos que se retorcían.

Inmediatamente, Asanga quiso ayudar al perro, pero no quería lastimar a los gusanos. Su compasión era tan inmensa que se dejó caer de rodillas y sacó la lengua para retirar a los gusanos sin lastimarlos. Antes de que su lengua tocara la masa de larvas que se retorcían, el perro rojo se transformó en el compasivo Maitreya.

¿Por qué no se apareció Maitreya ante Asanga cuando estaba en su cueva?

Creo que Maitreya no iba a aparecer hasta que Asanga fuera llamado a la acción al servicio de otro. También estoy segura de que los doce años de práctica de Asanga en su cueva no fueron tiempo perdido, aunque Maitreya no se le apareciera allí; al menos no bajo una forma que él pudiera reconocer. Pues la apertura y la compasión habían crecido profunda y admirablemente durante sus años de compromiso y de práctica dedicada. Su práctica dio el fruto dorado de la compasión no dividida, no referencial. Aun así, su compasión necesitaba una razón para activarse, y el perro rojo dio a Asanga la oportunidad de practicar la compasión tanto con objeto como sin objeto.

Esto nos habla del profundo valor de nuestras relaciones, y de que nuestra liberación está ligada a la liberación de los demás. Este relato también señala el valor de convertir nuestra aspiración de beneficiar a los demás en parte integrante de nuestra práctica, incluso aunque estemos lejos de aquellos que necesitan ayuda. Y nos recuerda que estar con el sufrimiento es un camino de práctica que se ve activado por esa aspiración profunda.

Igual que el despertar de Asanga, nuestro propio despertar de la ilusión tiene lugar cuando somos más grandes que nuestro pequeño yo y cuando en cierto modo nos vemos arrastrados a través del nudo del sufrimiento hacia el mundo más grande que nos rodea. Así, el perro herido y la masa de gusanos le dieron al yogui la preciosa oportunidad de encarnar (y no simplemente contemplar) su deseo de beneficiar a otros. Tener una compasión no referencial implica tener un corazón y una mente abiertos al sufrimiento de todos los seres y estar preparados para servir al instante. Es universal, ilimitada, ubicua y sin sesgo. Cuando la ilusión del pequeño yo desaparece, recordamos quiénes somos realmente.

Este tipo de compasión es la esencia de nuestro carácter; impregna todo nuestro ser. Podemos sentirla por cualquiera y por todos al mismo tiempo; por la persona que sufre un dolor insoportable, por el niño ensangrentado de Alepo, por el elefante en un zoológico decrépito, por la mujer enganchada a la metanfetamina…, incluso por el traficante de drogas, el padre maltratador y los políticos belicistas. Cuando reconocemos que no hay un ser separado, y que todos los seres y todas las cosas están interconectados, estamos maduros para la compasión universal. Esta es la experiencia de una persona que tiene una práctica profunda o que tiene una predisposición natural hacia una gran amabilidad y preocupación por el bienestar de los demás.

Como el compasivo Avalokitesvara, cuando experimentamos compasión no referencial, respondemos a cualquier necesidad. Es como la sal en el agua del inmenso océano, como el aire que respiramos, como la sangre que recorre el cuerpo; es el medio mismo de nuestras vidas y nuestras mentes. «Por todo el cuerpo, manos y ojos».

29. Las seis perfecciones

Los seis *paramitas* o perfecciones del budismo son las cualidades compasivas que encarnan los *bodhisattva*s como Avalokitesvara: generosidad, virtud, paciencia, perseverancia, concentración y sabiduría, y nos dan fortaleza y equilibrio cuando estamos en el borde. La palabra *paramita* se puede traducir como «perfección» o como «cruzar a la otra orilla», en referencia a la orilla que está libre de sufrimiento. Las perfecciones son tanto el camino para convertirse en un *bodhisattva* como las realizaciones del camino. Como camino, las perfecciones son la práctica de las cualidades iluminadas de nuestro carácter. Como realizaciones, son el regalo de la práctica. Cada perfección es una expresión de nuestro corazón ilimitado y un tipo de medicina especial que cura todas las aflicciones. Cada una es, en cierto modo, una faceta distinta de la compasión.

La primera perfección, la generosidad, es brindar apoyo compasivo, protección y enseñanzas a quienes lo necesitan. Es servir la comida a la persona sin techo en el albergue; sentarse con un moribundo abandonado por su familia; proteger a la víctima de violencia doméstica; invitar a nuestro hogar a un refugiado que busca un lugar donde aterrizar. La generosidad es dar a nuestros pacientes y nuestros estudiantes espacio para que tomen sus propias decisiones. Mantenerse firme en Standing Rock para proteger un río y una comunidad. Defender la verdad ante el poder para salvaguardar los derechos de las mujeres y de los niños, y nuestro futuro.

La generosidad también se expresa compartiendo el tesoro de

las enseñanzas espirituales con los demás. Mi maestro Roshi Bernie Glassman voló a Polonia en 2016 al Retiro de Ser Testigo en Auschwitz, a pesar de que recientemente había sufrido un derrame cerebral que le provocó una hemiplejia. Roshi Bernie lleva a otros a estar presentes en Auschwitz como parte de su compromiso compasivo de transformar la alienación y el odio, para que nuestro planeta no vuelva a ser consumido por otro holocausto. Cree que al estar presentes en Auschwitz y en otros lugares de horror indescriptible podemos recordar quiénes somos en realidad, y acordarnos de amar.

Junto con el amor, existe otra expresión de la perfección de la generosidad, aunque no aparece en los textos tradicionales. Me llegó hace muchos años, la primera vez que presté servicio en Nepal. A esa altitud en el Himalaya tan agreste, me sentí muy vulnerable. Cuando me sentaba con los pacientes de los pueblos remotos a los que servíamos, pensaba que más me valía estar bien arraigada. Y se me ocurrió la noción de «no transmitir miedo». Esa era la práctica que necesitaba desarrollar mientras estuviera al servicio de nuestros pacientes en las altas montañas.

No transmitir miedo... Es un espacio desde el cual podemos dar testimonio del dolor y del sufrimiento de este mundo y conectar con otros sin apego a uno mismo, al otro ni al resultado. Es una forma de percibir quiénes somos en realidad, de saber que estamos hechos de amor, valentía e inmensa compasión. Es una forma de ver más allá del miedo en el vasto paisaje del corazón humano.

La segunda perfección es la perfección de la virtud, de vivir según los votos. La perfección de la virtud consiste en dirigir la compasión basada en los principios a todos los seres, incluso a los que dañan a otros. Cuando la compasión está ausente, sobreviene el sufrimiento. Para evitar herir al prójimo o a nosotros mismos, para ser valientes, cariñosos y confiados, vivimos según los votos. Esto es compasión y realización del espíritu de los *bodhisattva*s.

Con los años, he aprendido mucho de mis estudiantes; entre otras cosas, que la compasión y los votos *inter-son,* es decir, que se interrelacionan entre sí. Forman parte uno del otro. Los votos que recibimos en el budismo tienen que ver con hacer el bien, no hacer daño y cuidar a los demás. La mayoría de nosotros tenemos que afrontar dificultades morales a diario. Sin embargo, casi todos hemos aprendido lo importante que resulta no violar nuestra integridad. Está el médico que toma diariamente decisiones de vida o muerte que dan prioridad al bienestar de sus pacientes sobre las expectativas institucionales. La directora ejecutiva que hace lo que puede para proteger a sus empleados frente a políticas corporativas lesivas. El denunciante que protege nuestros derechos de privacidad corriendo un gran riesgo personal. Todas esas personas se han dejado guiar por su integridad. Esta es la perfección de vivir conforme a los votos.

La tercera perfección es la *paciencia*; una paciencia revolucionaria con los demás y con nosotros mismos. Paciencia significa estar plenamente en el momento presente y abandonar la hostilidad que podemos experimentar cuando nos damos cuenta de que no controlamos los resultados. Se cancela el vuelo… y culpamos al empleado encargado de las reservas. Nuestro amigo íntimo se está muriendo, y como la enfermera es un poco lenta al comprobar sus constantes vitales, explotamos con esta profesional atormentada que atiende a demasiados pacientes. Queremos que las cosas se hagan a nuestra manera. Queremos un resultado a tiempo; queremos terminar las cosas. No soportamos esperar, hacer una pausa, confiar…, simplemente soltar.

Cuando pienso en la paciencia, me viene a la cabeza A.T. Ariyaratne, líder del Movimiento Sarvodaya Shramadana en Sri Lanka.

Hace unos años pasé un tiempo con Ari (como le llaman sus amigos) en Japón, en una reunión de personas budistas procedentes de todos los rincones del mundo. Sarvodaya, la ONG más grande en Sri Lanka, utiliza las enseñanzas del Buda como un medio poderoso para el cambio social compasivo. Sarvodaya es una forma de que las personas expresen su compasión natural trabajando juntas para mejorar las condiciones de sus comunidades locales, para que se puedan recuperar social y económicamente de la guerra.

Ari me explicaba que su país ha vivido quinientos años de conflicto entre hindúes, musulmanes y budistas. Y cuatrocientos de ellos, sometido a la opresión colonial. Esas cifras me dejaron pasmada. Entonces Ari me miró con ojos brillantes y me dijo: «Se tardará otros quinientos años en transformar estas condiciones […], ¡y yo tengo un plan!». Un plan a quinientos años vista. No hay duda de que Ari es un hombre paciente.

Ari me explicó que su Plan de Paz a 500 años incluye actividades de paz en todo el país, seguidas de proyectos de desarrollo económico en las zonas más pobres de Sri Lanka. Añadió que cada cien años, un consejo de ancianos tendrá que evaluar cómo van las cosas.

Ari no es joven. Es octogenario. Está sano, pero la realidad acabará imponiéndose. Las perfecciones son sus aliados, en especial la paciencia y también la *perseverancia*, la cuarta perfección. Ari sabe lo que es vivir la vida como un imperativo compasivo sin restricciones.

En mi propia vida, intento practicar la entrega como antídoto contra el desánimo sutil que a veces surge. Hace falta energía y determinación para seguir apareciendo, ya sea en un hospital, en un aula o en una sala de juntas, en un campo de refugiados o en una zona de guerra. Y también hace falta entusiasmo, voluntad y concentración para vivir la sabiduría de la no huida, del no esconderse, de la no negación. No escapar, no esconderse, no negar.

La quinta perfección es la *concentración*, o la atención, que, junto con la paciencia, es una forma de evitar huir del momento presente. El Buda utilizó una fantástica metáfora para nuestra falta de atención. Como «el mono que se balancea entre los árboles agarra una rama y solo la suelta solo para atrapar otra, así también, lo que llamamos pensamiento, mente o conciencia surge y desaparece continuamente tanto de día como de noche».[188]

El Buda utilizó otra metáfora animal para explicar la concentración: has de ser como un ciervo en el bosque: alerta, amable y presente para lo que surja.[189] El ciervo también simboliza la no agresión y la serenidad. Al emular al ciervo, podemos transformar la mente de mono en la mente de un *bodhisattva* y acceder a la compasión y a la sabiduría.

La sexta perfección es la *sabiduría*, que se refiere a experimentar directamente la naturaleza de la realidad. Esta es otra razón por la que es tan importante la perfección de la concentración: no podemos acceder a la sabiduría si no estamos totalmente abiertos, imparciales y atentos.

Pero ¿qué es la sabiduría?

Ser sabio no significa necesariamente ser listo. Podemos percibir esa distinción explorando cómo vemos la diferencia entre una persona lista y una persona sabia. Una persona lista puede tener cierto conocimiento, y normalmente se ciñe a hechos. Por otro lado, una persona sabia tiene el poder del discernimiento y la presencia de la compasión.

Desde una perspectiva budista, la sabiduría se puede contemplar desde dos prismas: la sabiduría relativa y la sabiduría última. La sabiduría relativa supone ver y entender la interconexión de todos los seres y todas las cosas, la verdad de la impermanencia, las causas del sufrimiento, el camino para liberarse del sufrimiento, y vivir el voto de liberar al prójimo del sufrimiento.

Aunque no fuera budista, el físico Albert Einstein tenía una profunda comprensión de la «sabiduría relativa». Escribió:

> El ser humano forma parte de un todo, que nosotros llamamos «universo», una parte limitada en el tiempo y el espacio. El ser humano se experimenta a sí mismo, sus pensamientos y sentimientos, como algo separado del resto; una especie de ilusión óptica de su conciencia. Esta ilusión es como una prisión para nosotros, que nos limita a nuestros deseos personales y al afecto hacia unas pocas personas cercanas.
>
> Nuestra tarea debe ser liberarnos de esta prisión, ampliando nuestro círculo de compasión hasta abarcar todas las criaturas vivas y la naturaleza completa, en todo su esplendor.[190]

Desde una perspectiva budista, la «sabiduría última» está basada en nuestra experiencia directa de dejar ir nuestra visión de lo que llamamos realidad; cualquier descripción de la realidad que elaboremos nos separa de la experiencia directa de «las cosas tal como son». La realidad no es un estado; ocurre, surge momento a momento. En este sentido, siempre me ha gustado lo que dice Huang Po sobre la trampa de la conceptualización: «Aquí está, en este momento. ¡En cuanto empiezas a pensar sobre ello ya lo has perdido!»[191]

La sabiduría y la compasión están entrelazadas. Shunryu Suzuki Roshi, el queridísimo monje Soto Zen y fundador del San Francisco Zen Center, compartió su gran sabiduría y compasión en los últimos momentos de su vida. Justo antes de morir en el San Francisco Zen Center en 1971, uno de sus estudiantes más cercanos entró en su habitación. La piel del viejo maestro zen estaba oscurecida por su enfermedad; se le veía pequeño y delgado en su estrecha cama, y solo asomaban las manos por encima de la manta. Su estudiante le miró y le preguntó: «Roshi, ¿dónde nos encontraremos?», como si hubiese un destino particular en el que ambos se volverían a encontrar tras la muerte. Hubo una pausa, y el moribundo levantó una mano y dibujó un círculo, invitando a su estudiante a encontrarse con él en ese preciso momento.[192] Esta es la perfección de la sabiduría; y esto también es compasión, gran compasión.

Las perfecciones son pautas poderosas para desarrollar un corazón amoroso, valiente y sabio y para crear una sociedad compasiva. Son un camino hacia la libertad.

A menudo utilizo frases que reflejan las perfecciones como una manera de invocarlas. Cada perfección contiene a todas las demás. Por eso suelo practicar solo con una frase, dejando que me penetre hasta la médula.

Empezamos centrando nuestra atención en la inspiración, y nos relajamos en el cuerpo con la espiración. Después recordamos nuestra intención de terminar con el sufrimiento ajeno. Luego podemos dejar que el corazón y la mente descansen en una sola frase o, si lo deseamos, podemos seguir lentamente con todas las frases:

Que pueda ser generoso.

Que pueda cultivar integridad y respeto.

Que pueda ser paciente y ver claramente el sufrimiento de los demás.

Que pueda ser enérgica, decidida y entregada.

Que pueda cultivar una mente tranquila e inclusiva para poder servir a todos los seres con compasión.

Que pueda nutrir mi sabiduría y transmitir a otros el beneficio de la comprensión que alcance.

Y nos podríamos preguntar: ¿por qué no encarnar el espíritu de los *bodhisattvas*, que han realizado una mente y un corazón de valentía, sabiduría y compasión? ¿Por qué no acercarnos al borde y admirar esas vistas? ¿Por qué no hacerlo ahora?

30. Los enemigos de la compasión

A pesar del valor y de los beneficios obvios de la compasión, nuestro mundo actual parece estar en déficit, un déficit alimentado por una serie de factores, entre ellos nuestras ideas sobre lo que significa cuidar y la desconexión derivada de nuestra dependencia creciente de la tecnología. En la actualidad, con demasiada frecuencia se enfatiza la conectividad a expensas de la conexión, se valora más el pensamiento rápido que el pensamiento reflexivo, el crecimiento surge a expensas de la profundidad, se valora más crear una cartera de valores que crear una cultura ética, y las percepciones de la falta de tiempo nos distraen del momento presente. Creo que el antídoto contra todos esos males es hacer de la compasión un valor principal al que demos vida dentro de la microcomunidad de nuestras interacciones personales y dentro de la macrocomunidad del planeta.

En el budismo se dice que las cualidades beneficiosas de la mente tienen enemigos cercanos y enemigos lejanos. Los *enemigos lejanos* son los opuestos; el enemigo lejano de la compasión es la crueldad. Los *enemigos cercanos* son más difíciles de detectar; son cualidades inútiles que se disfrazan de útiles. Por ejemplo, la lástima es un enemigo cercano de la compasión, porque implica un sentido de remordimiento junto con una falsa preocupación por los que sufren. William Blake, decía, entre otras cosas, que la lástima es una distracción, ¡y escribió que la lástima divide el alma![193]

Otros enemigos cercanos de la compasión son el miedo e incluso la indignación. Los enemigos cercanos se disfrazan fácilmente de aliados o análogos de la compasión, pero son emociones que nos pueden agotar hasta el punto de que no seamos capaces de responder de forma sana al sufrimiento ajeno, y al final podemos acabar haciendo daño en realidad.

Existen otros obstáculos y otros desafíos para la compasión. Tendemos a simplificar en exceso la compasión, y si no entendemos cómo funciona en nuestras vidas y en las sociedades, podemos acabar sintiendo aversión hacia ella o incluso podemos acabar temiéndola.

Quizá sintamos que la compasión es agotadora, que nos puede hacer enfermar, y que podemos perder nuestros límites y que nos consideren débiles o poco profesionales. Quizá pensemos que la compasión da prioridad a la simpatía sobre la justicia, es decir, que se puede administrar indiscriminadamente y en ocasiones irracionalmente. Para algunos médicos, cultivar o no compasión puede suponer un dilema en sí. A los estudiantes de medicina se les enseña a ser *des*apasionados para que conserven su objetividad y tomen decisiones basadas en los hechos y no en los sentimientos. Muchos médicos creen que el sufrimiento puede ser emocionalmente contagioso y que si se abren a él les podría desbordar. Además, su educación les ha enseñado a considerar que la compasión es religiosa, poco científica y una posible señal de debilidad.

En cambio, de los enfermeros, trabajadores de hospicios y cuidadores familiares se espera que actúen desde la compasión. También ellos pueden tener miedo a involucrarse emocionalmente por el riesgo de perder sus límites y de experimentar angustia empática o síndrome del trabajador quemado.

Otra trampa es querer que nos vean como personas compasivas. Podríamos sentir que nuestro valor se mide por lo compasivos que somos o parecemos ser, y así nos presentamos ante el mundo como una «persona compasiva», cuando en realidad necesitamos aprobación, validación, admiración e incluso autorización. Así que deberíamos tener cuidado con aquellos que se presentan como compasivos. No todo el mundo hace lo que dice.

La distracción es otro obstáculo de la compasión. Podemos achacar parte de la culpa a nuestros dispositivos digitales y nuestros comportamientos adictivos respecto a los mismos. «Encontrar momentos para dedicarse al pensamiento contemplativo siempre ha sido un reto, ya que siempre hemos estado expuestos a la distracción», afirma a *The New York Times* Nicholas Carr, autor del libro *Superficiales*.[194] «Pero ahora que llevamos todo el día con nosotros estos dispositivos multimedia, las oportunidades se vuelven aún menos frecuentes por la sencilla razón de que tenemos esa capacidad de distraernos constantemente.»

Otro estudio, que medía el uso de los teléfonos móviles por participantes de entre dieciocho y treinta y tres años de edad, descubrió que los participantes utilizaban sus teléfonos ¡una media de ochenta y cinco veces al día![195] Esta distracción cómoda llena momentos en que podríamos ser más conscientes de lo que nos rodea, incluido el sufrimiento ajeno. Y el uso frecuente de los dispositivos digitales, según Carr, tiene efectos negativos sobre la cognición, la concentración y nuestra capacidad para la sana introspección.

Otro de los grandes desafíos para la compasión es el estrés por falta de tiempo. Como vimos en las secciones sobre la implicación y el agotamiento laboral, parece normal quedarse atrapado en el bullicio y la «prisa agresiva», lo que Hermann Hesse denominaba «el enemigo de la felicidad».[196]

Nuestro ajetreo y nuestra prisa distorsionan nuestros intentos de implicación con los demás, y al final pueden causar distrés moral. Hace ya cuarenta años, en un famoso estudio llamado Buen Samaritano unos investigadores de Princeton, John Darley y Daniel Batson, realizaron un experimento que demostró que la presión del tiempo inhibe la compasión. En dicho estudio, los investigadores reunieron a un grupo de seminaristas en un edificio y les pidieron que fueran a otro edificio atravesando el campus. A algunos de ellos se les decía que ya llegaban tarde y que debían darse prisa, mientras que a otros se les dijo que tenían todo el tiempo del mundo para llegar. De camino, ambos grupos pasaron por delante de una persona desplomada en un callejón que parecía estar ebria o herida, y que gemía y tosía. La persona en cuestión era un actor contratado por los investigadores. El 63% de los miembros del grupo se detuvo para ayudar. Del grupo que iba con retraso, solo se detuvo un 10%. Parece que la acción ética está inversamente relacionada con las prisas en nuestra vida. Cuando llegaron al auditorio, muchos de los estudiantes que no se habían detenido parecían ansiosos; más ansiosos que los que se habían parado.[197] Parecían sentir distrés moral por la elección que habían hecho para satisfacer las expectativas de los investigadores, en lugar de ayudar a la víctima. Más allá de este experimento, las distracciones y la presión del tiempo influyen en las decisiones que tomamos cuando nos enfrentamos a dilemas morales, incluso el de decidir si ayudamos al prójimo.

La aritmética de la compasión

Otro factor que puede suponer un reto para la compasión es sentirse desbordado. Cuando oímos hablar de problemas a gran escala, como la crisis internacional de los refugiados, la extinción de las especies o el cambio climático, nuestro cerebro se puede desconectar en una especie de insensibilización psíquica. No es que no nos importe; es que el problema es tan grande que no podemos ni concebirlo, de modo que lo dejamos a un lado y no emprendemos ninguna acción.

Que nuestro deseo de ayudar disminuye exponencialmente a medida que aumenta el tamaño del grupo que sufre, incluso de uno a dos, es un fenómeno bien documentado. El poeta polaco denominó este fenómeno «la aritmética de la compasión».[198] En un experimento sobre donaciones benéficas, el doctor en Psicología Paul Slovic y sus colegas estudiaron la aritmética de la compasión. Slovic escribe: «Hemos descubierto que las personas se sienten inclinadas a enviar dinero a una persona que lo necesita, pero si oyen que a una segunda persona también le hace falta dinero pero no puede recibir ayuda, se sienten menos inclinados a donar a la primera persona. Cubrir esa necesidad ya no les resultaba tan satisfactorio. Del mismo modo, cuando la necesidad de ayuda se describía como parte de una labor de socorro a gran escala, los donantes potenciales experimentaban una sensación desmotivadora de ineficacia derivada del pensamiento de que la ayuda que podían proporcionar no era más que una gota de agua en el desierto».[199]

Este fenómeno se conoce como *pseudo-ineficacia*: «pseudo» porque nuestra sensación de ineficacia es una percepción, no una realidad. Pero es una percepción que funciona como un potente elemento de desmotivación cuando sabemos que hay gente a quien no podemos ayudar.

Esta cerrazón mental no es solo metafórica, es literal. Los neurocientíficos han observado que la corteza cingulada anterior (CCA), que se cree que controla nuestra atención a los estímulos que provo-

can emociones, se habitúa rápidamente a los estímulos perturbadores y deja de responder.[200] Esto puede ser una especie de mecanismo
de defensa para evitar que nos abrume la información negativa. No
me cabe la menor duda de que nuestro actual acceso constante a las
malas noticias a través de los medios sociales y los canales de noticias por internet contribuye al entumecimiento psíquico, la apatía
moral y a un déficit de compasión.

Cuando tuvo lugar el terremoto de 2015 en Gorkha, Nepal, me
costó mucho asimilar la enormidad del desastre. A medida que aumentaba el número de muertos, las cifras me aturdían más. No es
que no me importara, al contrario; pero era incapaz de asimilar la
realidad humana. El día después del terremoto, mi teléfono comenzó a sonar; amigos cercanos de Nepal intentaban llevar tiendas y
alimentos a las zonas más afectadas y necesitaban ayuda. De inmediato apoyé sus esfuerzos, aunque todavía no podía hacerme una
idea de la magnitud de la tragedia.

Sin embargo, lo que me hizo despertar fue una fotografía en Facebook de un pequeño monje que había conocido unos meses antes
en un monasterio de una aldea en el área de Gorkha. El niño parecía
asustado y agotado. Los caminos de acceso a esa región quedaron
destruidos. Los niños del monasterio no tenían comida ni cobijo.
Cuando lo supe, sentí que tenía que ayudar a este niño. Era personal,
de una persona a otra. Rápidamente pudimos apoyar a mi buen amigo Pasang Lhamu Sherpa Akita para que alquilara un helicóptero
que volara a las montañas devastadas por el terremoto y evacuara a
trece niños de la zona y los reasentara en Katmandú.

Cuando leí el relato de su rescate en *The New York Times*,[201] sentí
un alivio inmenso. La cara de un niño, y ya no pude dar la espalda a
la realidad de que todos estaban sufriendo. Fue esa única cara la que

me movilizó. Después empezaron a aparecer en mi canal de redes sociales otros rostros de hombres, mujeres y niños que había conocido en la región, junto con las caras de jóvenes valientes nepalíes que trabajaban en el rescate, algunos de los cuales eran amigos cercanos. Al principio, Upaya prestaba ayuda a grandes ONG que trabajaban para paliar los efectos del terremoto, pero cambiamos nuestra estrategia para colaborar con personas que trabajaban directamente sobre el terreno. Esto nos parecía más «real», más eficiente, más cercano al corazón.

Cuando el adormecimiento o el miedo, el juicio o la distracción, o lo irreal de las cifras entumecen nuestra compasión, podemos quedar atrapados en las manifestaciones insalubres de los estados límite, incluida la apatía moral. Para encontrar la salida, tenemos que reconocer cuál es el obstáculo a nuestra compasión. Entonces nos preguntamos cómo responder apropiadamente a lo que esté presente. Debemos examinar en profundidad nuestra respuesta al sufrimiento, y al mismo tiempo renunciar a juzgarnos.

Dentro y fuera de la compasión

Ocho meses después del tsunami en Japón, el escritor Pico Iyer viajó con Su Santidad el Dalai Lama a un pueblecito pesquero japonés que había quedado devastado por este terrible desastre natural. Su Santidad ofreció amor y apoyo a los supervivientes, pero cuando se alejó de ellos, tenía los ojos llenos de lágrimas. Iyer no se perdió este momento. Más adelante escribió: «He empezado a pensar (aunque no soy budista) que lo único peor que suponer que puedes dominar el sufrimiento es imaginar que no puedes hacer nada al respecto. Y las lágrimas que he presenciado me han hecho pensar que se puede ser suficientemente fuerte para presenciar el sufrimiento y al mismo tiempo ser suficientemente humano como para no pretender dominarlo…».[202]

«Lo suficientemente humano como para no pretender dominarlo…» Como la mayoría de nosotros, yo también me he visto sobrepasada por el sufrimiento, propio y ajeno, a resultas de lo cual he caído dentro y fuera de la compasión. Por el camino, he ido aprendiendo algo sobre lo que es y lo que no es compasión. He visto que, cuando me he quedado atrapada en la angustia empática o moral en respuesta al sufrimiento ajeno, he hecho cosas que tendían más a aliviar mi propia incomodidad que a servir a la persona que sufría. A veces, mi «atención excesiva» en realidad inhibía la experiencia de la persona, pues yo estaba resbalando desde la cresta del altruismo hacia el altruismo patológico.

O he respondido con una demostración de atención más orientada a cuidarme a mí misma que a la persona a la que quería servir.

Otras veces, por mi distracción, mi insensibilización o mi negación (todas ellas formas de apatía) no me he dado cuenta de que un estudiante o un colega estaba sufriendo. A menudo, en esos momentos me sentía cansada, hostigada, inestable o estresada por el trabajo o por los viajes, y no era capaz de acceder a los recursos emocionales necesarios para evaluar la situación y responder con compasión.

O bien me hundía en la desesperanza porque sentía que no tenía nada que ofrecer o que no disponía de recursos para afrontar el sufrimiento de una sola persona más. Quizá, simplemente evitaba a la persona vulnerable o pasaba totalmente por alto su sufrimiento. En el mejor de los casos, mi sentido de la responsabilidad moral se reafirmaba y me llevaba de regreso hacia lo que podría servir.

O bien me encontraba atrapada en la indignación moral ante el trato dado a un paciente o a un prisionero. Con suerte, este momento de ira me alertaba sobre una situación de injusticia. Normalmente, era capaz de ver que quedarme atascada en la indignación moral no era sano y me sumía en una exploración de lo que podría haber contribuido al sufrimiento, y después trabajaba para brindar alivio a la persona o a la situación.

Cuando quedaba atrapada en las brechas entre bondades, a veces dirigía la mirada hacia lo que faltaba. Aunque parezca mentira, la compasión brillaba más por su ausencia. Esos momentos también me mostraron que la compasión no es algo aislado, sino un conjunto de procesos entrelazados que surgen de la relación entre la mente y el cuerpo. En la compasión también influyen los contextos medioambientales, sociales, culturales y relacionales en los que estamos inmersos. Esas caídas y esos tránsitos desde el borde del precipicio hacia el lodazal de mi propia confusión me ayudaron a conocer más íntimamente la compasión. Me mostraron que a través de la compasión podemos salir del altruismo patológico, de la angustia empática, del sufrimiento moral, de la falta de respeto y del síndrome del trabajador quemado.

31. El mapa de la compasión

Cuanto más veía el sufrimiento provocado por la ausencia de compasión, más me daba cuenta de que necesitaba explorarla más a fondo e intentar descifrarla; debía hacer todo lo posible por cartografiar la compasión y crear caminos para acceder a ella. En 2011 me invitaron a pasar varios meses como profesora visitante distinguida y becaria *Kluge* en la Biblioteca del Congreso de Washington, D.C. Esta oportunidad especial me permitió dejar de enseñar por un tiempo para poder centrarme en la neurociencia y en la investigación de la psicología social sobre la compasión. Mi objetivo era elaborar un mapa de la compasión para formar más eficazmente a cuidadores y demás en el cultivo de la compasión cuando se enfrentaran al sufrimiento.

Como ejercicio de reflexión, me planteé cuatro preguntas. Primero me pregunté: ¿podemos experimentar compasión si nuestra atención no está equilibrada, asentada, clara y sostenida? Pensé en la cantidad de veces que los médicos se distraen con sus dispositivos móviles y sus buscapersonas, la presión a la que les someten para que cumplan sus objetivos cifrados y su frecuente necesidad de pasar rápidamente de paciente a paciente, etcétera. No es fácil estar presente para el sufrimiento de un paciente cuando nuestra atención está fragmentada de ese modo. Recuerdo que la neurocientífica Amishi Jha indicaba que donde va nuestra atención, va nuestra mente. «La atención es el jefe del cerebro»,[203] decía. Como el equilibrio de la atención plantea un reto para quienes trabajan en situaciones clínicas complejas, la compasión también puede ser un desafío, puesto que la atención de los médicos está frecuentemente dividida, distraída y dispersa (lo que he denominado «las tres D»). Para percibir claramente el sufrimiento o cualquier otra cosa, necesitamos una atención equilibrada.

La segunda pregunta que me planteé fue: ¿podemos ser compasivos si no nos importan los demás? Una vez más, estaba bastante segura de que la respuesta era no. Si nos sentimos apáticos o nos negamos a aceptar el sufrimiento de una persona, o si sentimos aversión hacia esa persona, no será fácil que surja la compasión. El significado de *prosocial* es el opuesto de *antisocial*. El comportamiento prosocial consiste en una conexión social positiva, en ser afiliativos, ser útiles y beneficiar a los demás. Si nuestra intención es egocéntrica, por ejemplo, probablemente no estemos siendo prosociales. El cuidado, la preocupación, la amabilidad, la ternura, el amor, la generosidad e incluso la humildad son todos ellos sentimientos prosociales que se pueden expresar a través del recurso de la compasión. Por lo que he observado, la compasión no está accesible en ausencia de sentimientos prosociales.

Después me planteé una tercera pregunta: ¿puede surgir la compasión en nuestro interior si no vemos qué podría aliviar el sufrimiento de otro? La respuesta fue no. Para sentir compasión, utilizamos el entendimiento para discernir lo que serviría mejor a los demás. La compasión también implica tener una comprensión más profunda de por qué es importante cuidar y de quién somos en realidad.

Finalmente, me pregunté: ¿es importante sentir el deseo de aliviar el sufrimiento ajeno, aunque no podamos hacer nada directamente? Esta vez, la respuesta fue un rotundo sí. No siempre podemos acometer una acción directa capaz de transformar el sufrimiento de otro, pero albergar al menos el *deseo* de mejorar su bienestar resulta esencial para la compasión.

Recuerdo haber oído a Matthieu Ricard dar el ejemplo de una pasajera de un avión que ve a un hombre en el océano que se está ahogando. Lo que ese hombre no puede ver es que un banco de niebla está ocultando una isla que se encuentra a menos de cien metros de distancia. Aunque la pasajera del avión no puede hacer nada para ayudar, quiere lo mejor para ese hombre en el agua. A veces podemos emprender alguna acción para servir a alguien que está sufriendo; otras veces la compasión es simplemente desear un resultado positivo para esa persona, a pesar de que no podamos actuar.

La compasión consta de elementos que no son compasión

Tras conocer a psicólogos sociales, neurocientíficos, endocrinólogos y practicantes budistas y analizar mi propia experiencia, me ha quedado bastante claro que, para que surja la compasión, se deben dar cuatro condiciones: la capacidad de prestar atención a la experiencia ajena, sentir preocupación hacia los demás, percibir qué puede servir a los otros, y actuar para mejorar el bienestar de los demás (o al menos desear lo mejor para la persona, sin apegarnos al resultado).

La atención, los sentimientos prosociales, la intención desinteresada y la encarnación o personificación son elementos clave que, sin ser compasión en sí, dan forma al armazón de las compasiones. Analizando las investigaciones neurocientíficas también aprendí que la compasión no está localizada en un lugar concreto del cerebro, sino que se distribuye por todas partes. Es más, parece que es emergente; es decir, que surge cuando se activan todos los elementos que componen la compasión.

Como escribe Thich Nhat Hahn: «La flor está compuesta por elementos ajenos a la flor. Cuando miras una flor, ves elementos que no son flor, como la luz del sol, la lluvia, la tierra; todos los elementos que se han unido para ayudar a que se manifieste la flor. Si elimináramos cualquiera de esos elementos ajenos a la flor, ya no sería una flor».[204] Igual que los rayos del sol, la lluvia y la tierra conforman la flor, también la atención, la preocupación, la intención, la comprensión y la encarnación componen la compasión.

Partiendo de esta perspectiva de interdependencia, y por lo que he aprendido de mi experiencia de meditación y cuidado, así como de diversos estudios en neurociencia, psicología social y ética, acabé creando una matriz que identifica las características principales que permiten que surja la compasión; en otras palabras, los elementos no-compasivos que impulsan el surgimiento de la compasión.

Desde entonces he utilizado este modelo para formar a profesionales sanitarios, estudiantes de budismo, educadores, abogados y empresarios en el cultivo de un campo donde se pueda manifestar la compasión, tanto en su interior como a su alrededor. Preparamos el campo para que surja la compasión a través del entrenamiento de nuestras facultades de atención, cultivando cualidades prosociales y una intención desinteresada, desarrollando nuestra capacidad de discernimiento y de visión profunda, y creando las condiciones que permiten una implicación ética y cuidadosa. El compromiso compasivo se encarna y se armoniza éticamente. También se caracteriza por la fluidez, la ecuanimidad y la amabilidad, y genera en nosotros una sensación interna de bienestar interior cuando servimos a los demás.

Lo he denominado Modelo de la Compasión ABIDE. Me gusta la nemotecnia porque nos ayuda a recordar un patrón o un proceso. En la palabra inglesa ABIDE [«morar» en español] la A representa la atención y el afecto (por ejemplo, tener un afecto prosocial). Estas dos cualidades llevan al equilibrio o *balance* de la atención y las emociones, la B en ABIDE. La I de ABIDE representa la intención e intuición profunda (*insight*), que son procesos cognitivos que llevan al discernimiento, la D de ABIDE. La E en ABIDE apunta a la encarnación, la implicación y la Acción Compasiva.

Cuando terminó mi permanencia en la biblioteca, hice una presentación del modelo ABIDE. Luego empecé a trabajar en una segunda fase del proyecto encaminada a desarrollar una aplicación del modelo ABIDE que se pudiera enseñar fácilmente y cuyo propósito es ayudar al personal sanitario y a otras personas a cultivar la compasión en su interacción con los demás. Un mapa de la compasión resulta útil, pero es en el territorio de nuestra vida cotidiana donde la compasión se vuelve real y se convierte en nuestra experiencia vivida.

32. La práctica de la compasión

A lo largo de años de escuchar a personas de todos los ámbitos de la vida hablar sobre el estrés que experimentan cuando se enfrentan al sufrimiento ajeno, he aprendido mucho sobre los desafíos de ser profesor, enfermero, médico, abogada, padre o madre, activista, político, defensor del medioambiente, trabajador en ayuda humanitaria o director ejecutivo; de todos aquellos que afrontan las dificultades y el sufrimiento de otros de manera cotidiana. Quizá esa categoría incluya a la mayoría de nosotros. A pesar de todo, cuando nos encontramos con el sufrimiento, es muy fácil caer en los aspectos tóxicos de los estados límite, pero no tenemos por qué convertirlos en nuestra residencia permanente.

Los creyentes religiosos de la India oriental saben desde hace tiempo que podemos transformar nuestras mentes, pero en Occidente hemos creído que tenemos que jugar la partida con las cartas que nos han tocado, y nos quedamos atascados de por vida en patrones mentales rígidos. Sin embargo, en la última parte del siglo xx, la investigación en neurociencia ha demostrado que el cerebro está cambiando constantemente en función de nuestra experiencia. Los circuitos cerebrales se pueden reforzar o eliminar a través de la repetición o de su ausencia. Los procesos que se desarrollan en nuestro cerebro cuando se reorganiza física y funcionalmente en relación con los estímulos internos y externos se llaman neuroplasticidad.

Aunque nuestras preferencias y nuestros hábitos mentales pueden actuar a niveles muy profundos, la forma en que percibimos el mundo y observamos la vida puede cambiar radicalmente a través del entrenamiento mental o la meditación, un potenciador significativo de la neuroplasticidad. La plasticidad del cerebro nos permite recuperarnos de un trauma, aprender nuevos esquemas mentales, abandonar las formas habituales de reaccionar e incrementar nuestra capacidad de ser mentalmente flexibles y ágiles.

Con esto en mente, desarrollé GRACE, una práctica contemplativa activa que se fundamenta en el modelo ABIDE y está orientada al cultivo de la compasión cuando interactuamos con los demás. GRACE es un nemotécnico en inglés que representa lo siguiente: *Gather attention* [«prestar atención»]; *Recall our intention* [«recordar nuestra intención»]; *Attune to self and then other* [«sintonizar con uno mismo y después con los demás»]; *Consider what will serve*, [«considerar qué puede servir»]; *Engage and end* [«actuar y finalizar»]. Incluye todas las características del modelo de la compasión ABIDE y se basa en la comprensión de que la compasión surge cuando estas características interactúan entre sí.

La práctica de GRACE

¿Cómo practicamos GRACE?

Concentrar la atención. La G de GRACE (*Gather attention*) nos recuerda que hagamos una pausa y nos demos tiempo para arraigarnos. Al inspirar, concentramos nuestra atención. Al espirar, llevamos la atención al cuerpo, percibiendo en él un lugar de estabilidad. Podemos llevar la atención a la respiración o a una zona del cuerpo que sintamos neutra, como las plantas de los pies sobre el suelo o las manos descansando una sobre la otra. O podemos llevar la atención a una frase o a un objeto. Utilizamos ese momento de concentrar nuestra atención para interrumpir la cháchara interna sobre nuestras suposiciones y expectativas, y para arraigarnos y estar verdaderamente presentes.

Recordar la intención. La R de GRACE (*Recall intention*) es recordar la intención. Recordamos nuestro compromiso de actuar con integridad y de respetar la integridad de aquellos con quienes nos encontramos. Recordamos que nuestra intención es servir a los demás y abrir nuestro corazón al mundo. Esta toma de contacto puede suceder en un momento. Nuestra motivación nos mantiene en el camino, moralmente arraigados y conectados con nuestros valores más profundos.

Empatizar con uno mismo y después con los demás. La A de GRACE (*Attune to self and other)* se refiere al proceso de sintonización, afinación, primero con nuestra propia experiencia física, emocional y cognitiva, y después con la experiencia del otro. En el proceso de empatizar con uno mismo, llevamos la atención a nuestras sensaciones físicas, a nuestras emociones y pensamientos; todo aquello que pueda modelar nuestras actitudes y comportamientos hacia los demás. Si la persona con la que estamos actuando nos provoca emocionalmente, nuestra reactividad puede afectar a nuestra capacidad de cuidar y de percibir al otro con ojos limpios. Pero si somos conscientes de nuestra reactividad y reflexionamos sobre la naturaleza y las fuentes del sufrimiento de la persona, quizá seamos capaces de redefinir la situación de una forma comprensiva y sin ningún tipo de prejuicio. Este proceso de sintonizar y replantear activa las redes neurales asociadas con la empatía y también favorece una respuesta compasiva.

Desde esta base de sintonización con uno mismo, nos sintonizamos con los demás, sintiendo su experiencia sin prejuicios. Esta es una forma activa de Ser Testigo. También es el momento en que activamos nuestra capacidad de empatía, al sintonizarnos física (empatía somática), emocional (empatía afectiva) y cognitivamente (toma de perspectiva) con la otra persona. A través de este proceso de sintonización, abrimos un espacio para que se despliegue el encuentro, un espacio en el que podamos estar presentes para cualquier cosa que surja. Cuanto más rico sea este intercambio mutuo, más profundo será el despliegue.

Considerar qué puede servir es la C de GRACE (*Consider what will serve*). Este es un proceso de discernimiento basado en la comprensión convencional y respaldado por nuestra propia intuición y visión. Nos preguntamos: ¿Cuál sería el camino sabio y compasivo en esta situación? ¿Cuál sería la respuesta apropiada? Estamos presentes para el otro mientras sentimos qué podría servirle, y dejamos que surjan las comprensiones, percibiendo lo que el otro está ofreciendo en este momento. Tenemos en cuenta los factores sistémicos que influyen en la situación, incluidas las exigencias institucionales y las expectativas sociales.

Al recurrir a nuestra propia competencia, conocimiento y experiencia, al tiempo que nos mantenemos abiertos a ver las cosas de forma nueva, quizá veamos que nuestras ideas caen fuera de lo esperado. El proceso de discernimiento puede llevar tiempo, así que es mejor no lanzarse a sacar conclusiones precipitadas. Está claro que considerar qué puede servir va a necesitar equilibrio de la atención y equilibrio afectivo, un profundo sentido de arraigo moral, el reconocimiento de nuestros propios sesgos y conectar con la experiencia y las necesidades de la persona que está sufriendo. La humildad es otro elemento orientador fundamental.

Actuar y finalizar. La primera fase de la E de GRACE (*Engage and end*) significa implicarnos éticamente y actuar, si procede. La acción compasiva surge del campo de apertura, conexión y discernimiento que hemos creado. Nuestra acción puede ser una recomendación, una pregunta, una propuesta o incluso no hacer nada. Tratamos de crear con la otra persona un momento caracterizado por la reciprocidad y la confianza. Aprovechando nuestra experiencia, nuestra intuición y nuestro entendimiento, buscamos un terreno común que sea acorde con nuestros valores y fomente la integridad mutua. Lo que surge es una compasión que respeta a todas las personas implicadas, que es práctica y que, además, es factible.

Cuando sea el momento adecuado, marcamos el *final* de nuestro tiempo en esta interacción compasiva, para poder pasar limpiamente al siguiente momento, persona o tarea. Esta es la segunda parte de la E de GRACE. Tanto si el resultado supera lo esperado como si es decepcionantemente pequeño, hemos de darnos cuenta y reconocer lo que ha sucedido. A veces tenemos que perdonarnos a nosotros mismos o a la otra persona. O puede que sea un momento de profunda apreciación. Sin el reconocimiento de lo que ha ocurrido, será difícil soltar este encuentro y seguir adelante.

33. Compasión en los entornos de sufrimiento

Hace poco impartí una formación GRACE en Japón para personas que trabajan en el campo de los cuidados al final de la vida. Compartí con los participantes que la vida y la muerte son experiencias caóticas. No deberíamos esperar resultados perfectos, ni que las cosas se hagan a nuestra manera. Un médico asistente al curso se puso en pie y habló de la ansiedad que experimentaba cada día cuando intentaba satisfacer las necesidades de sus pacientes. Cuando trasladaban a uno de sus pacientes de cáncer de su planta a la unidad de cuidados paliativos, se sentía derrotado, como si hubiera fallado a ese paciente. Con la moral por los suelos, entraba en pánico cuando se daba cuenta de que no tenía tiempo de afrontar su miedo y su pena; ni tampoco de atender a la cola de pacientes que necesitaban su ayuda. Se sentía atrapado por una sensación de inutilidad que había agotado su capacidad de compasión y de cuidado, y que le había llevado a experimentar una completa desesperación y a considerar el suicidio, pero no quería hacer daño a su familia.

Obviamente, este doctor está en un entorno de sufrimiento intenso, creado en parte por él y en parte por su sociedad. Agotamiento, estrés, culpa, moral baja, pánico, futilidad, desesperación, ideas suicidas…, una combinación letal que puede desembocar en la muerte. Nos contó que había acudido a la formación GRACE para ver si podía encontrar una forma de salir de esa situación desesperada. Al escucharle, me acordé del Tíbet y de los vertederos de cadáveres que he visitado allí.

Cada vez que he viajado al monte Kailash en el Tíbet occidental he subido hasta el Dakini Charnel Ground, una llanura árida y rocosa por encima del sendero, en la cara occidental de la montaña. Este es el lugar donde se ofrecen los cadáveres, en una práctica conocida como *entierro celestial* o, en tibetano, *jhator*, «esparcírselo a los pájaros».

Allí he practicado la meditación caminando entre pilas de huesos y charcos de sangre, grasas y heces. El hedor es rancio, incluso en el frío viento, y se puede oír el aleteo de los buitres y los aullidos de los chacales cercanos.

La primera vez que visité el osario, me di de bruces con dos caras despegadas de sus cráneos, con el cabello sangriento enmarañado. Descompuesta, hice lo posible por mantenerme en pie mientras evitaba pisar esas máscaras sangrientas de la muerte. Un hombre vestido con un andrajoso abrigo militar se me acercó y me indicó que me tumbara entre los restos frescos. Al mirar a mi alrededor, vi a los tibetanos sentados aquí y allá entre pedazos de cuerpos; una mujer se estaba punzando la lengua y otros los dedos, derramando su sangre en ofrendas que simbolizaban la muerte y el renacimiento.

El hombre del abrigo militar me miró y me volvió a hacer un gesto señalando la tierra fría y resbaladiza. Lentamente me incliné y me tumbé boca arriba sobre el terreno revuelto y frío. Después él sacó un cuchillo de una funda por debajo de su abrigo y empezó a actuar como si estuviera troceando mi cuerpo. Por un momento me atravesó una oleada de asco y de repugnancia. Y entonces, al darme cuenta de que yo también soy sangre y grasa, de repente me relajé y dirigí la mirada hacia la cumbre nevada del monte Kailash, recordando que antes o después yo también estaría muerta. Y en ese momento un pensamiento atravesó mi mente: ¿Por qué no vivir plenamente ahora? ¿Por qué no vivir para acabar con el sufrimiento de los demás? ¿Qué otra cosa querría hacer con mi vida?

En cierto modo, esta experiencia inusual no nos es tan ajena. Estamos hechos de sangre, huesos y entrañas, como nos recordará cualquier viaje a una unidad de urgencias. Y, aun así, el Kailash es un espacio visiblemente sagrado, y el ritual del desmembramiento simbólico es un rito de paso que nos abre a la realidad de la impermanencia y de la propia muerte. Para mí, esta experiencia fue muy intensa, pero no traumatizante. De hecho, fue liberadora, porque es más difícil temer aquello que se ve más claramente.

No hace falta ir al Tíbet ni a una zona de guerra para practicar en un osario. El campo de cadáveres es una metáfora de cualquier entorno donde el sufrimiento está presente: un hospital japonés, un aula de escuela, un hogar violento, una institución psiquiátrica, un albergue de personas sin hogar, un campo de refugiados. Incluso un espacio de privilegios, como una sala de juntas o el parqué de Wall Street, o la oficina de un magnate de los medios de comunicación puede ser un vertedero de cadáveres. En realidad, cualquier lugar que esté teñido por el miedo, la depresión, la ira, la desesperación o el engaño es un campo de sufrimiento; incluida nuestra propia mente.

Sea cual sea nuestra profesión o nuestra vocación, la práctica del vertedero de cadáveres está disponible; nos sentamos en medio de un sufrimiento sutil u obvio. El fango en el que caemos cuando nos despeñamos desde la cresta: ese también es un espacio de sufrimiento. Es un lugar donde tenemos que afrontar nuestras propias luchas, y donde puede crecer nuestra compasión hacia otros que están luchando en sus propias profundidades.

Cuando sufrimos dentro de nuestro propio moridero interior,

somos vulnerables al altruismo patológico, a la angustia empática, al distrés moral, a la falta de respeto y al agotamiento. Pero si adoptamos una perspectiva más amplia, más profunda, vemos que el terreno de intenso sufrimiento no solo es un lugar de desolación, sino también un lugar de posibilidades ilimitadas. Mi colega Fleet Maull, que pasó catorce años en la cárcel por cargos de narcotráfico, compara su experiencia de practicar la meditación en la cárcel con la práctica en un mortuorio.

La cárcel es un entorno de práctica duro, donde la avaricia, el odio y el engaño están a la orden del día. Y, sin embargo, ese moridero le demostró algo. En su libro *Dharma in Hell*, Fleet Maull escribe: «Después de pasar catorce años en prisión con asesinos, violadores, ladrones de bancos, pederastas, evasores de impuestos, narcotraficantes y todo tipo de delincuentes imaginables, estoy absolutamente convencido de que la naturaleza fundamental de todos los seres humanos es buena. No tengo la más mínima duda».[205] Igual que Fleet, yo creo que la redención es posible, y que toda situación encierra algo que nos puede enseñar, algo que nos puede llevar a nuestra sabiduría natural.

En muchos mandalas tibetanos, el círculo externo protector muestra ocho cementerios llenos de cadáveres, animales carroñeros, huesos y sangre. No hay mejor lugar que un cementerio para contemplar la naturaleza impermanente de nuestras vidas. El círculo funciona como una barrera de entrada a los temerosos y a los desprevenidos; también es un terreno donde puede florecer nuestra práctica de meditación. Si encontramos la ecuanimidad en medio de la muerte y la descomposición, entonces podemos convertirnos en el Buda en el centro del mandala.[206]

La angustia del infierno

Este tipo de valentía, de sabiduría y de compasión queda ejemplificada por Jizo *Bodhisattva*, que representa nuestra capacidad de mantener el equilibrio cuando entramos en las dimensiones infernales del sufrimiento ajeno y propio. Jizo ha prometido no alcanzar la budeidad hasta que todos los infiernos estén vacíos.[207] Muchas veces aparece como un simple monje, con hábitos de monje y la cabeza afeitada; y otras veces es una mujer. En su mano izquierda sostiene una joya que colma todos los deseos de iluminar la oscuridad. En su mano derecha sostiene un *shakujo*, una vara con aros tintineantes que avisa a los insectos y a los animales pequeños de su llegada, para no herirles accidentalmente.[208] Los seis aros del *shakujo* simbolizan las seis corrientes de la existencia: la dimensión de los dioses, la de los dioses celosos, la de los fantasmas hambrientos, la del infierno, la dimensión animal y la dimensión humana.

Jizo es de los que caminan por el filo. *Bodhisattva* y monje, hombre y mujer, Jizo golpea con su *shakujo* las puertas del infierno. Cuando se abre la puerta, desciende a las profundidades ardientes del abismo, donde se encuentra entre una multitud de seres sufrientes, torturados. En lugar de intentar salvarlos frenéticamente, abre los brazos, y quienes quieren ser salvados saltan a las mangas ondeantes de su túnica.

Como Jizo, podemos acercarnos a quienes sufren y ofrecerles una forma de salir del infierno, una vía para tomar refugio en la seguridad y la bondad. Aunque suframos, podríamos ser capaces de ofrecer nuestra compasión a los demás, o a nosotros mismos. Después de todo, los *bodhisattvas* no buscan las situaciones fáciles. Pero debemos tener la fortaleza de entrar en la dimensión del infierno de forma consciente, determinada y, también, con curiosidad y sin temor. Debemos tener el corazón de Jizo para mantenernos firmes en el cruce entre la vida y la muerte, a fin de que otros puedan descubrir el camino hacia la libertad.

El espejo mágico

Durante un viaje reciente a Japón tuve la oportunidad de ver un «espejo mágico» hecho en su totalidad de bronce fundido. Ese tipo de espejos son objetos únicos y sagrados fabricados por la única familia japonesa que sigue practicando este antiguo y misterioso oficio. En la parte posterior de este espejo en concreto, había un relieve de un dragón, símbolo de poder y de buena suerte. En su parte frontal finamente pulida, vi reflejada mi cara, como en cualquier espejo de cristal normal. Parecía un espejo exquisitamente confeccionado, eso sí, pero solo un espejo.

Pero, sorprendentemente, al orientar el espejo de forma que la luz reflejada en su superficie se proyectara sobre una pared oscura, aparecía la imagen de Jizo *Bodhisattva* en la pared. La imagen está oculta dentro del bronce fundido. El contorno oscuro de la cabeza rapada de la mujer monje con su hábito cruzado sobre el pecho aparecía rodeado de un fondo de luz brillante reflejada en la pared. Los rayos emanaban de su cabeza, como si estuviera de pie a pleno sol, y su vara parecía golpear la tierra para abrir las puertas del infierno. Aunque parece ser metal compacto, el espejo encierra un secreto.

Si nosotros somos el espejo que refleja el mundo, entonces en lo más profundo de nosotros se encuentra el *bodhisattva* invisible que libera a los seres sufrientes. La inmensa capacidad compasiva de

Jizo permanece oculta hasta que la luz la revela. Pero también debe estar presente otro elemento: la oscuridad. La imagen solo se puede ver cuando se proyecta sobre una superficie oscura. Esta unión de oscuridad y luz, de sufrimiento y redención, nos habla de las condiciones que Jizo encuentra y que nosotros también encontramos en los reinos del infierno y en los campos de sufrimiento intenso de nuestra propia vida.

Algunos supervivientes de terribles adversidades recurren a causar daño para tomarse la revancha contra el mundo. Otros se dedican a profesiones donde pueden ayudar a la gente que sufre por motivos que ellos han experimentado. Los que han sobrevivido a abusos, adicciones, acosos u opresión sistémica se pueden sentir llamados a salir de la oscuridad del sufrimiento y, como Jizo, traer a otros con ellos. Y como Jizo, pueden descubrir el gran potencial que encierra el espíritu humano para dirigirse hacia la bondad en medio de la devastación, y de este modo, dar vida a su capacidad de compasión y sabiduría. Esos son los que han encontrado su camino de vuelta al terreno sólido, al borde del risco, donde su ventajosa posición les permite tener una perspectiva más amplia de la verdad de la interconexión de todos los seres y todas las cosas, donde el miedo y el coraje se unen.

Desde el filo, nuestra determinación de encontrarnos con el mundo del sufrimiento se convierte en una llamada, al descubrir que la compasión es el gran vehículo que nos libera del sufrimiento y nos otorga poder, equilibrio y, en última instancia libertad, sea lo que sea lo que hayamos afrontado. Desde ahí vemos que todos compartimos una vida común, un mundo común, un destino común.

Como dijo una vez la artista de *performance* Marina Abramović: «Cuando estamos en el límite, es cuando de verdad estamos en el

momento presente […] porque sabemos que nos podemos caer».[209]
Y es que el peligro de caer nos recuerda que el momento presente
es el único lugar real, auténtico donde habitar. Cuando estamos de
pie en el borde, no podemos apartarnos del sufrimiento, ya sea en
nuestra vida interior o en la exterior. Allí tenemos que afrontar la
vida con altruismo, con empatía, con integridad, con respeto y con
implicación. Y si sentimos que la tierra empieza a resquebrajarse
bajo nuestros pies porque nos estamos inclinando hacia el daño, la
compasión nos puede mantener bien arraigados en la cresta elevada
de nuestra humanidad. Y si nos caemos…, la compasión nos puede
sacar de los infiernos del sufrimiento y llevarnos de regreso a casa.

Reconocimientos

Escribir este libro ha requerido la orientación y el apoyo de muchos amigos y maestros. En especial, me gustaría ofrecer mi gratitud más profunda a Kristen Barendsen, que fue mi editora de primera línea, una crítica equilibrada y sabia y una maravillosa colaboradora para este libro.

También quiero expresar mi agradecimiento a Arnold Kotler, que aportó su conocimiento editorial en los inicios de este libro, y a Whitney Frick, Bob Miller y Jasmine Faustino, de Flatiron Books, por sus habilidades editoriales y sus amables palabras de aliento.

Mi agente Stephanie Tade ha supuesto una enorme fuente de inspiración, con sus valiosísimos comentarios sobre el manuscrito durante el proceso de escritura. Mi agradecimiento a Noah Rossetter por su apoyo a lo largo de los varios años de escritura; trabajó sobre las citas y me mantuvo sonriente hasta el final.

Siempre estaré profundamente agradecida a mi buena amiga Rebecca Solnit, quien redactó el prólogo, y cuyo trabajo como activista social y como defensora de la verdad me mantuvo fiel a una línea narrativa concisa mientras este proyecto se iba desplegando. Y a Natalie Goldberg, cuyas percepciones como escritora me dieron el valor de lanzarme al arte de escribir con todo el corazón.

Mi vida y este libro se han visto profundamente influidos por muchos activistas valientes, entre ellos Fannie Lou Hamer, Florynce Kennedy, el padre John Dear, Eve Ensler, John Paul Lederach, Jodie

Evans, Sensei Alan Senauke y A.T. Ariyaratne. Su trabajo y su dedi-cación han constituido una guía para mí.

Mi agradecimiento al periodista David Halberstam, que en la década de los 1960 habló de una forma tan conmovedora sobre la muerte de Thich Quang Duc. Sus palabras me transmitieron un mundo que yo nunca hubiera podido comprender sin ese momento en el apartamento de Alan Lomax en los años sesenta, cuando com-partió con nosotros su experiencia de estar presente cuando Thich Quang Duc se inmoló.

Mi eterno agradecimiento a los fantásticos antropólogos Alan Lomax, Mary Catherine Bateson, Gregory Bateson y Margaret Mead por presentarme perspectivas multiculturales sobre la cultu-ra y el comportamiento humano. Y a Stanislav Grof, cuyo trabajo sobre la «desintegración positiva» abrió para mí «las puertas de la percepción».

También me siento profundamente agradecida a los colabora-dores y colegas en el campo de los cuidados al final de la vida, en especial los doctores Cynda Rushton y Tony Back por todo lo que han aportado a nuestros programas de formación y por sus colabora-ciones intelectuales a lo largo de los años. Asimismo, me siento muy agradecida a Frank Ostaseski, Jahn Jahner, Rachel Naomi Remen, Gary Pasternak y Cathy Campbell por sus inestimables contribu-ciones.

Quiero darle las gracias al neurocientífico Alfred Kaszniak, que me asesoró en las partes científicas de este libro. Y también a la co-munidad de Mind and Life Institute, a su cofundador, Francisco Va-rela, y a sus miembros Evan Thompson, Richard Davidson, Daniel Goleman, Antoine Lutz, Paul Ekman, Helen Weng, Nancy Eisen-berg, Daniel Batson, Amishi Jha, Susan Bauer-Wu y John Dunne, cuyo trabajo ha contribuido a mi comprensión de la neurociencia y de la psicología social de estados y rasgos. También me siento en deuda con Christina Maslach y Laurie Leitch; su trabajo sobre el *burnout* me ha ayudado a comprender el sufrimiento que existe en nuestro mundo actual.

Asimismo, quiero dar las gracias a grandes maestros budistas, cuyas luces brillan a lo largo de este libro. Mi gratitud a Su Santidad el Dalai Lama, Thich Nhat Hanh, Roshi Bernie Glassman, Roshi Eve Marko, Roshi Jishu Angyo Holmes, Roshi Enkyo O'Hara, Roshi Fleet Maull, Roshi Norman Fischer, Matthieu Ricard, Chagdud Tulku Rinpoche, Sharon Salzberg y al artista, traductor y activista social Kazuaki Tanahashi.

Quiero hacer mención a todo lo que he aprendido de los medioambientalistas William DeBuys y Marty Peale sobre los sistemas vivos, y dar las gracias a Jerome Wodinsky, biólogo marino de la Universidad de Brandeis, que hace muchos años me invitó a la vida del *Octopus vulgaris* en el Laboratorio Marino de Bimini. También quiero dar las gracias al biólogo marino y neurofisiólogo Edward (Ned) Hodgson de la Universidad de Tufts, que me introdujo en el mundo de los tiburones y despertó mi amor por el mar.

Mis colaboradores en las Clínicas Nómadas de Upaya me han enseñado inmensamente. Le doy las gracias a Tenzin Norbu, Prem Dorchi Lama, Buddhi Lama, Tsering Lama, Pasang Lhamu Sherpa Akita, Tora Akita, Dolpo Rinpoche, Charles MacDonald, y Wendy Lau, entre muchos otros profesionales sanitarios y amigos que han servido en nuestras clínicas himalayas a elevadas altitudes, y cuyo valor y dedicación aparecen reflejados en varias historias en este libro.

Le doy las gracias a Sensei Joshin Brian Byrnes, a Kosho Durel y a Cassie Moore por sus valiosos conocimientos acerca de la realidad de las personas sin techo. Y a Sensei Genzan Quennell, Sensei Irene Bakker, y Sensei Shinzan Palma por sostener el *dharma* en su trabajo al servir a los demás.

Mis buenos amigos el hermano David Steindl-Rast y Ram Dass han estado a mi lado como guías y como inspiración durante muchos años. Su sabiduría se refleja en este libro.

Mi inmenso agradecimiento a los estudiantes de capellanía de Upaya que me han enseñado tanto, entre ellos William Guild, Michele Rudy y Angela Caruso-Yahne, cuyas historias aparecen en este libro.

Mi profunda gratitud al psicólogo Laurel Carraher, quien me invitó al poderoso trabajo de servir como voluntaria en la Penitenciaría de Nuevo México.

Para mí, el arte también supone una fuente importante de aprendizaje y de inspiración. Mi agradecimiento a los artistas Joe David y Mayumi Oda, y Sachiko Matsuyama y Mitsue Nagase por presentarme al fabricante de espejos mágicos Akihisa Yamamoto. De igual modo, me siento profundamente agradecida por las palabras de escritores como Pico Iyer, Clark Strand, Jane Hirschfield, David Whyte, Wendell Berry y Joseph Bruchac.

Mi amor por mi familia biológica se puede descubrir en varios capítulos. Doy las gracias a mis padres, John y Eunice Halifax, a mi hermana Verona Fonte y a sus hijos, John y Dana, y también a Lila Robinson, que me cuidó cuando yo era niña y caí gravemente enferma.

Quiero expresar mi agradecimiento a un grupo especial de personas que me han ayudado en mi trabajo a lo largo de los años: Barry y Connie Hershey, John y Tussi Klug,Tom y Nancy Driscoll, Laurance Rockefeller, Pierre y Pam Omidyar, y Ann Down. Su apoyo generoso a mis muchos proyectos me ha posibilitado expandir mi horizonte y asumir los riesgos que me han llevado al límite en el que he aprendido y he intentado beneficiar a otros.

Y tras expresar mi enorme aprecio hacia aquellos que han contribuido a hacer realidad este libro, también quiero disculparme por cualquier error de comprensión en el que haya podido incurrir, y al mismo tiempo asumir la responsabilidad por lo escrito en estas páginas. Este libro lo he escrito desde mi experiencia directa, y es posible que lo que yo haya aprendido no esté siempre en concordancia con la ciencia convencional o con el budismo tradicional.

Notas

1. Iris Murdoch, *The Sovereignty of Good* (Londres: Routledge and Kegan Paul Books, 1970).
2. Wilbur W. Thoburn, *In terms of life: Sermons and talks to College Students* (Stanford, CA: Stanford University Press, 1899).
3. Cara Buckley, «Man Is Rescued by Stranger on Subway Tracks», *New York Times*, 3 de enero 2007, disponible 4 de enero de 2007, www.nytimes.com/2007/01/03/nyregion/03life.html.
4. Jared Malsin, «The White Helmets of Syria», *Time*, http://time.com/syria-white-helmets/ disponible 1 de marzo de 2017.
5. Dave Burke, «Hero Tackled Suicide Bomber and Paid the Ultimate Price», *Metro*, 15 de noviembre de 2015, http://metro.co.uk/2015/11/15/hero-who-stopped-a-terror-attack-fathers-split-second-decision-that-saved-many-lives -5502695/.
6. Hal Bernton, «Mom of Portland Train Hero Taliesin Meche Says Her Son "Had a Lot of Bravery in his Spirit"», *Seattle Times*, 30 de mayo de 2017, www.seattletimes.com/seattle-news/crime/mom-of-taliesin-meche-says-portland-train-victim-known-for-brave-spirit/.
7. Thich Nhat Hahn, *Awakening of the Heart: Essential Buddhist Sutras and Commentaries* (Berkeley, CA: Parallax Press, 2011).
8. Joseph Bruchac, *Entering Onondaga* (Austin, TX: Cold Mountain Press, 1978).
9. Lara B. Aknin, J. Kiley Hamlin y Elizabeth W. Dunn, «Giving Leads to Happiness in Young Children», *PLoS ONE 7*, n° 6 (2012): e39211, http://journals.plos.org/plosone/article?id=10.1371/journal.pone.0039211.
10. Elizabeth W. Dunn, Lara B. Aknin y Michael I. Norton, «Prosocial Spending and Happiness: Using Money to Benefit Others Pays Off», *Current Directions in Psychological Science* (próximamente), https://dash.harvard.edu/handle/1/11189976.
11. Olga M. Klimecki, Susanne Leiberg, Matthieu Ricard y Tania Singer, «Differential Pattern of Functional Brain Plasticity After Compassion and Empathy Training», *Social Cognitive and Affective Neuroscience* 9, no. 6 (2014): 873-79, https://doi.org/10.1093/scan/nst060.
12. Stephanie L. Brown, Dylan M. Smith, Richard Schulz, Mohammed U. Kabeto, Peter A. Ubel, Michael Poulin, Jaehee Yi, Catherine Kim y Kenneth M. Langa, «Caregiving Behavior Is Associated with Decreased Mortality Risk», *Psychological Science* 20, no. 4 (2009): 488-94, http://journals.sagepub.com/doi/abs/10.1111/j.1467-9280.2009.02323.x; J. Holt-Lunstad, T.B. Smith y J.B. Layton, «Social Relationships

and Mortality Risk: A Meta-Analytic Review», *PLoS Medicine* n° 7 (2010), http://journals.plos.org/plosmedicine/article?id=10.1371/journal.pmed.1000316.

13. Lauren Frayer, « "Britain's Schindler" Is Remembered by Those He Saved from the Nazis», NPR, 19 mayo 2016, www.npr.org/sections/parallels/2016/05/19/478371863/britains-schindler-is-remembered-by-those-he-saved-from-the-nazis.

14. Robert D. McFadden, «Nicholas Winton, Rescuer of 669 Children from Holocaust, Dies at 106», *New York Times*, 1 de julio de 2015, www.nytimes.com/2015/07/02/world/europe/nicholas-winton-is-dead-at-106-saved-children-from-the-holocaust.html.

15. Viktor Frankl, *Man's Search for Meaning* (Nueva York: Touchstone, 1984).

16. Barbara Oakley, Ariel Knafo, Guruprasad Madhavan y David Sloan Wilson, eds., *Pathological Altruism* (Oxford, UK: Oxford University Press, 2012).

17. «The Reductive Seduction of Other People's Problems», Development Set, 11 de enero de 2016, https://medium.com/the-development-set/the-reductive-seduction-of-other-people-s-problems-3c07b307732d#.94ev3l3xj.

18 Héctor Tobar, «"Strangers Drowning", by Larissa MacFarquhar», *New York Times*, 5 de octubre de 2015, www.nytimes.com/2015/10/11/books/review/strangers-drowning-by-larissa-acfarquhar.html?_r=1.

19. Jamil Zaki, «The Feel-Good School of Philanthropy», *New York Times*, 5 de diciembre de 2015, www.nytimes.com/2015/12/06/opinion/sunday/the-feel-good-school-of-philanthropy.html.

20. David Halberstam, *The Making of a Quagmire* (Nueva York: Random House, 1965).

21. Cassie Moore, «Sharing a Meal with Hungry Hearts», Upaya Zen Center, 6 de diciembre de 2016, www.upaya.org/2016/12/sharing-a-meal-with-hungry-hearts/.

22. Rachel Naomi Remen, «In the Service of Life», John Carroll University, http://sites.jcu.edu/service/poem (page discontinued).

23. Thomas Cleary y J.C. Cleary, trans., *Blue Cliff Record* (Boston: Shambhala, 2005), caso 14.

24. Gabor Maté, *In the Realm of Hungry Ghosts: Close Encounters with Addiction* (Berkeley, CA: North Atlantic Books, 2010).

25. Bernie Glassman, *Bearing Witness: A Zen Master's Lessons in Making Peace* (Nueva York: Harmony/Bell Tower, 1998).

26. Hong Zicheng, Robert Aitken y Danny Wynn Ye Kwok, *Vegetable Roots Discourse: Wisdom from Ming China on Life and Living* (Berkeley, CA: Counterpoint, 2007).

27. «The Holy Shadow», Spiritual Short Stories, www.spiritual-short-stories.com/the-holy-shadow-story-by-osho.

28. Agatha Christie, *The Mysterious Affair at Styles*.

29. Jane Hirshfield, trans., *The Ink Dark Moon: Love Poems* (Nueva York: Vintage, 1990).

30. Jane Hirshfield, Santa Sabina Thursday evening talk, transcrito y enviado personalmente a Roshi, 2016.

31. «Henry George Liddell, Robert Scott, A Greek-English Lexicon, ε , ἐμμετάβολος, ἐμπάθ-εια», Perseus DigitalLibrary, www.perseus.tufts.edu/hopper/text?doc=Perse us%3Atext%3A1999.04.0057%3Aalphabetic+letter%D*e%3Aentry+group%3D87 %3Aentry%3De%29mpa%2Fqeia.

32. Tania Singer y Olga M. Klimecki, «Empathy and Compassion», *Current Biology* 24, no. 18 (2014): R875-78.

33. Walt Whitman, «Song of Myself», *Leaves of Grass* (autopublicado, 1855).

34. Jamie Ward y Michael J. Banissy, «Explaining Mirror-Touch Synesthesia», *Cognitive Neuroscience* 6, n. 2-3 (2015):118-33, doi:10.1080/17588928.2015.1042444.

35. Erika Hayasaki, «This Doctor Knows Exactly How You Feel», *Pacific Standard*, 13 de julio de 2015, https://psmag.com/social-justice/is-mirror-touch-synesthesia-a-superpower-or-a-curse.

36. A.D. Galinsky y G.B. Moskowitz, «Perspective- Taking: Decreasing Stereotype Expression, Stereotype Accessibility, and In-Group Favoritism», *Journal of Personality and Social Psychology* 78, n°. 4 (abril de 2000): 708-24, www.ncbi.nlm. nih.gov/pubmed/10794375.

37. Jeff Bacon, «LtCol Hughes-Take a Knee», *Broadside Blog*, 11 de abril de 2007, http://broadside.navytimes.com/2007/04/11/ltcol-hughes-take-a-knee/.

38. Tricia McDermott, «A Calm Colonel's Strategic Victory», CBS Evening News, 15 de marzo de 2006, www.cbsnews.com/news/a-calm-colonels-strategic-victory/.

39. «Heroes of War», CNN, www.cnn.com/SPECIALS/2003/iraq/heroes/chrishughes. html.

40. McDermott, «A Calm Colonel's Strategic Victory».

41. Gerry Shishin Wick, *The Book of Equanimity: Illuminating Classic Zen Koans* (Nueva York: Simon & Schuster, 2005), 169.

42. Y. Danieli, «Therapists' Difficulties in Treating Survivors of the Nazi Holocaust and Their Children», *Dissertation Abstracts International* 42 (1982): 4927.

43. Olga Klimecki, Matthieu Ricard y Tania Singer, «Compassion: Bridging Practice and Science, pág. 273», Compassion: Bridging Practice and Science, www.com-passiontraining.org/en/online/files/assets/basic-html/page273.html.

44. *Ibid.*

45. *Ibid.*

46. Olga Klimecki, Matthieu Ricard y Tania Singer, «Compassion: Bridging Practice and Science, pág. 279», Compassion: Bridging Practice and Science, www.com-passiontraining.org/en/online/files/assets/basic-html/page279.html.

47. Singer y Klimecki, «Empathy and Compassion».

48. C. Lamm, C.D. Batson y J. Decety, «The Neural Substrate of Human Empathy: Effects of Perspective-Taking and Cognitive Appraisal», *Journal of Cognitive Neuroscience* 19, n°. 1 (2007): 42-58, doi:10.1162/ jocn.2007.19.1.42; C. D. Batson, «Prosocial Motivation: Is It Ever Truly Altruistic?» en *Advances in Experimental*

Social Psychology, vol. 20, ed. L. Berkowitz (Nueva York: Academic Press, 1987), 65-122.

49. Jerry Useem, «Power Causes Brain Damage», *Atlantic*, Julio-agosto 2017, www.theatlantic.com/magazine/archive/2017/07/power-causes-brain-damage/528711/?utm_source=fbb.

50. Geoffrey Bird, Giorgia Silani, Rachel Brindley, Sarah White, Uta Frith y Tania Singer, «Empathic Brain Responses in Insula Are Modulated by Levels of Alexithymia but Not Autism», *Brain* 133, n°. 5 (2010): 1515-25, https://doi.org/10.1093/brain/awq060; Boris C. Bernhardt, Sofie L. Valk, Giorgia Silani, Geoffrey Bird, Uta Frith, y Tania Singer, «Selective Disruption of Sociocognitive Structural Brain Networks in Autism and Alexithymia», *Cerebral Cortex* 24, n°. 12 (2014): 3258-67, https://doi.org/10.1093/cercor/bht182

51. Grit Hein y Tania Singer, «I Feel How You Feel but Not Always: The Empathic Brain and Its Modulation», *Current Opinion in Neurobiology* 18, n° 2 (2008):153-58, https://doi.org/10.1016/j.conb.2008.07.012.

52. Leslie Jamison, *The Empathy Exams* (Mineápolis, MN: Graywolf Press, 2014).

53. Jeffery Gleaves, «The Empathy Exams: Essays», *Harper's*, 28 de Marzo de 2014, http://harpers.org/blog/2014/03/the-empathy-exams-essays/.

54. Heleo Editors, «I Don't Feel Your Pain: Why We Need More Morality and Less Empathy», *Heleo*, 16 de diciembre de 2016, https://heleo.com/conversation-i-dont-feel-your-pain-why-we-need-more-morality-and-less-empathy/12083/.

55. Amanda Palmer, «Playing the Hitler Card», *New Statesman*, 1 de junio de 2015, www.newstatesman.com/2015/05/playing-hitler-card.

56. «"I Have No Idea How You Feel"» *Harvard Magazine*, 5 de abril de 2014, http://harvardmagazine.com/2014/04/paradoxes-of-empathy.

57. Eve Marko, «It Feels Like-8», 16 de febrero de 2016, www.evemarko.com/category/blog/page/24/.

58. Lutz A, Slagter HA, Dunne J, Davidson RJ. «Attention regulation and monitoring in meditation». *Trends in Cognitive Sciences*. 2008a;12:163-169. www.ncbi.nlm.nih.gov/pmc/articles/PMC2693206/

59. Lutz A. Brefczynski-Lewis, J. Johnstone, T. Davidson RJ. «Regulation of the neural circuitry of emotion by compassion meditation: effects of meditative expertise». *PlosOne*. 3: e1897. PMID 18365029 DOI: 10.1371/ journal.pone.0001897.

60. Gaëlle Desbordes, Tim Gard, Elizabeth A. Hoge, Britta K. Hölzel, Catherine Kerr, Sara W. Lazar, Andrew Olendzki y David R. Vago, «Moving beyond Mindfulness: Defining Equanimity as an Outcome Measure in Meditation and Contemplative Research», *Mindfulness* (NY) 6, no. 2 (Abril 2015): 356-72, www.ncbi.nlm.nih.gov/pmc/articles/PMC4350240/.

61. «Cultivating Moral Resilience», American Journal of Nursing, febrero de 2017, 117: 2, S11-S15. doi: 10.1097/01.NAJ.0000512205.93596.00.

62. *Oxford English Dictionary*, s.v. «integrity», https://en.oxforddictionaries.com/definition/integrity.

63. Joan Didion, «On Self-Respect: Joan Didion's 1961 Essay from the Pages of Vogue» 22 de octubre de 2014, www.vogue.com/article/joandidion-self-respect-essay-1961.

64. Kay Mills, «Fannie Lou Hamer: Civil Rights Activist», Mississippi History Now, abril de 2007, http://mshistorynow.mdah.state.ms.us/articles/51/fannie-lou-hamer-civil-rights-activist.

65. «Fannie Lou Hamer», History, 2009, www.history.com/topics/black-history/fannie-lou-hamer.

66. «Fannie Lou Hamer», Wikipedia, https://en.wikipedia.org/wiki/Fannie_Lou_Hamer#cite_note-beast-12

67. Tasha Fierce, «Black Women Are Beaten, Sexually Assaulted and Killed by Police. Why Don't We Talk About It?» Alternet, 26 de febrero de 2015, www.alternet.org/activism/black-women-are-beaten-sexually-assaul ted-and-killed-police-why-dont-we-talk-about-it.

68. Howard Zinn, *You Can't Be Neutral on a Moving Train: A Personal History of Our Times* (Boston: Beacon Press, 2010), 208

69. Joanna Bourke, *An Intimate History of Killing: Face-to-Face Killing in Twentieth-Century Warfare* (Nueva York: Basic Books, 1999).

70. William C. Westmoreland, *A Soldier Reports* (Garden City, NY: Doubleday, 1976), 378.

71. «Hugh Thompson Jr.», AmericansWhoTellTheTruth.org, www.americanswhotellthe-truth.org/portraits/hugh-thompson-jr.

72. PBS American Experience (Boston: WGBH, 2010), transcripción completa del programa.

73. Ed Pilkington, «Eight Executions in 11 Days: Arkansas Order May Endanger Staff's Mental Health», *Guardian*, 29 de marzo de 2017, www.theguardian.com/world/2017/mar/29/arkansas-executioners-mental-health-allen-ault.

74. *Ibid.*

75. Rebecca Solnit, «We Could Be Heroes: An Election-Year Letter», *Guardian*, 15 de octubre de 2012, www.theguardian.com/commentisfree/2012/oct/15/letter-dismal-allies-us-left.

76. Liana Peter-Hagene, Alexander Jay y Jessica Salerno, «The Emotional Components of Moral Outrage and their Effect on Mock Juror Verdicts», Jury Expert, 7 de mayo de 2014, www.thejuryexpert.com/2014/05/the-emotional-components-of-moral-outrage-and-their-effect-on-mock-juror-verdicts/.

77. Carlos David Navarrete y Daniel M.T. Fessler, «Disease Avoidance and Ethnocentrism: The Effects of Disease Vulnerability and Disgust Sensitivity on Intergroup Attitudes», *Evolution and Human Behavior* 27, n.º 4 (2006): 270-82, doi:10.1016/j.evolhumbehav.2005.12.001

78. C. Rushton, «Principled Moral Outrage», *AACN Advanced Critical Care* 24, n.º 1 (2013), 82-89.

79. Lauren Cassani Davis, «Do Emotions and Morality Mix?», *Atlantic*, 5 de febrero de 2016, www.theatlantic.com/science/archive/2016/02/how-do-emotions-sway-moral-thinking/460014/.

80. Sarah Schulman, *The Gentrification of the Mind* (Berkeley: University of California Press, 2013).

81. *I Am Not Your Negro*, dirigido por Raoul Peck (Nueva York: Magnolia Pictures, 2016).

82. *Ibid.*

83. Heather Knight, «What San Franciscans Know About Homeless Isn't Necessarily True», *SFGate*, 29 de junio de 2016, www.sfgate.com/bayarea/article/What-San-Franciscans-know-about-homeless-isn-t-7224018.php

84. Thanissaro Bhikkhu, trans., «Kataññu Suttas: Gratitude», Access to Insight, 2002, www.accesstoinsight.org/tipitaka/an/an02/an02.031.than.html.

85. Cynda Hylton Rushton, *Cultivating Moral Resilience, American Journal of Nursing* 117, n.º 2 (Febrero de 2017): S11-S15, doi:10.1097/01.NAJ.0000512205.93596.00.

86. T.L. Beauchamp, J. Childress. *Principles of Biomedical Ethics,* 5.ª ed. (Nueva York: Oxford University Press, 2001).

87. William Ury, *The Third Side: Why We Fight and How We Can Stop* (Nueva York: Penguin Books, 2000).

88. Tom L. Beauchamp y James F. Childress, *Principles of Biomedical Ethics*, 5.ª ed. (Oxford, UK: Oxford University Press, 2001).

89. Joan Didion, «On Self-Respect: Joan Didion's 1961 Essay from the Pages of Vogue», 22 de octubre de 2014, www.vogue.com/article/joan-didion-self-respect-essay-1961.

90. *Ibid.*

91. *Ibid.*

92. «Pope Francis: Gestures of Fraternity Defeat Hatred and Greed», Radio Vaticano, 24 de marzo de 2016, http://en.radiovaticana.va/news/2016/03/24/pope_francis_gestures_of_fraternity_defeat_hatred_and_greed/1217938.

93. Saul Elbein, «The Youth Group That Launched a Movement at Standing Rock», *New York Times*, 31 de enero de 2017, www.nytimes.com/2017/01/31/magazine/the-youth-group-that-launched-a-movement-at-standing-rock.html?smid=fb-share&_r=1.

94. *Ibid.*

95. Kazuaki Tanahashi, ed., *Treasury of the True Dharma Eye: Zen Master Dogen's Shobo Genzo* (Boston: Shambhala, 2013), 46.

96. Denise Thompson, *A Discussion of the Problem of Horizontal Hostility*, noviembre de 2003, 8. http://users.spin.net.au/~deniset/alesfem/mhhostility.pdf.

97. Jan Jahner, «Building Bridges: An Inquiry into Horizontal Hostility in Nursing Culture and the use of Contemplative Practices to Facilitate Cultural Change»

(Buddhist Chaplaincy Training Program thesis, Upaya Zen Center, Santa Fe, NM: 2011), 46-47, www.upaya.org/uploads/pdfs/Jahnersthesis.pdf.

98.   *Ibid*, 47.

99.   Florynce Kennedy, *Color Me Flo: My Hard Life and Good Times* (Englewood Cliffs, NJ: Prentice-Hall, 1976).

100. Gloria Steinem, «The Verbal Karate of Florynce R. Kennedy, Esq.», *Ms.*, 19 de agosto de 2011, http://msmagazine.com/blog/2011/08/19/the-verbal-karate-of-florynce-r-kennedy-esq.

101. *Ibid*.

102. Namie, *2014 WBI U.S. Workplace Bullying Survey*.

103. Jahner, «Building Bridges».

104. *Ibid*.

105. Namie, *2014 WBI U.S. Workplace Bullying Survey*.

106. Nicholas Kristof, «Donald Trump Is Making America Meaner», *New York Times*, 13 de agosto de 2016, www.nytimes.com/2016/08/14/opinion/sunday/donald-trump-is-making-america-meaner.html.

107. «The Trump Effect: The Impact of the Presidential Campaign on Our Nation's Schools», Southern Poverty Law Center, 13 de abril de 2016, www.splcenter.org/20160413/trump-effect-impact-presidential-campaign-our-nations-schools.

108. Karen Stohr, «Our New Age of Contempt», *New York Times*, 23 de enero de 2017, www.nytimes.com/2017/01/23/opinion/our-new-age-of-contempt.html.

109. Michelle Rudy, mensaje enviado por correo electrónico a la autora.

110. «Michelle Obama: "When They Go Low, We Go High"» MSNBC, 26 de julio de 2016, www.msnbc.com/rachel-maddow-show/michelle-obama-when-they-go-low-we-go-high.

111. Bill Ashcroft, Gareth Griffiths y Helen Tiffin, *Key Concepts in Post-Colonial Studies* (Londres: Routledge, 2000), 173

112. Thanissaro Bhikkhu, trans., «Angulimala Sutta: About Angulimala», Access to Insight, 2003, www.accesstoinsight.org/tipitaka/mn/mn.086.than.html.

113. *Ibid*.

114. Arieh Riskin, Amir Erez, Trevor A. Foulk, Kinneret S. Riskin-Geuz, Amitai Ziv, Rina Sela, Liat Pessach-Gelblum y Peter A. Bamberger, «Rudeness and Medical Team Performance», *Pediatrics* (enero de 2017), http://pediatrics.aappublications.org/content/early/2017/01/06/peds.2016-2305.

115. Comunicación personal con la autora, 2016.

116. Thich Nhat Hanh, *Interbeing: Fourteen Guidelines for Engaged Buddhism*, rev. ed. (Berkeley, CA: Parallax Press, 1993).

117. Thich Nhat Hanh, *The Heart of the Buddha's Teaching: Transforming Suffering into Peace, Joy, and Liberation* (Nueva York: Broadway Books, 1999).

118. *Collected Wheel Publications*, vol. XXVII, números 412-430 (Sri Lanka: Buddhist Publication Society, 2014), 140.

119. Lord Chalmers, *Buddha's Teachings: Being the Sutta Nipata or Discourse Collection* (Cambridge, MA: Harvard University Press, 1932), 104-05.
120. C. Maslach y M.P. Leiter, *The Truth About Burnout: How Organizations Cause Personal Stress and What to Do About It* (San Francisco: Jossey Bass, 1997).
121. David Whyte, *Crossing the Unknown Sea: Work as a Pilgrimage of Identity* (Nueva York: Riverhead Books, 2001).
122. Jennifer Senior, «Can't Get No Satisfaction», *New York*, 24 de octubre de 2007, http://nymag.com/news/features/24757/.
123. Cori Salchert, «How One Mom's Extraordinary Love Transforms the Short Lives of Hospice Babies», *Today*, 20 de junio de 2016, www.today.com/parents/how-one-mom-s-extraordinary-love-transforms-short-lives-hospice-t67096.
124. Leah Ulatowski, «Sheboygan Family Opens Home to Hospice Kids», *Sheboygan Press*, 2 de enero de 2016, www.sheboyganpress.com/story/news/local/2016/01/02/sheboygan-family-opens-home-hospice-kids/78147672/.
125. *Ibid.*
126. Olivia Goldhill, «Neuroscience Confirms That to Be Truly Happy, You Will Always Need Something More», *Quartz*, 15 de mayo de 2016, http://qz.com/684940/neuroscience-confirms-that-to-be-truly-happy-you-will-always-need-something-more/.
127. Sara B. Festini, Ian M. McDonough y Denise C. Park, «The Busier the Better: Greater Busyness Is Associated with Better Cognition», *Frontiers in Aging Neuroscience* (17 de mayo de 2016), doi:10.3389/fnagi.2016.00098.
128. Kristin Sainani, «What, Me Worry?» *Stanford*, Mayo-junio de 2014, https://alumni.stanford.edu/get/page/magazine/article/?article_id=70134.
129. «Herbert Freudenberger», *Wikipedia*, https://en.wikipedia.org/wiki/Herbert_Freudenberger.
130. Douglas Martin, «Herbert Freudenberger, 73, Coiner of "Burn-out" Is Dead», *New York Times*, 5 de diciembre de 1999, www.nytimes.com/1999/12/05/nyregion/herbert-freudenberger-73-coiner-of-burnout-is-dead.html.
131. «12 Phase Burnout Screening Development Implementation and Test Theoretical Analysis of a Burnout Screening Based on the 12 Phase Model of Herbert Freudenberger and Gail North», *ASU* International Edition, www.asu-arbeitsmedizin.com/12-phase-burnout-screening-development-implementation-and-test-theoretical-analysis-of-a-burnout-screening-based-on-the-12-phase-model-of-Herbert-Freudenberger-and-Gail-Nor,QUlEPTYyMzQ1MiZNSUQ9MTEzODIx.html (página no disponible).
132. Jesús Montero-Marín, Javier García-Campayo, Domingo Mosquera Mera, y Yolanda López del Hoyo, «A New Definition of Burnout Syndrome Based on Farber's Proposal», *Journal of Occupational Medicine and Toxicology* 4 (2009): 31, www.ncbi.nlm.nih.gov/pmc/articles/PMC2794272/.

133. Senior, «Can't Get No Satisfaction».
134. *Ibid.*
135. Judith Graham, «Why Are Doctors Plagued by Depression and Suicide? A Crisis Comes into Focus», *Stat*, 21 de julio de 2016, www.statnews.com/2016/07/21/depression-suicide-physicians/.
136. Senior, «Can't Get No Satisfaction».
137. Thomas Merton, *Conjectures of a Guilty Bystander* (Nueva York: Image/Doubleday, 1968).
138. «The Thief of Intimacy, Busyness», 13 de noviembre de 2014, *On Being*, https://onbeing.org/blog/the-thief-of-intimacy-busyness/.
139. Hermann Hesse, *My Belief: Essays on Life and Art* (Nueva York: Farrar, Straus & Giroux: 1974).
140. Rasmus Hougaard y Jacqueline Carter, «Are You Addicted to Doing?» *Mindful*, 12 de enero de 2016, www.mindful.org/are-you-addicted-to-doing/.
141. Brandon Gaille, «23 Significant Workaholic Statistics», Brandon Gaille's website, 23 de mayo de 2017, http://brandongaille.com/21-significant-workaholic-statistics/.
142. Cara Feinberg, «The Science of Scarcity», *Harvard Magazine*, mayo-junio de 2016, http://harvardmagazine.com/2015/05/the-science-of-scarcity.
143. Douglas Carroll, «Vital Exhaustion», en *Encyclopedia of Behavioral Medicine*, eds. Marc D. Gellman y J. Rick Turner (Nueva York: Springer, 2013), http://link.springer.com/referenceworkentry/10.1007%2F978-1-4419-1005-9_1631.
144. Sainani, «What, Me Worry?».
145. Senior, «Can't Get No Satisfaction».
146. «Impossible Choices: Thinking about Mental Health Issues from a Buddhist Perspective», Jizo Chronicles, http://jizochronicles.com/writing/impossible-choices-thinking-about-mental-health-issues-from-a-buddhist-perspective/. El artículo original apareció en la antología *Not Turning Away*, editada por Susan Moon.
147. Norman Fischer, «On Zen Work», Chapel Hill Zen Center, www.chzc.org/Zoketsu.htm.
148. Clark Strand, *Meditation without Gurus: A Guide to the Heart of Practice* (Nueva York: SkyLight Paths, 2003).
149. Thich Nhat Hahn, *The Heart of the Buddha's Teaching: Transforming Suffering into Peace, Joy, and Liberation* (Nueva York: Broadway Books, 1999).
150. Henry David Thoreau, *Walden* (Londres: George Routledge and Sons, 1904).
151. Thomas Cleary, *Book of Serenity: One Hundred Zen Dialogues* (Boston: Shambhala, 2005), caso 21.
152. *Ibid.*
153. Dainin Katagiri, *Each Moment Is the Universe: Zen and the Way of Being Time* (Boston: Shambhala, 2008).
154. *Ibid.*

155. «¡WILLinspire Shonda Rhimes TED Talks the Year of Yes», YouTube video, 19:11, publicado por «Ronald L. Jackson», 18 de febrero de 2016, www.youtube.com/watch?v=XPlZUhf8NCQ.

156. Omid Sofi, «The Disease of Being Busy», *On Being,* 6 de noviembre de 2014, www.onbeing.org/blog/the-disease-of-being-busy/7023.

157. Shantideva, adaptado de la traducción de Stephen Batchelor, *A Guide to the Bodhisattva Way of Life* (Boston: Shambhala, 1997), 144:55.

158. Su Santidad el Dalai Lama, «Dalai Lama Quotes on Compassion», citas del Dalai Lama, www.dalailamaquotes.org/category/dalai-lama-quotes-on-compassion/.

159. Su Santidad el Dalai Lama, «Compassion and the Individual», Dalai Lama website, www.dalailama.com/messages/compassion-and-human-values/compassion.

160. Line Goguen-Hughes, «Survival of the Kindest», *Mindful,* 23 diciembre 2010, www.mindful.org/cooperate/.

161. Charles Darwin, *The Descent of Man* (Nueva York: Penguin Classics, 2004), 126.

162. *Ibid.*

163. *Ibid.*

164. «Compassion-Bridging Practice and Science-page 420», Compassion: Bridging Practice and Science, www.compassion-training.org/en/online/files/assets/basic-html/page420.html.

165. Julianne Holt-Lunstad, Timothy B. Smith y J. Bradley Layton, «Social Relationships and Mortality Risk: A Meta-Analytic Review», *PLoS Medicine* 7, n.º 7 (2010), https://doi.org/10.1371/journal.pmed.1000316.

166. Sara Konrath, Andrea Fuhrel-Forbis, Alina Lou y Stephanie Brown, «Motives for Volunteering Are Associated with Mortality Risk in Older Adults», *Health Psychology* 31, n.º 1.

167. K.J. Kemper y H.A. Shaltout, «Non-Verbal Communication of Compassion: Measuring Psychophysiologic Effects», *BMC Complementary and Alternative Medicine* 11, n.º 1 (2011): 132

168. Lawrence D. Egbert y Stephen H. Jackson, «Therapeutic Benefit of the Anesthesiologist-Patient Relationship», *Anesthesiology* 119, n.º 6 (2013): 1465-68, doi:0.1097/ALN.0000000000000030.

169. S. Steinhausen, O. Ommen, S. Thum, R. Lefering, T. Koehler, E. Neugebauer, et al., «Physician Empathy and Subjective Evaluation of Medical Treatment Outcome in Trauma Surgery Patients», *Patient Education and Counseling* 95, n.º 1 (2014): 53-60.

170. C.M. Dahlin, J.M. Kelley, V.A. Jackson y J.S. Temel, «Early Palliative Care for Lung Cancer: Improving Quality of Life and Increasing Survival», *International Journal of Palliative Nursing* 16, n.º 9 (Septiembre 2010): 420-23, doi:10.12968/ijpn.2010.16.9.78633.

171. S. del Canale, D.Z. Louis, V. Maio, X. Wang, G. Rossi, M. Hojat y J.S. Gonnella,

«The Relationship between Physician Empathy and Disease Complications: An Empirical Study of Primary Care Physicians and Their Diabetic Patients in Parma, Italy», *Academic Medicine* 87, n.º 9 (septiembre de 2012): 1243-49, doi:10.1097/ACM.0b013e3182628fbf.

172. J.M. Kelley, G. Kraft-Todd, L. Schapira, J. Kossowsky y H. Riess, «The Influence of the Patient-Clinician Relationship on Healthcare Outcomes: A Systematic Review and Meta-Analysis of Randomized Controlled Trials», *PLoS ONE* 9, n.º 4 (2014): e94207.

173. D. Rakel, B. Barrett, Z. Zhang, T. Hoeft, B. Chewning, L. Marchand L, et al., «Perception of Empathy in the Therapeutic Encounter: Effects on the Common Cold», *Patient Education and Counseling* 85, n.º 3 (2011): 390-97.

174. «Top Ten Scientific Reasons Why Compassion Is Great Medicine», Hearts in Healthcare, http://heartsinhealthcare.com/infographic/.

175. A. Lutz, D.R. McFarlin, D.M. Perlman, T.V. Salomons y R.J. Davidson, «Altered Anterior Insula Activation During Anticipation and Experience of Painful Stimuli in Expert Meditators», *NeuroImage* 64 (2013): 538-46, http://doi.org/10.1016/j.neuroimage.2012.09.030.

176. Lutz A. Brefczynski-Lewis, J. Johnstone, T. Davidson RJ. «Regulation of the neural circuitry of emotion by compassion meditation: Effects of meditative expertise». *PLoS One*. 2008;3(3):e1897.

177. Helen Y. Weng, Andrew S. Fox, Alexander J. Shackman, Diane E. Stodola, Jessica Z.K. Caldwell, Matthew C. Olson, Gregory M. Rogers y Richard J. Davidson, «Compassion Training Alters Altruism and Neural Responses to Suffering», PMC, www.ncbi.nlm.nih.gov/pmc/articles/PMC3713090/.

178. Emma Seppälä, «The Science of Compassion», Emma Seppälä's website, 1 de mayo de 2017, www.emmaseppala.com/the-science-of-compassion.

179. «Georges Lucas on Meaningful Life Decisions», Goalcast, 6 de enero de 2017, www.goalcast.com/2017/01/06/georges-lucas-choose-your-path.

180. Marvin Meyer, *Reverence for Life: The Ethics of Albert Schweitzer for the Twenty-First Century* (Syracuse, NY: Syracuse University Press, 2002).

181. C.D. Cameron y B.K. Payne, «Escaping Affect: How Motivated Emotion Regulation Creates Insensitivity to Mass Suffering», *Journal of Personality and Social Psychology* 100, n.º 1 (2011): 1-15.

182. Zoë A. Englander, Jonathan Haidt, James P. Morris, «Neural Basis of Moral Elevation Demonstrated through Inter-Subject Synchronization of Cortical Activity during Free-Viewing», *PLoS ONE* 7, n.º 6 (2012): e3938, http://journals.plos.org/plosone/article?id=10.1371/journal.pone.0039384.

183. Muso Soseki, *Dialogues in a Dream* (Somerville, MA: Wisdom Publications, 2015), 111.

184. C. Daryl Cameron y B. Keith Payne, «The Cost of Callousness: Regulating

Compassion Influences the Moral Self-Concept», *Psychological Science* 23, n.º 3 (2012): 225-29, http://journals.sagepub.com/doi/abs/10.1177/0956797611430334.

185. Will Grant, «Las Patronas: The Mexican Women Helping Migrants», BBC News, 31 de julio de 2014, www.bbc.com/news/world-latin-america-28193230.

186. *Ibid.*

187. Atribuido a Yasutani Roshi en *A Zen Wave,* Robert Aitken (Washington, D.C.: Shoemaker & Hoard, 2003).

188. Thanissaro Bhikkhu, trans., «Assutavā Sutta (SN 12.61 PTS: S ii 94)», Access to Insight, 2005, www.accesstoinsight.org/tipitaka/sn/sn12/sn12.061.than.html.

189. Thanissaro Bhikkhu, trans. «Kāḷigodha Sutta: Bhaddiya Kāḷigodha (Ud 2.10)», Access to Insight, 2012, www.accesstoinsight.org/tipitaka/kn/ud/ud.2.10.than.html.

190. Carta de 1950, según se cita en *The New York Times* (29 de marzo de 1972) y el *New York Post* (28 de noviembre de 1972).

191. Huangbo Xiyuan, *The Zen Teachings of Huang Po: On the Trans- mission òf Mind* (n.p., Pickle Partners Publishing, 2016).

192. Sean Murphy, *One Bird, One Stone: 108 Zen Stories* (Newburyport, MA: Hampton Roads Publishing, 2013), 133.

193. *The Book of Urizen*, The Poetical works, 1908, capítulo 5, verso 7, www.bartleby.com/235/259.html.

194. Teddy Wayne, «The End of Reflection», *New York Times*, 11 de junio de 2016, www.nytimes.com/2016/06/12/fashion/internet-technology-phones-introspection.html.

195. *Ibid.*

196. Hermann Hesse, *My Belief: Essays on Life and Art* (Nueva York: Farrar, Straus & Giroux, junio de 1974).

197. J.M. Darley y C.D. Batson, «From Jerusalem to Jericho: A Study of Situational and Dispositional Variables in Helping Behavior», *Journal of Personality and Social Psychology* 27, n.º 1 (1973): 100-08, http://faculty.babson.edu/krollag/org_site/soc_psych/darley_samarit.html.

198. Scott Slovic y Paul Slovic, «The Arithmetic of Compassion», *New York Times,* 4 de diciembre de 2015, www.nytimes.com/2015/12/06/opinion/the-arithmetic-of-compassion.html.

199. *Ibid.*

200. K. Luan Phan, Israel Liberzon, Robert C. Welsh, Jennifer C. Britton y Stephan F. Taylor, «Habituation of Rostral Anterior Cingulate Cortex to Repeated Emotionally Salient Pictures», *Neuropsychopharmacology* 28 (2003): 1344-50, www.nature.com/npp/journal/v28/n7/full/1300186a.html.

201. Donatella Lorch, «Red Tape Untangled, Young Nepalese Monks Find Ride to Safety», *New York Times*, 19 de junio de 2015, www.nytimes.com/2015/06/20/world/asia/red-tape-untangled-young-nepalese-monks-find-ride-to-safety.html?ref=oembed.

202. Pico Iyer, «The Value of Suffering», *New York Times*, 7 de septiembre de 2013, disponible 17 de agosto de 2017, en www.nytimes.com/2013/09/08/opinion/sunday/the-value-of-suffering.html.
203. «Taming Your Wandering Mind | Amishi Jha | TEDxCoconut- Grove», YouTube, 18:46, publicado por «TEDx Talks», 7 de abril de 2017, https://m.youtube.com/watch?feature=youtu.be&v=Df2JBnql8lc.
204. Thich Nhat Hahn, *Peace of Mind: Being Fully Present* (Berkeley, CA: Parallax Press, 2013).
205. Fleet Maull, *Dharma in Hell: The Prison Writings of Fleet Maull* (South Deerfield, MA: Prison Dharma Network, 2005).
206. *Ibid.*
207. «Kshitigarbha», *Wikipedia*, https://en.wikipedia.org/wiki/Kshitigarbha.
208. *Ibid.*
209. Marina Abramovic, presentación en el Lensic Performing Arts Center en Santa Fe, 23 de agosto de 2016.

editorial **K**airós

Puede recibir información sobre
nuestros libros y colecciones inscribiéndose en:

**www.editorialkairos.com
www.editorialkairos.com/newsletter.html
www.letraskairos.com**

Numancia, 117-121 • 08029 Barcelona • España
tel. +34 934 949 490 • info@editorialkairos.com